INSTRUCTION SUR LA CONDUITE

DES

ARBRES FRUITIERS

PARIS. — IMP. SIMON RAÇON ET COMP., RUE D'ERFURTH, 1.

INSTRUCTION SUR LA CONDUITE

DES

ARBRES FRUITIERS

GREFFES — TAILLE
RESTAURATION DES ARBRES MAL TAILLÉS OU ÉPUISÉS
PAR LA VIEILLESSE — CULTURE
RÉCOLTE ET CONSERVATION DES FRUITS

PAR

M. A. DU BREUIL

Chargé du Cours d'arboriculture au conservatoire impérial
des Arts et Métiers
Membre de la Société impériale et centrale d'horticulture de France,
correspondant de la Société impériale et centrale
d'agriculture de France, etc.

Ouvrage destiné aux Jardiniers, aux Élèves des Fermes-Écoles, et des Écoles normales primaires

COURONNÉ

PAR LA SOCIÉTÉ IMPÉRIALE ET CENTRALE D'HORTICULTURE DE FRANCE

TROISIÈME ÉDITION

PARIS

VICTOR MASSON
PLACE DE L'ÉCOLE-DE-MÉDECINE

L. LANGLOIS
10, RUE DES MATHURINS-SAINT-JACQUES, 10

1860

INSTRUCTION ÉLÉMENTAIRE

SUR LA CONDUITE

DES ARBRES FRUITIERS

DE LA GREFFE

PRINCIPALES SORTES DE GREFFES EMPLOYÉES POUR LES ARBRES FRUITIERS.

Presque tous les arbres fruitiers sont multipliés au moyen de la greffe. Nous devons donc étudier d'abord cette opération, en n'examinant toutefois que les greffes dont la pratique est réellement utile.

On donne le nom de *sujet* à l'arbre que l'on opère, et celui de *greffe* à la portion de rameau qu'on y implante.

Instruments, ligatures et engluments. — Il faut être pourvu des instruments suivants pour pratiquer la greffe. D'abord d'une *scie à main*, ou *égohine* (fig. 1), qui sert à couper les tiges ou les branches trop grosses pour être tranchées avec la serpette. La lame de cet instrument doit être mince au dos (A), tandis que les

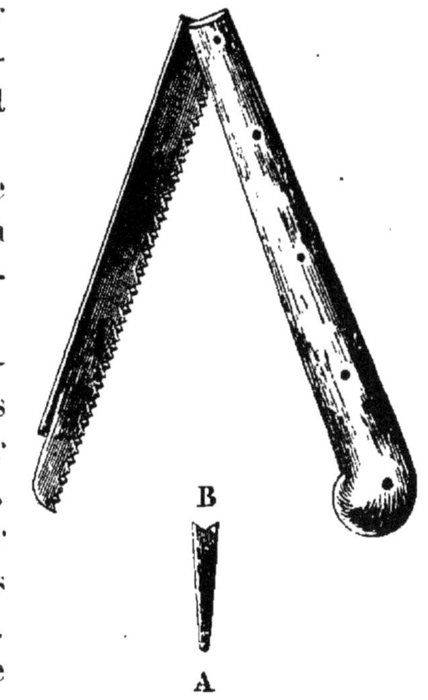

Fig. 1. — Scie à main.

dents (B) ouvrent une large voie. Cette disposition permet de couper facilement le bois vert.

On emploie également la *serpette* pour couper ou fendre les branches ou les tiges peu volumineuses qui doivent recevoir la greffe. Nous donnons plus loin la description de cet instrument en parlant de la taille (p. 34).

On doit encore être muni d'un petit *maillet* de bois destiné à frapper sur le dos de la serpette, pour l'aider à fendre les tiges volumineuses, et d'un petit *coin*, également de bois, que l'on introduit dans cette fente pour la maintenir entr'ouverte pendant qu'on y place la greffe. Enfin on se munit d'un *greffoir* (fig. 2). La spatule qui en termine la partie inférieure doit être de bois très-dur, d'os ou d'ivoire. C'est avec cette sorte de petit couteau qu'on taille la base des rameaux qui servent de greffe, et qu'on pratique entièrement la greffe en écusson que nous décrivons plus loin.

Fig. 2.
Greffoir.

Les greffes ont besoin, pendant tout le temps de leur reprise, d'être maintenues dans une position fixe; on les entoure donc de *ligatures*, composées de laine grossièrement filée et peu tordue, ou d'écorces de saule ou de tilleul assouplies par un court séjour dans l'eau.

Enfin, on emploie divers *engluments* pour garantir du contact de l'air les plaies que détermine la pratique d'un grand nombre de greffes. Les uns, tels que l'*onguent de Saint-Fiacre*, ont pour base la terre argileuse; les autres, connus sous le nom de *mastic à greffer*, se composent en grande partie de matières résineuses. Les onguents de Saint-Fiacre ont l'inconvénient d'être entraînés par les pluies abondantes, ou bien de se fendiller en séchant, et les plaies ne sont plus alors qu'imparfaitement abritées.

D'un autre côté, s'il s'agit de pommiers, cet englument sert de refuge à certains insectes qui font naître sur l'écorce des exostoses très-nuisibles au succès de l'opération.

Les mastics à greffer ne présentent aucun de ces inconvénients. On les emploie chauds ou froids; celui dont nous donnons ici la composition nous a toujours complétement réussi comme mastic chaud.

Pour 100 parties en poids.

Poix noire.	28
Poix de Bourgogne.	28
Cire jaune.	16
Suif.	14
Ocre jaune.	14
	100

Ce mélange doit être employé assez chaud pour être liquide, mais pas assez pour altérer les tissus de l'arbre. On l'étend sur les plaies à l'aide d'une petite brosse ou pinceau.

Les mastics à greffer, composés jusqu'à présent pour être employés froids, étaient tous à l'état de pâte malléable et présentaient par conséquent l'inconvénient très-grave d'obliger l'opérateur, pour les appliquer, à se mouiller constamment les doigts. Aussi on donnait presque toujours la préférence aux mastics employés chauds, quoique la nécessité de les faire chauffer soit aussi assez gênante. Mais M. Lhomme-Lefort, de Belleville, près de Paris, a heureusement imaginé un mastic liquide et que l'on emploie froid. Ce mastic, de la composition duquel l'auteur s'est réservé le secret, a la consistance d'une bouillie épaisse que l'on applique très-facilement sur la greffe à l'aide d'une petite spatule en bois. Cette matière acquiert une dureté extraordinaire dans l'espace de très-peu de jours, ne se ramollit pas au soleil et ne se fendille pas sous l'influence des gelées; l'humidité ne fait que hâter sa solidification. Ce mastic étant d'ailleurs livré pour un prix peu élevé, nous sommes convaincu qu'il est appelé à remplacer tous ceux qui ont été imaginés jusqu'à présent.

Diverses sortes de greffes. — Les greffes appliquées aux arbres fruitiers peuvent être rangées dans les trois groupes suivants :

1. — Greffes par approche.

Elles offrent pour caractère de n'être séparées de leur pied mère qu'après s'être complétement soudées avec le sujet. On les exécute ordinairement au printemps.

Greffe par approche ordinaire. — Elle peut être employée pour compléter le nombre des branches latérales de la charpente d'un arbre en formation, lorsqu'il n'existe aucune ancienne insertion de rameau ou de bouton et que l'emploi de l'entaille serait sans effet. Admettons qu'il y ait un vide en A (fig. 3), la greffe par approche permettra de le combler à l'aide

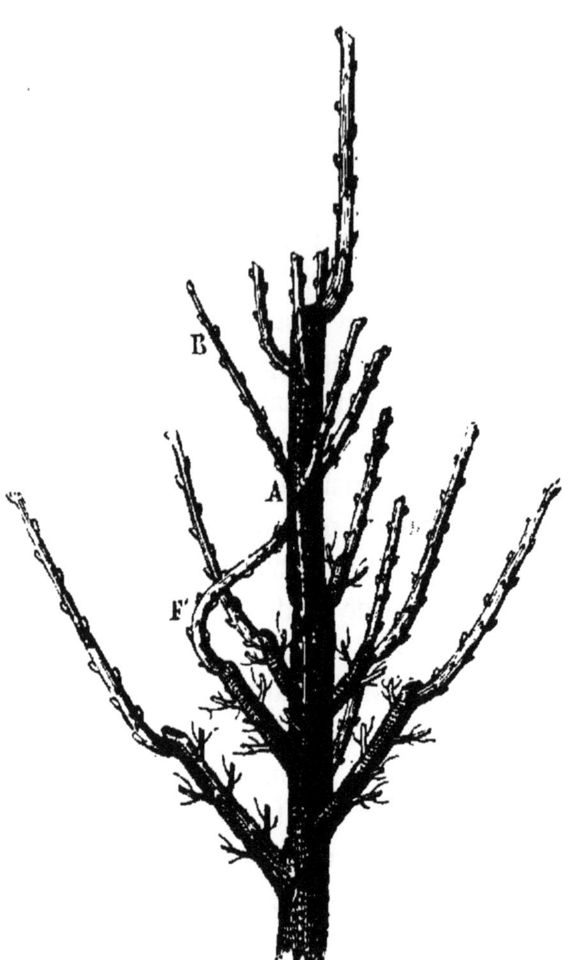

Fig. 3. — Greffe par approche ordinaire.

Fig. 4. Entaille du sujet.

Fig. 5. Incision de la greffe.

du rameau B. On pratiquera d'abord une entaille immédiatement au-dessus du point où le rameau B doit être greffé, afin d'y arrêter la séve des racines (A, fig. 4), puis, immédiatement au-dessous, on en fera une autre verticale, longue d'environ 0m, 06, d'une largeur et d'une profondeur égales au diamètre du rameau B (fig. 3). On incisera le rameau au point A (fig. 3), en donnant à cette incision une forme telle, que cette partie du rameau s'engage complétement dans l'entaille verticale de la tige (fig. 5), et que les écorces de la greffe et du sujet soient en contact immédiat sur les deux côtés de l'entaille. Ceci fait, on réunira les parties, on les maintiendra par une ligature, et on les recouvrira avec du mastic à greffer.

L'année suivante, au moment de la taille d'hiver, la soudure sera complète, et l'on pourra opérer le *sevrage*, c'est-à-dire couper la greffe immédiatement au-dessous de son point d'attache. La partie inférieure F (fig. 3) du rameau pourra, après avoir été redressée, servir de nouveau comme branche latérale.

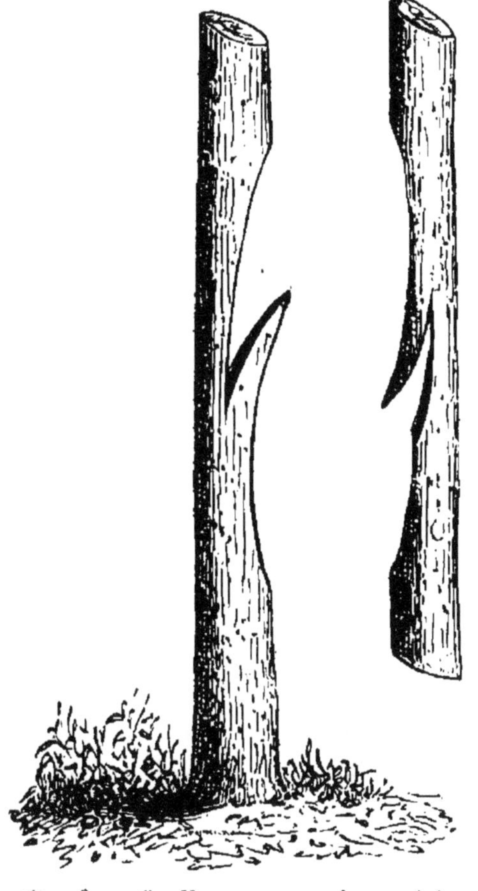

Fig. 6. — Greffe par approche anglaise.

Greffe par approche anglaise (fig. 6). — Faire sur le sujet et sur la greffe une entaille longitudinale pénétrant au tiers du diamètre des tiges. Pratiquer au milieu de l'étendue de ces entailles une agrafe qui rend la soudure très-solide.

Greffe par approche herbacée. — Dans les greffes précédentes, les parties sur lesquelles on opère sont âgées au moins d'un an. Dans la greffe herbacée, au contraire, la greffe et quelquefois même le sujet sont des bourgeons tendres et herbacés. Il faut donc pratiquer cette opération depuis le milieu de juin jusqu'au commencement d'août. Le mode d'opérer est d'ailleurs différent.

Cette sorte de greffe peut être employée avec beaucoup d'avan-

Fig. 7. — Greffe par approche herbacée.

tage pour remplir les vides parmi les rameaux à fruit qui garnissent latéralement les branches mères ou sous-mères du pêcher et des autres arbres à fruits à noyau.

Supposons qu'un vide existe au point C (fig. 7) parmi les rameaux à fruit d'une branche de pêcher. Le bourgeon B pourra servir à combler ce vide. Pour cela, on fera sur la branche, au point C, une incision longue de $0^m,04$ environ, et terminée à chaque extrémité par une incision transversale (C, fig. 8); le bourgeon B (fig. 7) sera incisé comme on le voit en D (fig. 8), puis on réunira les parties au moyen d'une ligature, après avoir glissé le bourgeon D au-dessous des écorces soulevées.

Il importe que la greffe porte, à la hauteur du point D, (fig. 8), mais du côté opposé à l'incision, une feuille que l'on ménage en plaçant la ligature.

L'année suivante, au printemps, la soudure est complète. Toutefois il faudra n'opérer le sevrage qu'au second printemps; autrement beaucoup de ces greffes se dessécheraient. Ce moment étant venu, le bourgeon qui a fourni la greffe est coupé en C (fig. 7), et la partie inférieure de ce rameau D est taillée comme s'il n'eût pas été greffé.

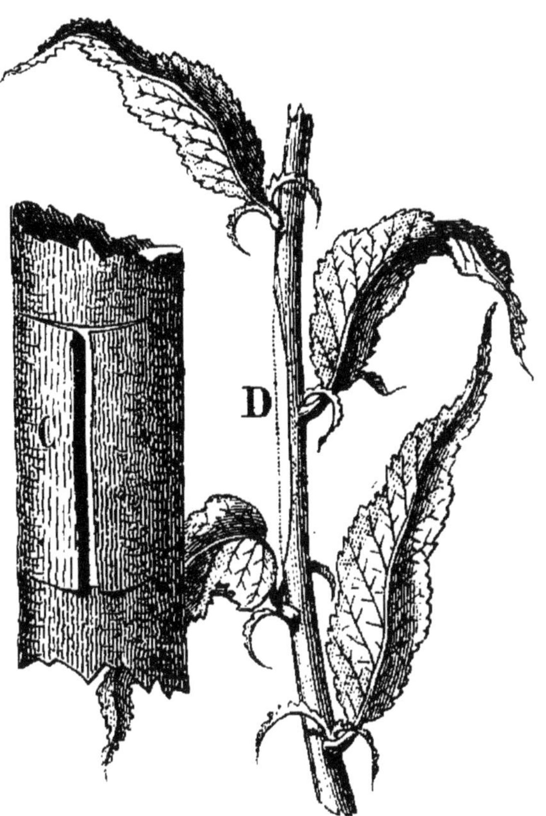

Fig. 8. — Greffe par approche herbacée.

Si la branche présentait plusieurs vides continus et que le bourgeon fût assez vigoureux, on pourrait le greffer successivement à chacun de ces points (A, fig. 9). On opérerait alors le sevrage immédiatement au-dessous de chaque soudure. Il serait bon

Fig. 9. — Greffe par approche herbacée multiple.

toutefois de laisser écouler huit ou dix jours entre chacune des greffes du même bourgeon pour ne pas nuire à son développement.

2. — *Greffes par rameaux.*

Cette greffe s'effectue avec des rameaux ou des portions de rameaux préalablement séparés de leur pied mère.

Il faut, pour opérer avec succès : 1° choisir pour greffe des rameaux de l'année précédente, les plus vigoureux et les mieux *aoûtés*, — c'est-à-dire développés assez tôt, l'année précédente, pour que le bois ait eu le temps de se constituer complétement avant les premiers froids.

2° Faire en sorte que la greffe soit dans un état de végétation moins avancé que le sujet; car, faute de trouver dans celui-ci la quantité de séve nécessaire à ses besoins, elle se dessécherait rapidement. A cet effet, on détache les greffes de leur pied mère un mois ou deux avant l'opération, et on les enterre complétement au pied d'un mur exposé au nord. Elles s'y conservent parfaitement, et leur végétation reste stationnaire, tandis que celle des sujets se développe.

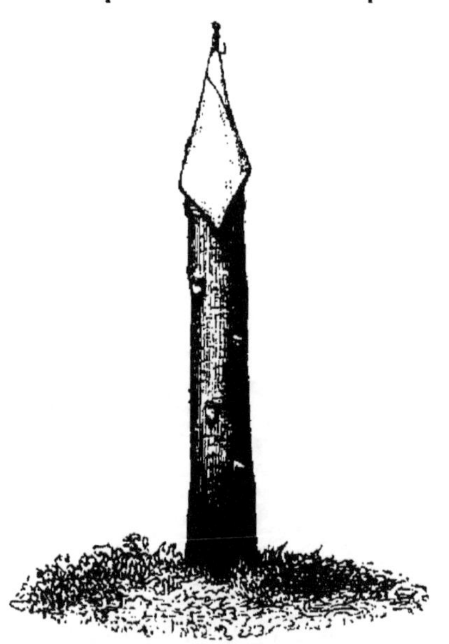

Fig. 10. — Cornet de papier pour abriter les greffes.

3° Pratiquer les amputations bien nettes, pour que les écorces ne soient pas déchirées sur leurs bords.

4° Placer la greffe sur le sujet de façon que la partie intérieure de l'écorce du sujet soit le plus possible en contact immédiat avec l'écorce intérieure de la greffe.

5° Ligaturer les parties opérées et recouvrir avec du mastic à greffer.

6° Abriter les greffes, pendant les premiers quinze jours qui suivent l'opération, contre l'action de l'air et l'ardeur du soleil. Un cornet de papier blanc remplit parfaitement cette condition (fig. 10). Il a, en outre, pour résultat d'éloigner certains insectes qui dévorent les boutons de la greffe dès qu'ils commencent à s'entr'ouvrir.

7° Faire en sorte que les greffes, une fois placées, ne soient plus ébranlées. Le moindre chôc suffit, au moment où elles commencent à se souder avec le sujet, pour anéantir le succès. Ce sont principalement les greffes placées en tête des arbres à haute tige qui sont exposées à cet accident, parce que les gros oiseaux les brisent en s'y perchant. Pour obvier à cet inconvénient, on place au sommet de ces arbres une sorte de perchoir fixé de chaque côté de la tige au moyen de deux liens d'osier A (fig. 11). Cette pratique offre encore l'avantage de permettre d'attacher solidement pendant l'été les principaux bourgeons B, que développe la greffe.

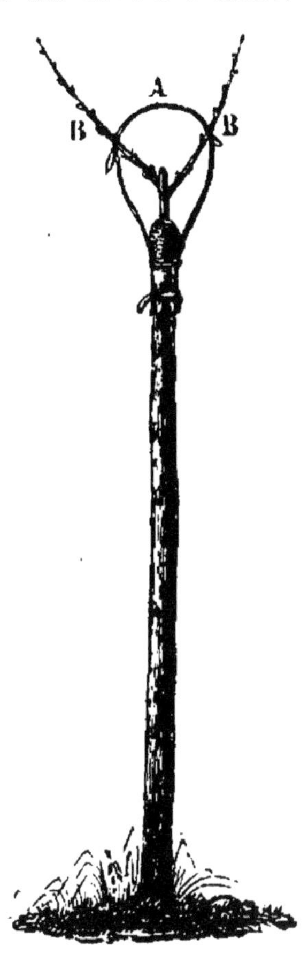

Fig. 11. — Greffe surmontée d'un perchoir.

8° Enfin, il faut veiller à ce que les nombreux bourgeons qui naissent toujours sur la tête des sujets étêtés ne détruisent pas la greffe en absorbant toute la séve des racines. C'est surtout pendant l'été qui suit l'opération que la tige des sujets greffés se couvre de ces bourgeons. Il convient de les enlever, mais seulement lorsque la greffe commence à végéter, car jusque-là le sujet en a besoin pour déterminer l'ascension de la séve jusqu'à la greffe. Aussitôt que cette végétation se manifeste, on supprime d'abord les bourgeons développés à la base de la tige, puis on avance progressivement vers le sommet, de manière à ne détruire les plus voisins de la greffe que lorsque celle-ci a déjà des bourgeons longs de 0^{m}, 20 à 0^{m}, 30.

Les greffes par rameaux propres aux arbres fruitiers appartiennent aux trois sections suivantes :

1° *Greffes par rameaux en fente.* — Elles nécessitent l'incision longitudinale du bois du sujet. On les pratique au printemps, aussitôt que les boutons du sujet commencent à s'entr'ouvrir.

Greffe en fente simple (fig. 12). — On donne au rameau qui

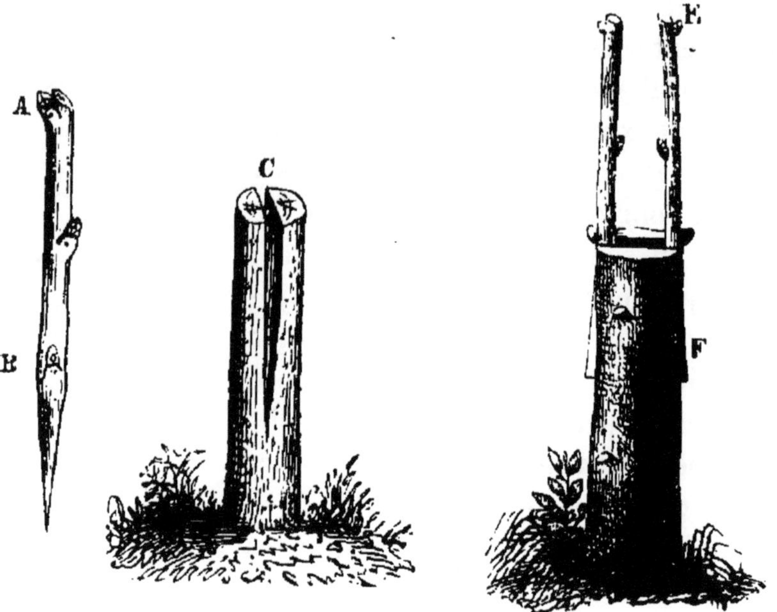

Fig. 12. — Greffe en fente simple. Fig. 13. — Greffe en fente double.

doit servir de greffe une longueur de 0m, 10 à 0m, 15, suivant la grosseur et le degré de vigueur du sujet. On le choisit portant à son sommet un bouton A. On taille la base en lame de couteau sur une longueur de 0m, 04 à 0m, 05, en commençant à la hauteur d'un bouton B placé au dos de la greffe, et, quand la greffe est ainsi préparée, on coupe horizontalement la tête du sujet, et l'on unit bien la plaie avec un instrument tranchant. Sur cette coupe on pratique, avec la serpette, une fente verticale C, passant par le centre de la tige et descendant à 0m, 06 environ au-dessous de la coupe, et l'on maintient la fente entr'ouverte avec un coin pendant qu'on y place la greffe.

Le sommet E (fig. 13) doit être légèrement incliné vers le centre de la tige, tandis que la base F forme saillie, afin que l'écorce intérieure de la greffe et celle du sujet soient en contact intime sur un des points de leur étendue mise à nu. Enfin on ligature le tout et l'on recouvre les plaies, y compris le sommet tronqué de la greffe, avec du mastic à greffer.

Cette greffe est employée pour les arbres à haute et à basse tige, lorsque la tige n'est pas très-grosse.

Greffe en fente double (fig. 13). — Elle diffère de la précédente en ce qu'on place deux greffes au lieu d'une. On la préfère lorsque la grosseur du sujet permet de l'employer. La plaie se cicatrise plus promptement, et l'on a plus de chance de réussir qu'avec une seule greffe. Toutefois, si elles reprennent toutes les deux, il ne faut pas hésiter à supprimer la moins vigoureuse aussitôt que la plaie est complétement fermée, surtout s'il s'agit d'arbres à haut vent. Autrement, la tête de l'arbre étant formée de deux parties complétement étrangères l'une à l'autre, il pourrait arriver que, dans une année de grande fertilité et sous l'influence de vents violents, la tête de l'arbre se déchirât en deux.

Greffe en fente Bertemboise (fig. 14). — Couper en biseau la tête du sujet, en réservant au sommet une petite surface horizontale, puis placer la greffe au sommet de ce biseau, en opérant comme dans les cas précédents. Lorsque le sujet ne sera pas assez volumineux pour porter deux greffes, on préférera ce mode d'opérer aux deux précédents : d'abord le point de jonction de la greffe avec le sujet sera moins difforme, puis, toute la séve des racines étant attirée, à cause de la coupe oblique, vers le point où la greffe est posée, celle-ci se developpera plus vigoureusement.

Greffe en fente anglaise (fig. 15). — Couper la tige du sujet en biseau très-allongé; pratiquer une fente verticale vers le tiers supérieur de la longueur du biseau. Couper aussi la base de la greffe en biseau allongé, et pratiquer également une fente verticale vers le tiers inférieur de la longueur du biseau; introduire la languette de la greffe dans la fente du sujet, de façon que les plaies soient complétement couvertes l'une par l'autre et que les écorces se joignent parfaitement, au moins sur un des côtés de la tige. Cette sorte de greffe, très-solide et très-promptement exécutée, convient surtout aux jeunes sujets, parce que les plaies sont couvertes l'une par l'autre sur toute leur surface.

2° *Greffe par rameaux en couronne.* — Dans cette série de greffes, le bois du sujet n'est pas fendu, l'écorce seule est incisée

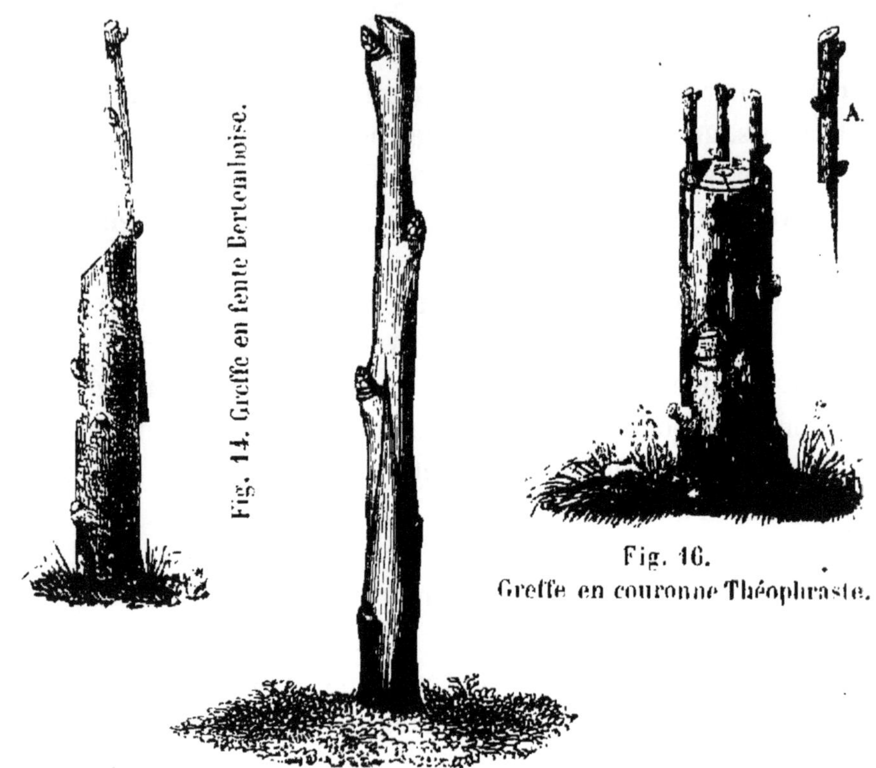

Fig. 14. Greffe en fente Bertemboise.

Fig. 16.
Greffe en couronne Théophraste.

Fig. 15. — Greffe en fente anglaise.

verticalement. On les pratique lorsque les bourgeons du sujet ont atteint une longueur de 0^{m},01.

Greffe en couronne Théophraste (fig. 16). — Après avoir coupé horizontalement la tige du sujet, ou seulement les branches du second ou du troisième ordre, selon l'âge de l'arbre, à 0^{m}, 50 de leur naissance, on fend l'écorce verticalement jusqu'au bois, sur une longueur de 0^{m},08 environ. On taille la base de la greffe A en bec de flûte avec un cran à la partie supérieure de l'entaille. On soulève l'écorce sur les bords de l'incision faite au sujet, puis on introduit la greffe entre cette écorce et le bois, en la disposant de façon que le côté entaillé soit appliqué sur le bois. On ligature et l'on couvre de mastic.

On peut ainsi placer des greffes sur toute la circonférence de la section de la tige, pourvu qu'elles soient espacées à 0m,08 environ les unes des autres. Cette sorte de greffe est d'un usage très-fréquent pour les arbres déjà âgés et dont on veut changer la nature des fruits.

Greffe en couronne perfectionnée (Du Breuil) (fig. 17). — Ici la

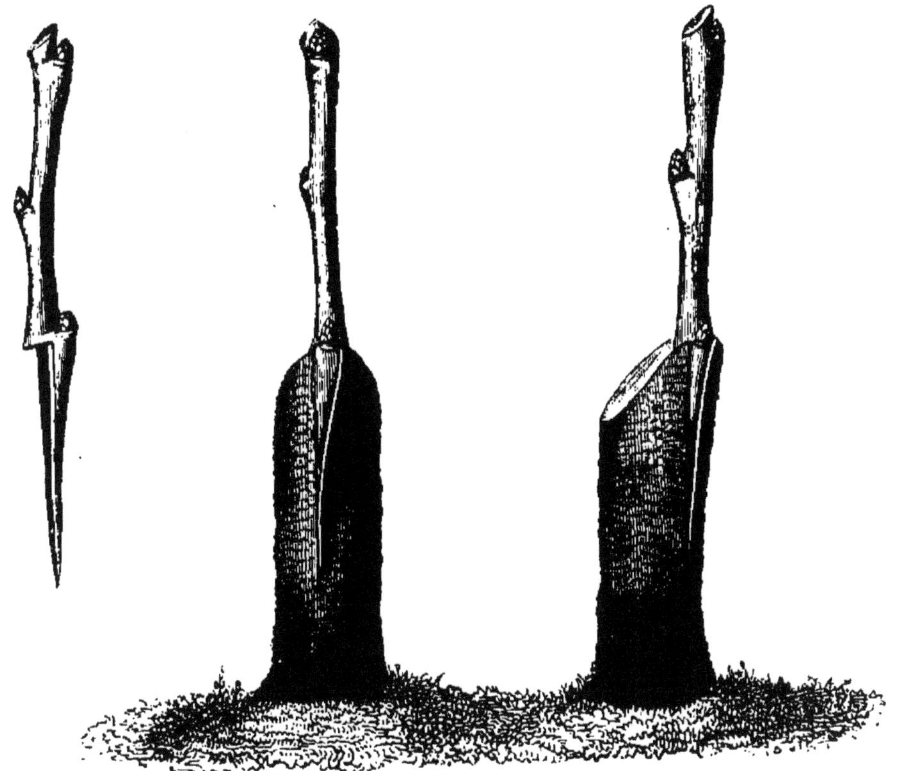

Fig. 17. — Greffe en couronne perfectionnée (Du Breuil).

tête du sujet est coupée obliquement, puis l'écorce est fendue verticalement un peu à gauche du sommet du biseau. La base de la greffe est taillée en bec de flûte, avec réserve d'une dent à la naissance de l'entaille; puis on coupe une petite lanière d'écorce sur le côté gauche du bec de flûte. On insère la greffe entre l'écorce et le bois, de manière que la dent vienne s'agraffer sur le sommet du biseau et que le bec de flûte, introduit seulement sous le côté droit de l'écorce du sujet, glisse contre l'écorce non soulevée du côté gauche.

3° *Greffes par rameaux de côté.* — Pour les greffes de ce groupe, il n'est pas nécessaire de couper la tête du sujet; on les applique sur le côté de la tige. Elles sont d'ailleurs pratiquées à la même époque que les greffes en couronne. Nous ne citerons ici que deux espèces de ces greffes.

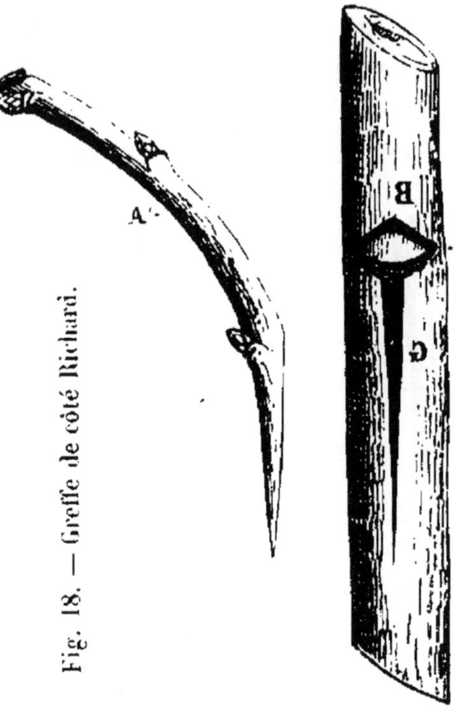

Fig. 18. — Greffe de côté Richard.

Greffe de côté Richard (fig. 18). — Choisir comme greffe un rameau un peu arqué A, tailler la base en biseau prolongé. Faire à l'écorce du sujet une incision G en forme de T. Pratiquer immédiatement au-dessus de l'incision en B une entaille atteignant la couche de bois extérieure, pour arrêter à ce point la séve des racines. Soulever l'écorce incisée avec la spatule du greffoir, introduire la greffe, ligaturer et mastiquer.

Cette greffe est employée avec avantage pour placer sur la tige des arbres à fruits à pepin soumis à une forme régulière des branches là où l'on n'a pu en former au moyen de la greffe par approche ou des entailles.

Greffe de côté Girardin (fig. 19 à 22). — Cette sorte de greffe, décrite par le professeur Thouin, et popularisée par M. Luiset, d'Écully, près de Lyon, est ainsi pratiquée : enlever, vers la fin d'août, sur un arbre de même variété ou de variété différente, de petits rameaux portant un bouton à fleur pour le printemps suivant (fig. 19), et, autant que possible, un rameau terminal (fig. 20), couper les feuilles et tailler leur base comme l'indiquent les figures; faire sur l'écorce de la tige ou de la branche où ils doivent être greffés, une incision semblable à celle de la figure 21; insérer

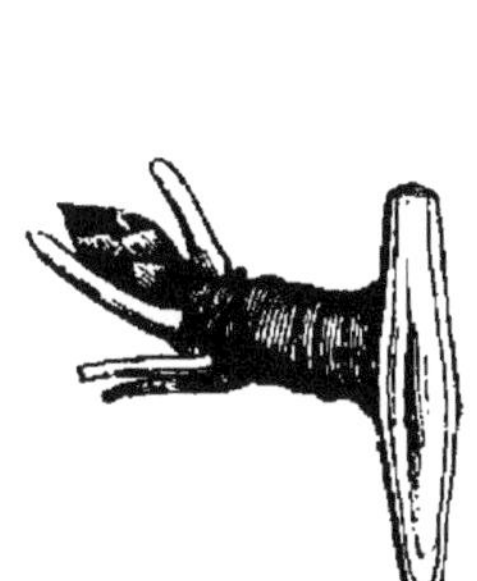

Fig. 19. — Rameau à fruit latéral pour la greffe de côté Girardin.

Fig. 20. — Rameau terminal pour la greffe de côté Girardin.

Fig. 21. —Branche incisée pour recevoir la greffe de côté Girardin.

ces petites greffes au-dessous de l'écorce, ligaturer comme le montre la figure 22, puis recouvrir la plaie avec du mastic à greffer. Ces petits rameaux se soudent avec la branche, épanouissent leurs fleurs au printemps suivant et fructifient. On peut aussi pratiquer cette greffe au commencement d'avril, mais avec moins de chances de succès; il convient alors de détacher, un mois à l'avance, les branches qui portent les rameaux à fruit et de les enterrer à l'ombre jusqu'au moment de les greffer.

Fig. 22. — Greffe de côté Girardin.

Ce mode de greffe est très-usité aujourd'hui pour placer des rameaux à fruit sur les branches de charpente des arbres, là où ils ont disparu, ou pour transformer des rameaux gourmands en rameaux à fruit. Mais on ne peut l'employer que pour le poirier et le pommier.

3. — *Greffes en écusson.*

Les greffes de ce dernier groupe prennent le nom d'écusson, et se composent d'une plaque d'écorce plus ou moins grande, de forme variable, mais offrant le plus souvent l'aspect d'un écusson d'armoirie (fig. 24). Cette plaque porte, vers sa partie centrale, un œil ou bouton.

Ces greffes sont particulièrement employées pour de jeunes sujets ou de jeunes branches, âgées d'un à quatre ans et présentant une écorce mince, lisse et tendre. On connait plusieurs sortes de greffes en écusson, mais les deux suivantes sont les seules qui soient d'un usage général pour les arbres fruitiers.

Greffe en écusson à œil dormant (fig. 23). - On pratique cette greffe depuis la fin de juillet jusqu'au commencement de septembre, suivant que la végétation des sujets se prolonge plus ou moins, et l'on ne supprime la tête du sujet greffé qu'au printemps suivant, si la greffe a réussi. Voici les principaux soins que réclame l'exécution de cette greffe.

Fig. 23. — Greffe en écusson à œil dormant.

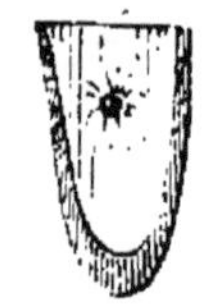

Fig. 24. — Face inférieure d'un écusson.

1° Détacher de l'arbre un bourgeon offrant à la base des feuilles des yeux ou des boutons bien constitués; supprimer les feuilles en ne réservant qu'un centimètre environ de la queue C (fig. 23), afin de pouvoir saisir l'écusson avec les doigts lorsqu'il sera séparé du bourgeon. Tenir chacun des bourgeons ainsi préparés dans un endroit obscur, frais et humide, jusqu'au moment où l'on posera les écussons.

2° Faire sur le sujet, au point où l'écusson doit être posé, une incision B pénétrant jusqu'au bois et offrant la forme d'un T, et écarter vers le haut, avec la spatule du greffoir, les deux lèvres de l'écorce.

3° Séparer l'écusson du bourgeon de façon à enlever, avec l'écorce, le moins de bois possible, tout en conservant, au-dessous du bouton, l'amas de tissu verdâtre que montre la figure 24. Sans cette condition la reprise de l'écusson est impossible.

4° Glisser l'écusson entre l'écorce et le bois du sujet au moyen de l'incision B (fig. 25), puis rapprocher les lèvres de l'écorce au moyen d'une ligature, de manière que la base du bouton surtout soit bien appuyée contre le bois du sujet.

5° Quelque temps après cette opération, visiter les écussons et

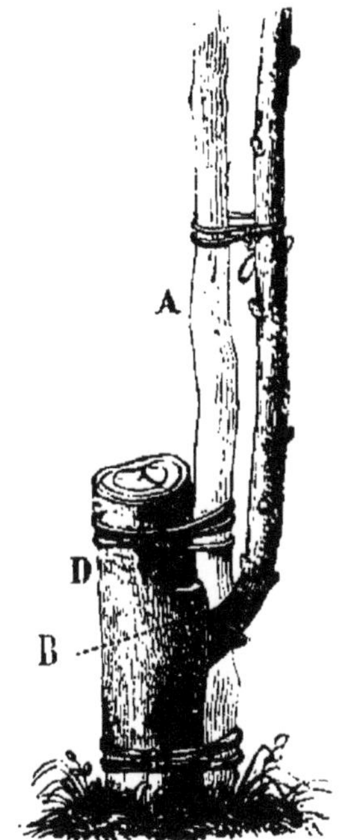

Fig. 25. — Tuteur pour les écussons, lors de leur premier développement.

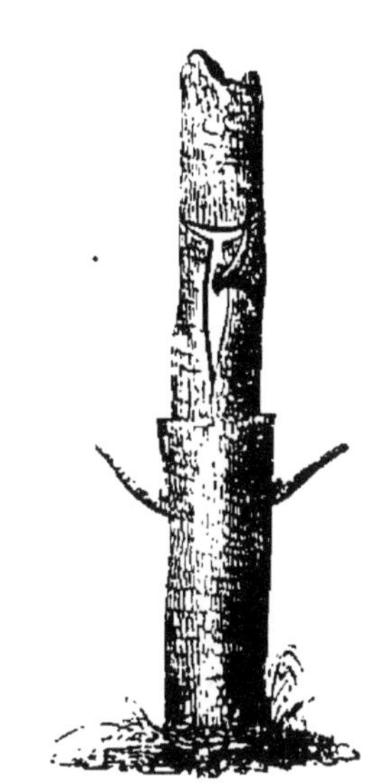

Fig. 26. Greffe en écusson double.

desserrer les ligatures si elles commencent à déterminer des étranglements.

6° Au printemps suivant, si les écussons sont repris, couper la tige ou les branches du sujet à 0^{m},08 environ du point où l'écusson a été placé, afin de déterminer le développement de ce dernier.

7° Lorsque les écussons commencent à végéter, les garantir de la violence des vents par un tuteur A (fig. 25) fixé contre la tige et sur lequel on attache le bourgeon de l'écusson.

8° Supprimer sur la tige du sujet les bourgeons qui se développent en même temps que celui de l'écusson, en suivant l'indication donnée pour les greffes par rameaux.

9° Enfin couper en B (fig. 25), l'hiver suivant, le sommet D de la tige du sujet

On emploie presque toujours cette sorte de greffe pour tous les jeunes sujets des arbres fruitiers; si elle ne réussit pas, on la remplace au printemps suivant, pour ne pas perdre de temps, par l'une des greffes par rameaux indiquées plus haut.

Greffe en écusson double (fig. 26). — Opérer comme pour la greffe précédente, mais placer sur la même tige ou sur la même branche deux ou un plus grand nombre d'écussons. Cette greffe est très-utile pour hâter la formation de la charpente des jeunes arbres en espalier. Ainsi, pour former une palmette, le sujet pourra recevoir trois écussons disposés comme l'indique notre figure. On gagnera ainsi une année pour la formation de la charpente.

DE LA TAILLE

Utilité de la taille.— La taille, convenablement appliquée aux arbres fruitiers, donne les résultats suivants :

1° Elle permet d'imposer aux arbres une forme en rapport avec la place qu'on veut leur faire occuper. Ainsi on peut donner aux arbres cultivés en *plein vent* , c'est-à-dire non palissés contre un mur, la forme pyramidale ou celle en vase. Les arbres qui y sont soumis produisent des fruits plus abondants et plus gros que ceux qu'on abandonne à eux-mêmes, et qui se transforment alors en arbres à *haut vent*; ils occupent d'ailleurs moins d'espace. Pour les arbres en espalier, elle donne les moyens de leur faire développer une charpente symétrique et régulière qui les oblige à occuper utilement toute la surface du mur.

2° Par la taille, chacune des branches principales de l'arbre reste garnie de rameaux à fruit dans toute son étendue. Ce résultat est surtout remarquable dans les arbres à fruit à noyau, et notamment dans le pêcher, dont les branches, si elles n'étaient pas taillées, se dégarniraient rapidement de rameaux pour n'en conserver qu'au sommet.

3° La taille rend la fructification plus égale; car, en supprimant chaque année les rameaux et boutons à fleur surabondants, on consacre à la formation de nouveaux boutons à fleur pour l'année suivante la séve qu'auraient absorbée les parties que l'on retranche.

4° Enfin la taille détermine la production de fruits plus volumineux et de meilleure qualité. En effet, une partie notable des fluides nourriciers qui auraient alimenté les parties supprimées tourne au profit des fruits que l'on a conservés.

Principes généraux de la taille.— LA CHARPENTE DES ARBRES DOIT ÊTRE PARFAITEMENT SYMÉTRIQUE. — Cette régularité n'a pas seulement pour but de leur donner un aspect plus agréable, elle est surtout destinée à leur faire occuper régulièrement et sans perte d'espace la place qu'on leur a consacrée contre les murs ou sur les plates-bandes. Elle facilite aussi le maintien de l'équilibre de la végétation dans tout l'ensemble de l'arbre en empêchant la séve d'être attirée plus d'un côté que de l'autre.

LA DURÉE DE LA FORME D'UN ARBRE SOUMIS A LA TAILLE DÉPEND DE L'ÉGALE RÉPARTITION DE LA SÉVE DANS TOUTES SES BRANCHES.

Dans les arbres fruitiers abandonnés à eux-mêmes, la séve se distribue également, parce que l'arbre prend de lui-même la forme la plus en harmonie avec la tendance naturelle de cette séve. Mais, dans les arbres soumis à la taille, les formes qu'on leur impose nécessitent le développement de ramifications plus ou moins nombreuses, plus ou moins volumineuses à la base de la tige. Or comme la séve tend à se porter de préférence vers le sommet de la tige, il en résulte que, si l'on n'y prend garde, les ramifications de la base deviennent bientôt languissantes, finissent par se dessécher, et que la forme qu'on avait d'abord obtenue disparaît, pour être remplacée par la disposition naturelle de l'arbre, c'est-à-dire par une tige nue portant une tête plus ou moins volumineuse. Il est donc indispensable d'employer certains moyens pour changer la direction naturelle de la s've, et maintenir cette direction vers chacun des points où l'on a besoin d'entretenir des ramifications.

Supposons un arbre en espalier (fig. 27), dans lequel l'équilibre de la végétation est rompu; pour contrarier la végétation des parties vers lesquelles la séve se porte en trop grande abondance, et favoriser celle des parties où elle n'arrive pas en assez grande quantité, on emploie les moyens suivants :

Tailler très-courts les rameaux de la partie forte B, *et tailler très-longs ceux de la partie faible* A. — On sait que la séve est attirée par les feuilles; donc, en supprimant sur les points vigoureux le plus grand nombre des boutons à bois, on prive ces points des feuilles que les boutons auraient développées; la séve y arrive en moins grande quantité, et la végétation est diminuée. En laissant, au contraire, sur la partie faible un grand nombre de boutons à bois, elle sera pourvue d'une quantité considérable de feuilles et se couvrira d'une végétation plus abondante.

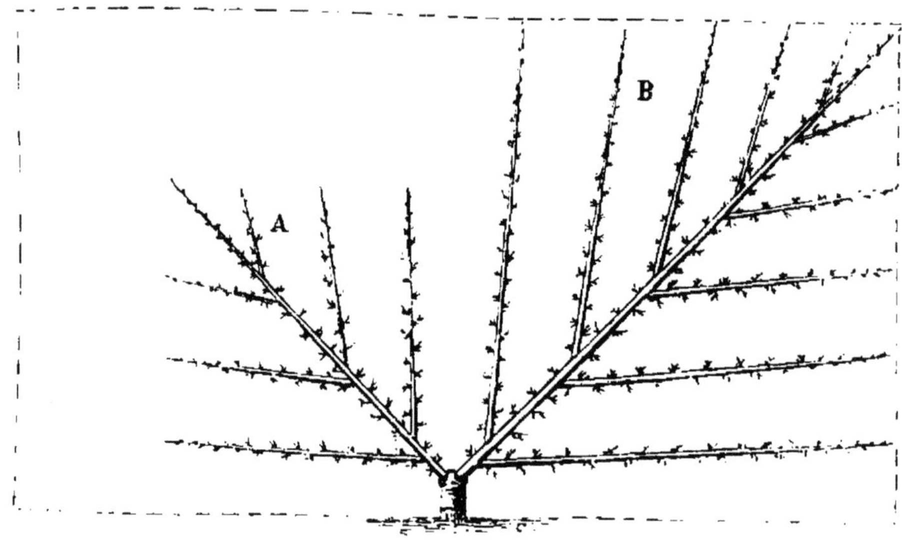

Fig. 27.
Arbre en espalier dans lequel l'équilibre de la végétation est rompu.

Incliner la partie forte et redresser la partie faible.— La séve des racines agit avec d'autant plus de force sur l'allongement des bourgeons que les branches sont plus verticales; les bourgeons pousseront donc avec plus de force sur la partie faible redressée, et les feuilles nombreuses qu'ils développeront y attireront la séve en plus grande quantité que sur la partie forte qui aura été inclinée.

Supprimer le plus tôt possible, sur la partie forte, les bourgeons inutiles, et pratiquer cette suppression le plus tard possible sur la partie faible. — Moins il y a de bourgeons sur une branche, moins il y a de feuilles, et moins, par conséquent, la séve y est attirée. En laissant séjourner les bourgeons le plus longtemps possible sur le point faible, on y fera arriver la séve en plus grande abondance; et, lorsqu'on viendra à les supprimer, la séve, ayant pris son essor de ce côté, y sera maintenue plus facilement. Ce moyen ne peut être employé que pour les arbres en espalier, et surtout pour le pêcher, sur lequel on est toujours obligé d'enlever un certain nombre de bourgeons.

Supprimer de très-bonne heure l'extrémité herbacée des bourgeons de la partie forte, et ne pratiquer cette opération que le plus tard possible sur la partie faible, en y soumettant seulement les quelques bourgeons qui sont trop vigoureux, et qui, dans tous les cas, devraient subir cette opération en raison de la position qu'ils occupent. — Cette suppression arrête la végétation de la partie forte; elle est applicable aux arbres en plein vent et aux arbres en espalier.

Palisser très-près du treillage et de très-bonne heure les bourgeons de la partie forte, et ne pratiquer ce palissage que très-tard sur la partie faible. — On gêne ainsi la circulation de la séve vers les premiers points, et on la favorise dans les seconds. Ce procédé n'est praticable que pour les arbres en espalier.

Supprimer, sur le côté fort, un certain nombre de feuilles. — En diminuant le nombre des feuilles sur ce côté de l'arbre, on empêche la séve d'y arriver en aussi grande abondance. Il ne faudra enlever ainsi qu'un nombre de feuilles proportionné à la différence de vigueur que présentera ce côté de l'arbre, et il conviendra de les choisir sur les bourgeons les plus vigoureux. Ces feuilles ne seront pas arrachées, mais coupées de façon à conserver le pétiole ou queue sur le bourgeon.

Laisser sur la partie forte le plus grand nombre de fruits possible, et les supprimer tous sur la partie faible. — On sait que les fruits ont la propriété d'attirer à eux la séve des racines et de l'employer entièrement à leur accroissement. Il résultera donc du moyen que nous indiquons que toute la séve qui arrivera dans la partie forte sera absorbée par les fruits, et que ce point prendra moins de développement que la partie faible.

Mouiller toutes les parties vertes du côté faible avec une dissolution de sulfate de fer. — Cette dissolution, faite dans la proportion de un gramme et demi par litre d'eau et appliquée après le coucher du soleil, est absorbée par les feuilles et stimule puissamment leur action sur la séve des racines.

Éloigner le côté faible du mur et y maintenir le côté fort. — En éloignant du mur la partie faible, on permet aux bourgeons de recevoir la lumière de tous les côtés. Or, comme c'est cet agent qui détermine les fonctions des feuilles et leur action sur la séve des racines, ce point végétera avec plus de vigueur que la partie forte qui ne sera éclairée que d un côté. Ce moyen s'applique seulement aux arbres en espalier. On ne devra en user que vers le mois de mai, alors que les arbres, n'ayant plus à craindre les intempéries du printemps, peuvent se passer en partie de la protection du mur.

Couvrir le côté fort de manière à le priver de la lumière. — On obtient ainsi les mêmes résultats, mais d'une manière plus complète. Toutefois on n'en use que si le moyen précédent est insuffisant, car il pourrait arriver que la partie de l'arbre ombragée s'étiolât par trop et perdît toutes ses feuilles. Pour éviter cet accident, on ne prolonge pas cet état de choses au delà de huit à douze jours, et l'on profite d'un temps sombre pour le faire cesser.

Les différents moyens que nous venons d'indiquer pourront être successivement employés dans l'ordre où nous les avons décrits, et cela jusqu'à ce que l'on ait atteint le résultat qu'on s'est proposé.

La séve fait développer des bourgeons beaucoup plus vigoureux sur un rameau taillé court que sur un rameau taillé long.

Il est évident que, si la séve n'agit que sur un ou deux bourgeons, elle les fait développer avec bien plus de vigueur que si son action est partagée entre quinze ou vingt. Si donc on veut obtenir des rameaux à bois, on doit tailler court, parce que les rameaux vigoureux ne développent que très-peu de boutons à fleur; si, au contraire, on veut faire développer des rameaux à fruit, on taille long, parce que les rameaux peu vigoureux se chargent d'un plus grand nombre de boutons à fleur. Une autre application de ce principe, c'est que, si un arbre a été épuisé par la production trop considérable des fruits, on rétablit sa vigueur en le taillant court pendant un an.

Cette dernière application paraît être en contradiction avec ce que nous avons dit au premier paragraphe de la page 20, mais cette contradiction n'est qu'apparente. En effet, dans le premier cas, quelques-uns seulement des rameaux de l'arbre sont taillés courts, et l'on diminue ainsi, au profit de ceux qui so t taillés longs, la puissance d absorption qu'ils exercent sur la séve des racines. Les bourgeons qu'ils développent sont assurément plus vigoureux que ceux qui naissent sur les rameaux taillés longs, mais ils le sont moins cependant que si tous les rameaux de l'arbre avaient subi la même suppression, car une partie de la séve qui leur serait échue tourne alors au profit des bourgeons plus nombreux des rameaux taillés longs, et dont la vigueur se trouve ainsi augmentée. En un mot, les bourgeons des rameaux taillés longs ne sont pas aussi vigoureux que ceux des rameaux taillés courts, mais ils sont beaucoup plus nombreux et déterminent la formation d'une plus grande masse de tissu ligneux et de boutons, dont la proportion ne tarde pas à affaiblir réellement la partie forte au profit de la partie faible.

Mais, quand il s'agit du rétablissement d'un arbre épuisé, celui-ci n'est plus placé dans les mêmes conditions. Au lieu de raccourcir quelques rameaux seulement, on les soumet tous au même traitement, et la séve, n'étant pas attirée en plus grande abondance d'un côté que de l'autre, agit avec une égale intensité sur le développement vigoureux de chacun d'eux; tous concourent alors à la formation de nouvelles couches ligneuses et corticales plus amples et mieux constituées que les précédentes, ainsi que de nouveaux prolongements radicaux remplissant bien leurs fonctions. L'arbre recouvre sa première vigueur, jusqu'à ce qu'une taille plus longue vienne de nouveau le mettre à fruit.

Ce qui précède explique clairement la cause du résultat différent que l'on obtient de cette opération, suivant la manière dont elle est pratiquée, et doit faire disparaître le désaccord qui existe à cet égard entre quelques cultivateurs.

LA SÉVE, TENDANT TOUJOURS A AFFLUER A L'EXTRÉMITÉ DES RAMEAUX, FAIT DÉVELOPPER LE BOUTON TERMINAL AVEC PLUS DE VIGUEUR QUE LES BOUTONS LATÉRAUX.

D'après ce principe, toutes les fois qu'on voudra obtenir un prolongement de branche, il faudra tailler sur un bouton à bois vigoureux, et ne laisser au delà aucune production qui puisse lui enlever l'action de la séve.

PLUS LA SÉVE EST ENTRAVÉE DANS SA CIRCULATION, MOINS ELLE AGIT AVEC FORCE SUR LE DÉVELOPPEMENT DES BOURGEONS, ET PLUS ELLE PRODUIT DE BOUTONS A FLEURS.

Les arbres ne commencent à former leurs boutons à fleurs qu'après avoir acquis un certain développement. Il faut, pour que ces productions apparaissent, que la séve circule lentement et qu'elle subisse ainsi une préparation plus complète dans les feuilles, préparation sans laquelle elle ne donne lieu qu'à des boutons à bois. Lorsque les arbres ont acquis un certain développement, la rapidité de la circulation de la séve est ralentie par l'étendue des ramifications qu'elle a à parcourir, et aussi par les lignes plus souvent brisées qu'elle est obligée de suivre; c'est alors seulement que les boutons à fleurs commencent à se former. L'apparition de ces organes est si bien due à l'action peu intense de la séve sur les bourgeons, que les arbres n'ont jamais plus de boutons à fleurs qu'alors qu'ils sont souffrants

Les opérations suivantes, employées dans l'ordre où nous allons les indiquer, peuvent diminuer l'intensité de l'action de la séve et amener la mise à fruit des arbres.

Tailler très-long le prolongement des branches de la charpente. — En procédant ainsi, on force la séve à partager son action entre un plus grand nombre de boutons. Les bourgeons qui résultent de leur développement poussent moins vigoureusement et donnent lieu à des rameaux qui se mettent facilement à fruit.

Appliquer aux bourgeons qui naissent sur les prolongements successifs de la charpente, ainsi qu'aux rameaux qui en résultent, les opérations destinées à diminuer leur vigueur. — Ces opérations sont, pour les bourgeons, le pincement et la torsion, et, pour les rameaux, le cassement complet ou le cassement partiel. Ces mutilations, que nous décrivons plus loin, ont pour but de diminuer la vigueur de ces bourgeons ou de ces rameaux en forçant la séve à porter son action sur le développement vigoureux du nouveau bourgeon de prolongement. Il en résulte alors la mise à fruit de l'arbre.

Pratiquer la taille d'hiver très-tardivement, lorsque déjà les bourgeons ont atteint une longueur de 0^{m}, 04. — Il résulte de cette taille tardive qu'une grande partie de l'action de la séve s'est dépensée au profit du sommet des rameaux. Ceux-ci étant raccourcis à ce moment, les bourgeons de la base poussent moins vigoureusement que si cette perte de séve n'eût pas eu lieu et se mettent plus facilement à fruit. Ce mode d'opérer, ainsi que les suivants, ne doit être employé que pour les arbres d'une vigueur telle, que les moyens précédents sont insuffisants pour les mettre à fruit.

Appliquer sur les branches de la charpente un certain nombre de greffes de côté Girardin (fig. 19 à 22). — Ces greffes de rameaux à fruit venant à fructifier, les fruits absorbent une grande partie de la surabondance de la séve de l'arbre. On voit dès lors un grand nombre de boutons à fleurs se former sur l'arbre. Ce moyen ne peut être appliqué qu'aux arbres à fruit à pepins.

Arquer toutes les branches de la charpente de façon qu'une partie de leur longueur soit dirigée vers le sol. — La séve agissant avec d'autant plus de force sur le développement des bourgeons que ceux-ci sont attachés sur un rameau plus rapproché de la ligne verticale, on conçoit que l'arqûre des rameaux ou des branches doit diminuer beaucoup la vigueur des bourgeons et déterminer leur mise à fruit. Lorsque ce résultat sera obtenu, il conviendra de replacer ces branches dans leur première position, sous peine de voir l'arbre épuisé par une production de

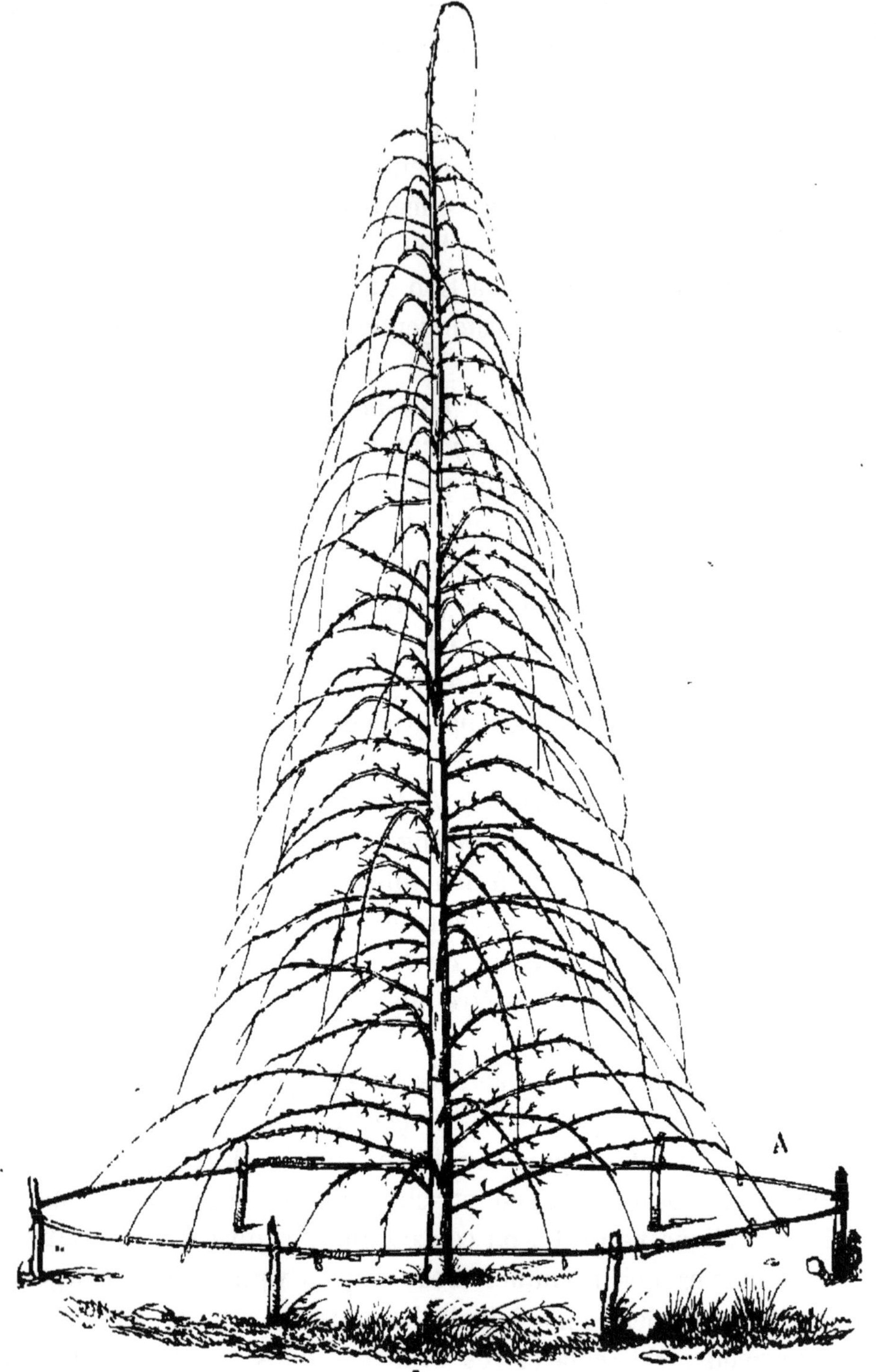

Fig. 28. — Poirier soumis à la forme en pyramide à branches arquées.

fruits surabondante. La figure 28 montre un arbre en pyramide soumis à l'arqûre.

Pratiquer en février, vers la base de la tige de l'arbre, avec la scie à main, une incision annulaire large au plus de 0m,005, et assez profonde pour entamer la couche de bois la plus extérieure. — La séve des racines s'élève des racines vers les feuilles en passant par les vaisseaux placés dans la couche de bois la plus extérieure. L'incision annulaire dont nous venons de parler a pour résultat de gêner cette ascension de la séve; les bourgeons acquièrent alors moins de vigueur, et l'arbre se met à fruit.

Déchausser au printemps le pied de l'arbre, de façon que les racines principales soient mises à nu sur une grande partie de leur longueur et les laisser dans cet état pendant tout l'été. —Ce déchaussement exposant à l'action de l'air et de la lumière une partie notable des racines, a pour effet de gêner leurs fonctions, de diminuer ainsi la vigueur de l'arbre et de déterminer alors sa mise à fruit.

Déchausser le pied de l'arbre au printemps, puis mutiler, en les coupant, une partie des racines et replacer ensuite la terre. —Cette opération, plus énergique que la précédente, produit les mêmes résultats; mais il conviendra de l'employer rarement; car on est exposé à dépasser le but que l'on se propose d'atteindre et à rendre l'arbre réellement malade.

Transplanter les arbres à la fin de l'automne, en les déplantant avec le plus grand soin, de façon à leur conserver toutes leurs racines. — Cette pratique donne des résultats analogues aux précédents et par les mêmes motifs. Ce déplacement suffit, en effet, pour fatiguer l'arbre assez pour que, l'année suivante, il soit couvert d'un grand nombre de boutons à fleur.

TOUT CE QUI TEND A DIMINUER LA VIGUEUR DES BOURGEONS ET A FAIRE AFFLUER LA SÉVE DANS LES FRUITS CONCOURT A AUGMENTER LA GROSSEUR DE CEUX-CI.

Les fruits et les bourgeons ont en effet la propriété d'attirer à eux la séve des racines. Or, si les bourgeons sont nombreux et vigoureux, il en résulte qu'ils absorbent presque toute cette séve au détriment des fruits, qui restent alors petits. Voilà ce qui explique pourquoi, toutes choses égales d'ailleurs, les fruits sont moins gros sur des arbres très-vigoureux que sur ceux de vigueur moyenne. On comprend également que, l'accroissement des fruits étant déterminé par l'abondance de la séve, ils deviendront d'autant plus gros qu'elle pourra y pénétrer plus facilement.

Les opérations suivantes auront donc pour résultat d'augmenter le volume des fruits.

Greffer les arbres sur des espèces de sujet peu vigoureuses. — Si les sujets sont très-vigoureux, les bourgeons absorberont presque toute la séve au détriment des fruits. Les poiriers greffés sur cognassier, les pommiers greffés sur paradis, donnent, toutes choses égales d'ailleurs, des fruits plus gros que ceux greffés sur poirier ou pommier franc.

Appliquer aux arbres une taille d'hiver convenable, c'est-à-dire ne laisser sur l'arbre que les rameaux ou partie des rameaux nécessaires à l'accroissement symétrique de la charpente ou à la formation des rameaux à fruit. — Ces retranchements ont pour effet de concentrer une plus grande quantité de séve sur les parties conservées et par conséquent sur les fruits. Les arbres abandonnés à eux-mêmes donnent toujours des fruits moins gros que ceux des arbres soumis à une taille rationnelle.

Faire naître les rameaux à fruit directement sur les branches de la charpente de l'arbre et les maintenir le plus court possible. — En procédant ainsi, les fruits seront attachés tout près de la branche de la charpente; ils recevront là une influence plus directe de la séve et acquerront un plus grand développement.

Tailler les branches très-court dès que les boutons à fleur sont formés. — Ces retranchements considérables concentrent la séve sur une étendue restreinte de la charpente, et les fruits en reçoivent une plus grande quantité.

Mutiler les bourgeons qui ne sont pas nécessaires à l'accroissement de la charpente de l'arbre. — Cette mutilation, que l'on obtient à l'aide de pincements réitérés, les empêche d'absorber une trop grande quantité de séve; il en reste alors davantage pour les fruits.

Ne laisser sur l'arbre qu'un nombre peu considérable de fruits, en faisant les suppressions dès qu'ils ont atteint le cinquième de leur développement. — Chacun des fruits conservés profite alors d'une plus grande quantité de séve et devient beaucoup plus volumineux. On en a ainsi un moins grand nombre, mais on en récolte la même quantité en poids, ce qui est presque toujours préférable.

Pratiquer une incision annulaire sur le rameau fructifère au moment de l'épanouissement des fleurs, et de façon que cette incision n'offre pas plus de 0m, 005 de largeur. — L'expérience a constamment démontré que, par suite de cette incision, les fruits deviennent plus gros. Ils mûrissent aussi plutôt que ceux qui n'ont pas été soumis à cette opération. On a tenté d'expliquer ce phénomène de diverses manières, mais toujours d'une façon peu satisfaisante. Nous nous contentons d'affirmer la réalité du fait. Ce sont particulièrement les fruits à noyau et la vigne qui se prêtent le mieux à cette pratique.

Greffer des rameaux à fruit sur un arbre vigoureux, en ayant recours pour cela à la greffe de côté Girardin (fig. 19 à 22). — Cette sorte de greffe produit un effet analogue à celui de l'incision annulaire. Les fruits ainsi obtenus sont toujours plus gros que ceux sur des rameaux non greffés. La cause est sans doute la même.

Placer sous les fruits, pendant leur développement, un support destiné à les empêcher de tendre ou de tordre leur pédoncule ou queue. — La séve pénètre dans les fruits en passant par les vaisseaux qui traversent leur pédoncule. Or, si ces fruits sont laissés sans support, il arrive souvent que, leur accroissement se faisant d'une manière inégale sur leur pourtour, il se produit sur le pédoncule un mouvement de torsion qui étrangle les vaisseaux séveux et nuit alors au passage de la séve. Dailleurs, le propre poids des fruits, en tendant ce pédoncule, allonge ces vaisseaux et rétrécit leur diamètre. Lorsque les fruits sont supportés, la séve y pénètre donc plus facilement et ils deviennent plus gros.

Maintenir les fruits dans leur position normale pendant tout le temps de leur développement, c'est-à-dire les tenir dressés de façon que le pédoncule soit en bas. — La séve agit avec d'autant plus de force qu'elle suit une direction ascendante plus rapprochée de la verticale. Il résulte donc de la position donnée aux fruits que la séve y arrive plus facilement et en plus grande quantité en passant par le pédoncule ainsi dressé et qu'ils deviennent plus gros.

Placer les fruits sous l'ombrage des feuilles pendant tout le temps de leur accroissement. — L'action d'une vive lumière et de la chaleur a pour résultat de durcir les tissus et de leur faire perdre leur élasticité, et par conséquent la faculté de pouvoir s'étendre en cédant à l'action de la séve. Si donc un fruit est placé dès son jeune âge sous l'influence du soleil, il deviendra moins gros que celui qui est abrité par les feuilles, parce que son épiderme se durcira plus vite et ne se prêtera pas aussi longtemps à l'action de la séve, qui tend à la distendre. Il conviendrait donc d'attendre que ces fruits aient pris tout leur développement avant de les exposer au soleil, qui doit les colorer et les parfumer.

Appliquer sur les jeunes fruits une dissolution de sulfate de fer. — On savait déjà que le sulfate de fer, appliqué sous forme de dissolution dans l'eau, stimulait beaucoup les fonctions absorbantes des feuilles, qui attiraient alors à elles une plus grande quantité de séve des racines. Nous avons eu la pensée de mouiller la surface des jeunes fruits avec cette dissolution, et ces fruits ont pris alors un accroissement extraordinaire. Il convient de procéder ainsi : employer la dissolution dans la proportion de un gramme et demi par litre d'eau; en mouiller les fruits seulement après qu'ils ne sont plus frappés par le soleil; répéter cette opération trois fois : lorsque les fruits ont atteint le premier quart de leur développement; lorsqu'ils sont à moitié grosseur, puis quand ils ont acquis les trois quarts de leur volume. Cette dissolution active leurs fonctions absorbantes; ils attirent à eux une plus grande quantité de séve au détriment des feuilles et deviennent plus gros.

Greffer par approche un bourgeon sur le pédoncule des fruits lorqu'ils ont acquis le premier tiers de leur développement. — On a remarqué que, par suite de cette opération, le volume des fruits devient plus considérable, sans doute parce que le bourgeon ainsi greffé attire dans le pédoncule du fruit une plus grande quantité de séve.

Les feuilles servent a préparer la séve des racines pour la nourriture de l'arbre, et concourent a la formation des boutons sur les rameaux. Tout arbre qui en est privé est exposé a périr.

Il faut donc se garder d'enlever aux arbres une trop grande quantité de feuilles, sous prétexte de placer plus immédiatement les fruits sous l'influence du soleil, car ces arbres, privés d'une partie de leurs organes nourriciers, cesseraient leur développement; il en serait de même de leurs fruits. D'un autre côté, les rameaux effeuillés, ne présentant pas de boutons ou n'en offrant que de mal conformés, ne donneraient lieu, l'année suivante, qu'à une végétation languissante.

Dès que les ramifications ont atteint l'age de deux ans, ceux de leurs boutons qui n'ont pas encore végété ne se développent plus que sous l'influence d'une taille très-courte. Dans le pêcher, ils résistent presque toujours a cette opération.

On doit donc pratiquer la taille de manière à déterminer le développement de ces boutons sur les prolongements successifs des branches de la charpente, et veiller à la conservation des rameaux qui en résultent. Sans cette précaution, l'intérieur de l'arbre resterait complétement dégarni et improductif, et l'on ne pourrait plus y remédier, parce qu'il serait très-difficile de faire développer les boutons restés endormis. On obtient le développement de tous ces boutons en retranchant, chaque année, une certaine étendue du nouveau prolongement de la charpente.

Le prolongement annuel de la charpente des arbres doit être d'autant plus raccourci que la branche est plus rapprochée de la ligne verticale.

En effet, la séve agissant surtout de haut en bas, si un rameau est placé verticalement, les boutons resteront endormis sur les deux tiers de sa longueur, à la base. Il faudra, pour prévenir ce résultat, supprimer la moitié au moins de la longueur de ce rameau. S'il est incliné suivant l'angle de 45 degrés, la séve agira avec moins de force sur les bourgeons du sommet, mais elle en fera développer un plus grand nombre; il n'y aura que le tiers inférieur qui restera dégarni. Il suffira alors, pour obtenir les bourgeons de la base, de supprimer le tiers supérieur du rameau. Enfin, si le rameau est placé horizontalement, on devra le laisser entier; car, dans cette position, la séve fait développer les boutons de la base aussi bien que ceux du sommet.

Époques convenables pour pratiquer la taille. — Les diverses opérations de la taille des arbres fruitiers sont pratiquées à deux époques différentes de l'année. Les unes, que l'on comprend sous le nom de *taille d'hiver*, sont exécutées pendant le repos de la végétation; les autres, qui forment la *taille d'été*, sont faites à diverses époques de la végétation.

Indiquons d'abord le moment favorable pour effectuer la taille d'hiver.

Taille d'hiver. — L'époque la plus convenable est celle qui suit les fortes gelées et qui précède les premiers mouvements de la végétation, c'est-à-dire vers le mois de février.

Si l'on taille avant les fortes gelées d'hiver, on expose la coupe des rameaux à l'influence de l'air, de l'humidité et des gelées, longtemps avant les premiers mouvements de la séve qui doivent venir cicatriser cette plaie, et il en résulte que le bouton terminal réservé au sommet de ces rameaux est souvent détruit.

Les accidents ne sont pas moins fâcheux si l'on pratique l'opération pendant les fortes gelées; les instruments coupent difficilement le bois gelé; les plaies sont déchirées, elles ne se cicatrisent pas; la mortalité descend au-dessous du bouton qui avoisine la coupe, et ce bouton est anéanti.

Si l'on attend que le bourgeonnement commence à se manifester, les inconvénients sont beaucoup plus graves encore. La séve des racines s'est répandue dans toutes les parties de l'arbre, et celle qui a été absorbée par les ramifications qu'on supprime est perdue. D'un autre côté, en taillant aussi tard, on est exposé à endommager, à briser un grand nombre de boutons à bois ou à fleur. Enfin la séve des racines, refoulée du sommet vers la base, peut déchirer les vaisseaux, s'extravaser et donner lieu aux chancres ou à la gomme.

La taille en février est surtout très-importante pour le pêcher, dont les boutons, situés à la base des rameaux à fruit, s'endorment souvent faute d'une action assez puissante de la séve.

En taillant de bonne heure, la séve agit avec force sur les boutons défavorablement placés, détermine leur évolution et amène aussi le développement des boutons latents placés sur le vieux bois. Il en résulte qu'on peut rapprocher davantage la taille et empêcher le milieu des arbres de se dégarnir.

On peut cependant tailler très-tard, et même attendre que les bourgeons commencent à s'allonger, lorsqu'on opère sur des arbres trop vigoureux, qui ne peuvent être mis facilement à fruit. Une partie de l'action de la séve est alors dépensée au profit des ramifications supprimées; elle agit avec moins de force sur les boutons réservés, et ceux-ci prennent plus facilement le caractère de rameaux à fruit.

Nous signalerons encore une exception en faveur de la région du Midi, où la précocité de la végétation oblige à tailler avant l'hiver.

Si l'on avait à tailler un nombre d'arbres tels, que l'on pût craindre de ne pouvoir tous les opérer en février, plutôt que de dépasser cette époque, il serait préférable de la devancer. Alors on taillera avant l'hiver les rameaux à fruit seulement, puis on conservera pour le mois de février la coupe du prolongement des branches de la charpente.

Dans tous les cas il conviendra de suivre, pour la taille, l'ordre de végétation des diverses espèces; ainsi on taillerait d'abord les abricotiers, puis les pêchers, les pruniers, les cerisiers, les poiriers, les pommiers, et enfin la vigne.

Taille d'été. — Les opérations de la taille d'été sont pratiquées pendant la végétation, mais le moment précis est déterminé par l'état de la végétation des parties de l'arbre qui doivent les recevoir. Pour donner ces indications avec plus de clarté et éviter des répétitions inutiles, nous croyons devoir ne préciser ces époques qu'au moment où nous appliquerons ces opérations aux diverses espèces d'arbres dont nous avons à parler.

Instruments nécessaires pour pratiquer la taille. — La *serpette* (fig. 29) est le plus ancien et le meilleur des instruments

Fig. 29. — Serpette,

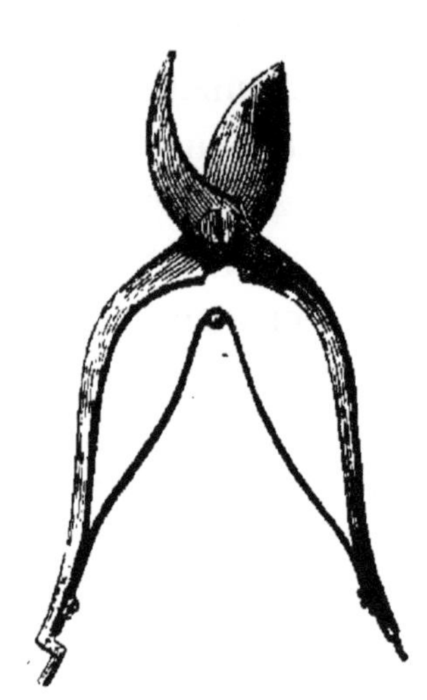

Fig. 30. — Sécateur.

dont on se serve pour faire la taille des arbres. La lame doit être suffisamment recourbée vers le sommet, sans toutefois former un angle droit; car la section serait alors très-difficile: il en serait de même si cette lame était presque droite. Le manche doit être assez gros pour emplir la main. Il faut avoir deux serpettes: l'une, assez forte, pour faire la taille d'hiver; l'autre, beaucoup plus petite, mais de même forme, pour les opérations d'été.

Depuis un certain temps on a voulu remplacer la serpette par le *sécateur* (fig. 30). Cet instrument, généralement usité à Montreuil, offre sur la serpette l'avantage d'opérer plus promptement; mais il occasionne, au point où la section est faite, une pression telle, que le bois est écrasé, et que l'écorce est détachée jusqu'à quelques millimètres au-dessous de la plaie: le bout du rameau ainsi mutilé se dessèche au lieu de se cicatriser, et la mortalité gagne souvent jusqu'au-dessous du bouton terminal, lequel se trouve ainsi anéanti. Pour obvier à cet inconvénient, il faut couper à 0 m. 01 au-dessus de ce bouton; mais alors on a vers ce point un petit prolongement sec que l'on est obligé de supprimer l'année suivante, ce qui multiplie inutilement les opérations. Nous croyons donc qu'on doit préférer la serpette. Toutefois, si l'on tient à employer le sécateur, il faut placer la partie saillante du croissant en dessus, afin que le bout du rameau meurtri par la pression du croissant soit presque entièrement enlevé par la section.

L'arboriculteur doit encore se pourvoir d'une petite *scie à main* ou *égohine*, dont nous avons donné la figure page 1.

Manière d'opérer les suppressions.—La manière de couper les rameaux ou les branches est loin d'être indifférente. S'il s'agit de raccourcir un rameau (fig. 31), on fait l'amputation le plus près possible d'un bouton, mais sans endommager celui-ci. A cet effet, on place la lame de la serpette du côté opposé au bouton et à la hauteur du point où il est né, en A, puis on coupe en suivant la ligne AB, de manière à former une plaie en biseau dont le sommet se termine à l'extrémité du bouton. Ce mode présente ce double avantage, que le bouton ne souffre pas et que la plaie se cicatrise sur la coupe même.

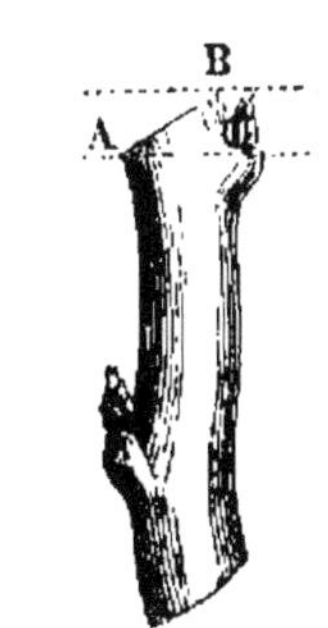

Fig. 31. — Mode de coupe des rameaux.

Si l'on coupe au-dessus du point que nous venons d'indiquer, en suivant la ligne AB (fig. 32), le bois se dessèche jusqu'à la ligne C, et il en résulte un petit chicot sec que l'on est obligé d'enlever l'année suivante. Si, au contraire, on fait suivre à la coupe la ligne AB (fig. 33), le bouton est éventé et son développement est beaucoup moins vigoureux.

Lorsqu'on veut retrancher entièrement un rameau, on le coupe tout à fait à sa base, en conservant toutefois le petit empâtement A (fig. 34) sur lequel il avait pris naissance. On obtient ainsi une plaie moins étendue et qui se cicatrise plus rapidement que si l'on eût coupé plus près de la tige.

Si une branche est trop grosse pour être coupée avec la ser-

Fig. 32. — Rameau taillé trop loin du bouton.

Fig. 33. — Rameau taillé en biseau trop allongé.

Fig. 34 — Mode de suppression complète des rameaux.

pette et que l'on se serve de la scie à main, il est essentiel d'aplanir la plaie avec un instrument bien tranchant qui fasse disparaître toute trace de la scie, autrement cette plaie se cicatrise mal. Si les plaies sont un peu étendues, il est bon de les recouvrir avec du mastic à greffer.

DU POIRIER

Sol. — Le poirier aime les terrains profonds, argilo-siliceux, un peu frais, mais non humides. Partout où le sol ne présente pas ces conditions, on doit s'efforçer de lui donner les qualités qui lui manquent, soit en y mélangeant d'autres terres, soit en le défonçant au moins jusqu'à un mètre de profondeur. Si le sous-sol est très-humide, il convient de l'égoutter au moyen du drainage ou de tranchées souterraines empierrées et offrant une pente suffisante.

Choix des arbres. — Si l'on prend des poiriers tout greffés dans les pépinières, on les choisit sains, vigoureux et d'un an de greffe, ou de deux ans au plus; plus âgés, ils reprennent moins bien et leur végétation est toujours moins vigoureuse. On peut planter aussi des sujets dans une petite pépinière, les greffer l'année suivante et les planter à demeure après la première année de pousse de la greffe. Nous allons indiquer les soins qu'il convient de leur donner.

Greffe. — Le poirier est greffé le plus souvent sur le poirier franc obtenu au moyen du semis des pepins, ou sur le cognassier. Le premier donne des arbres plus vigoureux et d'une plus longue durée ; mais le second se met plus rapidement à fruit.

On préfère le poirier franc pour les terrains secs et peu fertiles, et le cognassier pour les sols riches et substantiels. Il est cependant quelques variétés peu vigoureuses qu'on greffe, dans tous les cas, sur le poirier franc. Nous les indiquons dans la liste des meilleures variétés que nous donnons ci-contre.

Les greffes employées sont surtout: celle en écusson à œil dormant, celle en fente anglaise, celle en couronne perfectionnée.

La greffe en écusson convient, pratiquée en août, pour les jeunes sujets dont l'écorce est mince et vive; celles en fente et en couronne sont choisies pour des sujets plus âgés ou pour remplacer un écusson qui n'a pas réussi. La greffe en couronne mutile moins les sujets que la greffe en fente.

Variétés — On connaît aujourd'hui plus de cinq cents variétés de poiriers à fruit de table. Mais toutes ces variétés sont loin d'être également recommandables. Nous n'indiquons ici que quelques-uns des meilleurs pour chaque mois de l'année, et nous plaçons à la suite de chaque nom quelques indications nécessaires pour leur culture. Les noms en italique indiquent les principaux synonymes.

NOMS DES VARIÉTÉS et DES SYNONYMES.	ÉPOQUE de LA MATURITÉ	POSITION.		EXPOSITION DES MURS.				OBSERVATIONS.
		Plein vent.	Espalier.	Est.	Ouest.	Sud.	Nord.	
Doyenné de juillet. .	Juin et Juil..	Pl. v..						
Roi Jolimont. . .								
Beurré Giffart. . . .	Fin de Juillet.	Pl. v..						
Epargne.	Juill. et août.	Pl. v..	Esp. .	E.	O.	.	. .	Greffer sur franc. Terrain sec; se forme difficilement en pyramide.
Belle verge.								
Poire de seigneur.								
Cueillette.								
Poire de la table des princes.								
Saint-Sanson.								
Beurré de Paris.								
Grosse cuisse madame d'été.								
Roland.								
Chopine.								
Beurre Beaumont. .	Août.	Pl. v..						
Bezy Waët.								
Beimont.								
Beurré d'Amanlis. .	Août et sept.	Pl. v..						
Wilhelmine.								
Poire Hubard.								
Bon-chétien William.	Août et sept.	Pl. v..	. . .	. .	. .	. .	. .	Greffer sur franc.
De Lavault.								
Beau présent d'Artois	Août et sept.	Pl. v..						
Présent royal de Naples.								
Jalousie de Fontenay-Vendée.	Septembre. .	Pl. v..	. . .	. .	. .	. .	. .	Greffer sur franc.
Belle d'Esquermes.								
Seigneur d'Esperen.	Septembre. .	Pl. v..	. . .	. .	. .	. .	. .	Greffer sur franc.
Bergamote fiérée. . .								
Bergamote lucrative.								
Professeur Du Breuil.	Septembre. .	Pl. v..	Esp. .	E.	O.			
Beurré d'Angleterre.	Sept. et oct..	Pl. v..	. . .	. .	. .	. .	. .	Greffer sur sucré-vert, greffé lui-même sur cognassier.
Bec d'oiseau.								
Doyenné doré. . . .	Sept. et oct..	Pl. v..	. . .	. .	. .	. .	. .	Terrain sec.
Doyenné blanc.								
Saint-Michel.								
Poire de neige.								
Louisebonne d'Avr. .	Sept. et oct..	Pl. v..	Esp. .	E.	. .	. .	. .	Greffer sur franc.
Louise bonne de Jersey.								
Beurré gris. . .	Octobre. . .	. . .	Esp. .	E.	O.	. .	. .	Greffer sur franc.
Poire d'Amboise.								
Beurré roux.								
Beurré doré.								

NOMS DES VARIÉTÉS et DES SYNONYMES.	ÉPOQUE de LA MATURITÉ	POSITION.		EXPOSITION DES MURS.				OBSERVATIONS.
		Plein vent.	Espalier.	Est.	Ouest.	Sud.	Nord.	
Beurré d'Avy. . . .	Octobre. . .	Pl. v..	Esp. .	E.	O.			
Beurré spence.								
Fondante des bois.								
Belle de Flandre.								
Beurré des Charneus.	Octobre. . .	Pl. v..	Esp. .	E.	O.	..	N.	
Beurré Capiaumont.	Oct. et nov. .	Pl. v..	Esp. .	E.	O.	..	N.	Greffer sur franc.
Beurré aurore.								
Duch. d'Angoulême.	Oct. et nov..	Pl. v..	Esp. .	E.	O.	..	N.	Terrain sec.
Poire de Pézénas.								
Baronne de Mello. .	Oct. et nov. .	Pl. v..	Esp. .	E.	O.	.	N.	
Adèle de St-Denis.								
Bon chrétien Napol..	Oct. et nov..	Pl. v..	Esp. .	E.	O.	.	..	Greffer sur franc.
Poire liard.								
Poire médaille.								
Poire melon.								
Captif de Sainte-Hélène.								
Bonaparte.								
Colmar d'Arenberg. .	Oct. et nov..	Pl. v..	Esp.	E.	O.	..	N.	
Triomphe de Jodoigne	Oct. et nov. .	Pl. v..	Esp. .	E.	O.	..	N.	
Van Mons de Léon Leclerc.	Novembre. .	Pl. v..	Esp. .	E.	O.	..	..	Greffer sur franc.
Beurré Diel.	Nov. et déc..	Pl. v..	Esp. .	E.	O.	..	N.	
Beurré magnifique.								
Beurré royal.								
Beurré des trois tours.								
Beurré incomparable.								
Délices d'Hardempont	Nov. et déc..	Pl. v..	Esp. .	E.	O.	..	N.	
Poire pomme.								
Bergamotte crassane.	Nov. et déc..	. . .	Esp. .	E.	O.			
Cresane.								
Beurré Clairgeau.. .	Nov. et déc. .	Pl. v..	Esp. .	E.	O.	..	..	Greffer sur franc.
Figue.	Nov. et déc. .	Pl. v..	Esp. .	E.	O.			
Figue d'Alençon.								
Beurré passe-Colmar.	Nov. à févr..	Pl. v..	Esp. .	E.	O.	..	N.	Greffer sur franc.
Saint-Germain d'hiver blanc.	Nov. à janv..	. . .	Esp. .	E.	O.	S.		
Saint-Germain d'hiver gris.. . . .	Nov. à janv..	. .	Esp. .	E.	O.	S.		
Beurré d'Arenberg. .	Janv. et févr.	Pl. v..	Esp. .	E.	O.	..	N.	
Beurré Lombard.								
Beurré de Cambron								
Beurré gris d'hiver nouveau..	Janv. et fév..	Pl. v..	Esp. .	E.	O.	..	N.	
Beurré de Luçon.								
Bergamote de la Pentecôte..	Janv. à mai..	Pl. v..	Esp. .	E.	O.	S.	N.	Greffer sur franc.
Doyenné d'hiver.								

NOMS DES VARIÉTÉS et DES SYNONYMES.	ÉPOQUE de LA MATURITÉ	POSITION. Plein vent.	Espalier.	EXPOSITION DES MURS. Est.	Ouest.	Sud.	Nord.	OBSERVATIONS.
Beurré de Rans. . .	Févr. et mars.	. . .	Esp. .	E.	O.	S.		
Beurré de Noirchain.								
Bon-chrétien de Rans.								
Ardempont de printemps.								
Bergamote Esperen..	Févr. et mars.	Pl. v..	Esp. .	E.	O.	S.	N.	
Doyenné d'Alençon. .	Févr. et mars.	Pl. v..	Esp. .	E.	O.	S.	N.	
Doyenné d'hiver nouveau.								
Colmar Van Mons. .	Mars et avril.	Pl. v..	Esp. .	E.	O.	S.		
FRUITS A CUIRE.								
Messire-Jean. . . .	Octobre. . .	Pl. v..	Esp. .	. .	O.	. .	N.	
Chaulis.								
Catillac.	Janvier. . .	Pl. v..	Esp. .	. .	. .	. .	. .	Greffer sur franc.
Poire de livre.								
Gros Guillot.								
Grand monarque.								
Martin-Sec.	Janvier. . .	Pl. v..	Esp. .	E.	O.	S.		
Rousselet d'hiver.								
Bon-chrétien d'hiver.	Janv. à mai.	. . .	Esp. .	E.	. .	S.		
Belle angevine.. . .	Fév. et mars.	Pl. v..	Esp. .	E.	O.	S.		
Bolivar.								
Royale d'Angleterre								

TAILLE.

Le poirier est cultivé en plein vent et en espalier. Les formes qu'on lui impose dans ces deux circonstances sont assez variées ; mais nous nous occuperons seulement ici, pour les arbres en plein vent, de la *pyramide proprement dite* ou *cône*, du *vase* ou *gobelet à branches croisées*, de la *colonne*, du *contre-espalier double en cordon vertical*, et de la forme à *haut vent*; pour les arbres en espalier, de la *palmette verrier*, du *cordon oblique simple* et du *cordon vertical*. Ces formes sont les plus simples, les plus faciles à obtenir; elles suffisent pour la place qu'on livre le plus souvent au poirier, et les arbres qui y sont soumis offrent à la fois une longue durée et une fertilité convenable.

Taille d'un poirier en pyramide proprement dite. — Dans cette opération, il convient d'étudier séparément la formation de la charpente de l'arbre et de celle des rameaux à fruit.

Formation de la charpente. — Les arbres soumis à cette forme (fig. 35) se composent d'une tige verticale garnie, depuis le sommet jusqu'à 0 m, 30 du sol, de branches latérales dont la longueur croît à mesure qu'elles se rapprochent de la base de l'arbre. Ces branches doivent naître de façon qu'il existe un intervalle de 0 m, 30 entre chacune de celles qui se recouvrent immédiatement en suivant la même direction, afin que la lu-

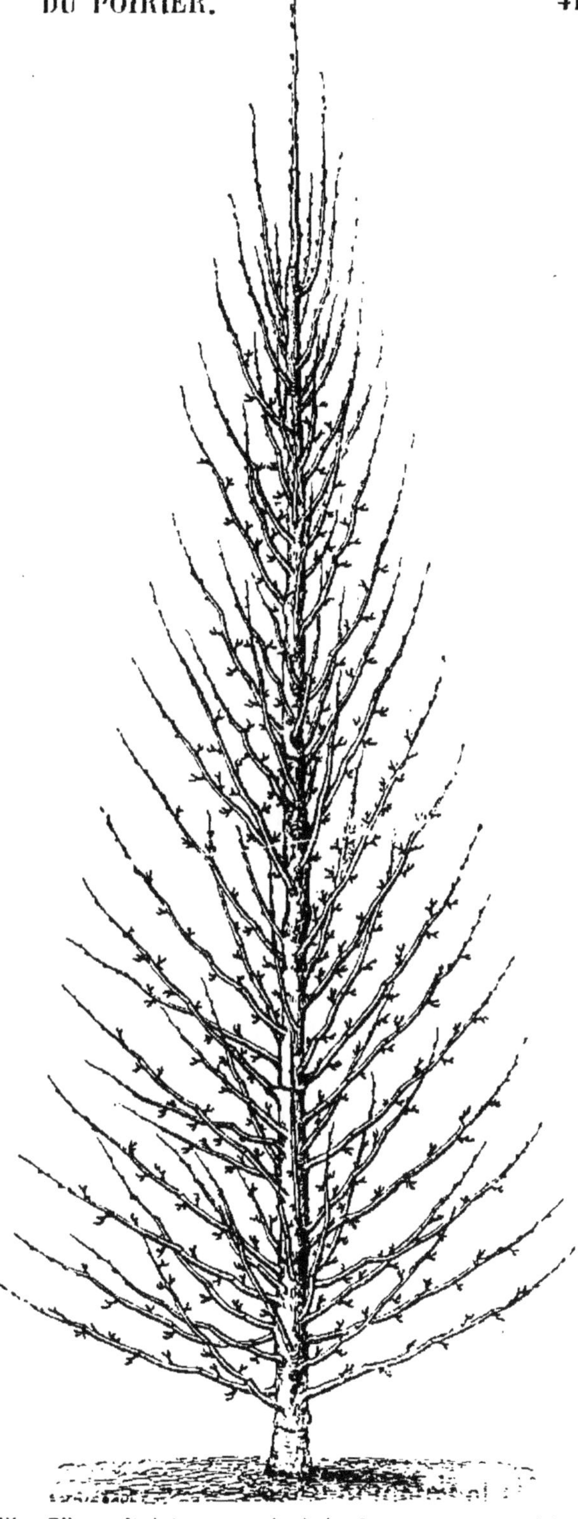

Fig. 35. — Poirier soumis à la forme en pyramide proprement dite ou cône.

mière puisse pénétrer entre elles. Elles doivent être sans bifurcations et n'être garnies, du sommet à la base, que de rameaux à fruit. Enfin elles formeront avec l'horizon un angle de 25 degrés au plus. En générale, on fait en sorte que le plus grand diamètre de la pyramide égale le tiers de la hauteur totale de l'arbre : soit une hauteur totale de 6 mètres pour un diamètre de 2 mètres à la base.

Dans les terrains de fertilité moyenne, les arbres en pyramide, susceptibles d'arriver à un diamètre de 2 mètres à leur base, sont plantés à 3 mètres les uns des autres, pour que la lumière puisse les éclairer également sur toute leur circonférence.

Les jeunes arbres ne sont soumis à la première taille qu'à la seconde année de plantation. Si on l'exécutait avant, la taille leur enlèverait le plus grand nombre de leurs rameaux, et la masse des feuilles qu'ils eussent développées se trouverait ainsi trop considérablement diminuée. Or, comme ce sont les feuilles qui engendrent les racines, celles-ci prendraient peu de développement, et les bourgeons dont cette taille prématurée aurait eu pour objet de favoriser la végétation seraient maigres, chétifs et peu propres à commencer la charpente de l'arbre. En remettant au contraire, la taille à l'année suivante, l'arbre s'enracine de nouveau, et, quand on retranche une grande partie de ses rameaux, la sève, abondamment fournie par les racines, réagit avec force sur le développement des boutons conservés, et l'on obtient, pendant un seul été, des rameaux plus longs que ceux que l'on eût obtenus en deux années en suivant le premier mode d'opérer. On gagne donc du temps, tout en se trouvant placé dans des conditions plus favorables pour donner à la charpente une direction convenable.

Toutefois, comme les racines des jeunes arbres sont toujours plus ou moins endommagées lors de la déplantation dans la pépinière, il convient de faire subir à la tige, au moment de la plantation, quelques suppressions afin de rétablir l'équilibre entre elle et les racines qui doivent l'alimenter. Le retranchement du tiers de la longueur des rameaux les plus vigoureux suffit ordinairement.

La règle générale que nous venons de poser s'applique à tous les arbres fruitiers, quelle que soit la forme qu'on veuille leur donner, moins le pêcher, dont nous parlerons plus loin. Il n'y a d'exception que pour le cas très-rare où les arbres auraient été déplantés avec *toutes leurs racines* et où celles-ci n'auraient été nullement désséchées par l'action de l'air jusqu'au moment de la mise en terre. Dans ce cas seulement, on pourra appliquer la première taille l'année même de la plantation.

Première taille. — Cette opération est destinée à provoquer le

Fig. 36. — Première taille d'un jeune poirier de deux ans de greffe, un an après sa plantation.

Fig. 37. — Première taille d'un jeune poirier de trois ans de greffe, un an après sa plantation.

développement des premières branches latérales qui doivent naître sur la tige à 0 m, 30 du sol environ. Afin que ces branches soient suffisamment vigoureuses, surtout celles de la base, il ne faut pas en faire développer plus de six ou huit à la fois. A cet effet, on coupe la tige du jeune arbre à environ 0 m, 45 du sol en A (fig. 36). Le bouton terminal réservé au sommet de cette coupe doit être dirigé du côté opposé à celui où la greffe a été placée sur le sujet en B, afin que la tige reste placée perpendiculairement sur le pied de l'arbre.

Ce mode s'applique aux jeunes arbres, soit qu'ils aient été pris dans la pépinière, âgés d'un an de greffe (fig. 36), soit qu'ils aient eu deux ans, comme le montre la fig. 37.

Dans ce dernier cas, les quelques branches latérales qu'ils peuvent présenter sur la partie de la tige conservée après la taille sont coupées tout près de leur base, en conservant toutefois le petit empatement situé à ce point.

Si cependant les jeunes arbres avaient reçu dans la pépinière des soins tels, que la base de la tige fût déjà pourvue d'un nombre suffisant de branches latérales (fig. 38), ce qui équivaudrait pour eux aux résultats de la première taille, on leur appliquerait les opérations décrites plus loin pour la deuxième taille, mais toujours après une année de plantation. Il faudrait, en outre, se garder de leur laisser porter des fruits, car ils en seraient épuisés.

Pendant l'été qui suit la première taille, tous les boutons se développent vigoureusement. Dès que les bourgeons ont atteint une longueur de 0 m, 10 à 0 m, 12, on *ébourgeonne*, c'est-à-dire qu'on coupe tous les bourgeons situés depuis la base de la tige jusqu'à 0 m, 30 du sol. Parmi ceux qui sont situés au-dessus de ce point, on en conserve six au plus, les plus régulièrement espacés, mais un seul à chaque point. Le bourgeon terminal est maintenu dans une position verticale à l'aide d'un petit tuteur fixé contre le sommet de la tige.

On doit veiller avec soin à ce que les bourgeons latéraux conservent entre eux le même degré de vigueur. Si l'un d'eux prenait un accroissement disproportioné, comme en A (fig. 39), on retarderait sa végétation au moyen d'un *pincement*, c'est-à-dire qu'on retrancherait 0 m; 02 environ de son extrémité herbacée en l'écrasant et en le coupant avec les ongles.

Deuxième taille.—Au printemps de l'année suivante, les jeunes arbres offrent l'aspect de la fig. 38. La deuxième taille a pour but de déterminer la formation d'une nouvelle série de branches latérales et de favoriser l'allongement de celles qu'on a précédemment obtenues. Ces nouvelles branches doivent être aussi nombreuses que celles de l'année précédente, et commencer à naître à 0 m, 30 environ au-dessus des premières. On obtient ce résultat en coupant le rameau terminal à 0 m, 40 environ (fig. 38) au-dessus de sa naissance. On choisit, comme la première

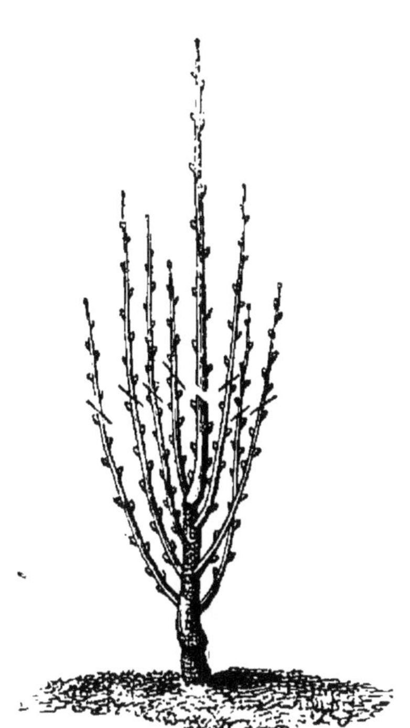

Fig. 38. — Deuxième taille du poirier en pyramide.

Fig. 39. — Pincement appliqué aux bourgeons de la flèche du poirier en pyramide.

année, pour prolonger la tige, un bouton placé du côté opposé à celui d'où est né le prolongement que l'on taille.

Quant aux branches latérales déjà obtenues, on les raccourcit aussi, afin de faire développer tous les boutons qu'elles portent, même ceux de leur base, le produit de ce développement devant être ensuite transformé en rameaux à fruit. Mais il faut cependant ne retrancher de ces rameaux que ce qui est nécessaire pour obtenir ce résultat, car on diminuerait trop la vigueur que ces branches ont besoin de conserver pour continuer de s'accroître. D'ailleurs, les boutons qu'elles portent se développeraient trop vigoureusement, et l'on ne pourrait les transformer en rameaux à fruit qu'avec beaucoup de peine. L'importance du retranchement qu'on doit leur faire subir varie selon qu'elles sont plus ou moins rapprochées du sommet de l'arbre; plus elles naissent près du sol, plus on doit les tailler long, afin de favoriser leur développement. Ainsi on ne retranche que le tiers de la longueur totale de celles placées vers la base, puis la moitié pour celles qui viennent ensuite, et enfin les trois quarts pour les plus élevées. La figure 38 montre cette opération.

Le bouton au-dessus duquel on opère la section des rameaux latéraux doit être placé à l'extérieur de l'arbre, en A (fig. 40), afin

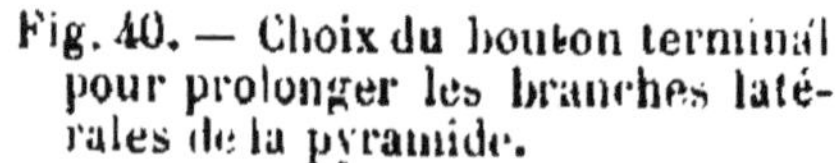

Fig. 40. — Choix du bouton terminal pour prolonger les branches latérales de la pyramide.

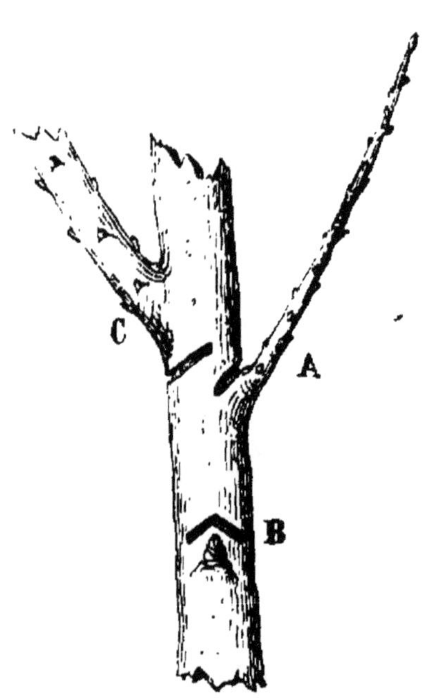

Fig. 41. — Entailles pratiquées pour augmenter, A, ou pour diminuer, C, la vigueur des ramifications.

que le bourgeon qui en naîtra suive naturellement la ligne oblique ascendante. Il n'y a d'exception que pour le cas où la branche que l'on raccourcit serait trop rapprochée de ses voisines, à droite ou à gauche. On choisit alors comme bouton terminal un bouton situé latéralement du côté où l'on veut rappeler la branche.

Si, pendant l'été précédent, certains rameaux latéraux s'étaient développés trop faiblement, comme cela a lieu quelquefois pour les plus rapprochés de la base de l'arbre, il faudrait les tailler plus longs que les autres, et même les laisser entiers pour leur rendre la vigueur qui leur manque. Si ces rameaux étaient moitié moins longs que les autres, il serait utile de pratiquer en outre sur la tige, immédiatement au-dessus du point où ils naissent, *une entaille* en A, semblable à celle que montre la figure 41. Cette entaille, qui doit pénétrer jusque dans la couche du bois la plus extérieure, coupe les vaisseaux séveux qui passent sur ce côté de la tige, et force la séve à agir sur le développement du rameau. Elle doit être pratiquée avec une petite scie à main, afin que la plaie déchirée qui en résulte se cicatrise moins rapidement. Si enfin le bouton sur le développement duquel on avait compté pour former une branche était resté endormi, l'entaille deviendrait plus indispensable encore pour le faire végéter (B, fig. 41).

Lorsqu'au contraire un rameau latéral aura acquis, malgré le pincement, un développement disproportionné, on le taillera plus court que les autres ; s'il offrait une différence de grosseur très-marquée, on ferait une entaille semblable à celle C de la fig. 41, immédiatement au-dessous de son point d'attache sur la tige. Cette entaille diminuerait de beaucoup l'action de la séve.

Pendant l'été qui suit la deuxième taille, on pratique sur le rameau terminal un ébourgeonnement semblable à celui que l'on a fait sur la flèche primitive pendant le premier été, de façon à ne conserver que les six ou huit bourgeons les mieux placés pour former une seconde série de branches latérales. On pratique également le pincement des extrémités herbacées des bourgeons terminaux sur les branches latérales, pour maintenir entre elles un égal degré de vigueur. On veille surtout à ce que les bourgeons latéraux les plus rapprochés du bourgeon terminal de la flèche ne deviennent pas plus vigoureux que ce dernier, car il doit toujours conserver la supériorité pour continuer l'allongement de la tige.

Troisième taille.— Au printemps qui suit, l'arbre présente l'aspect de la figure 42.

La flèche, ou rameau terminal de l'arbre, est taillée à la même hauteur que l'année précédente. Le prolongement des branches latérales âgées de deux ans est raccourci dans la même proportion. Quant aux rameaux latéraux développés pendant l'été précédent, on les taille plus court, afin de favoriser l'accroissement des branches inférieures. Il est bien entendu que ces règles sont modifiées par les circonstances particulières indiquées lors de la seconde taille, et que l'on continue à faire usage des entailles dans les cas prévus plus haut.

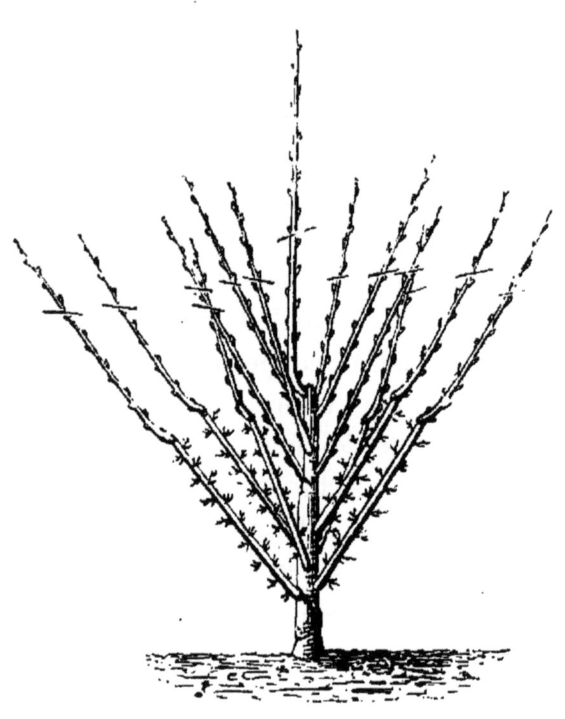

Fig. 42. — Troisième taille du poirier en pyramide.

Quant aux opérations d'été, elles sont les mêmes que pour la deuxième année.

Quatrième taille.— La figure 43 indique les changements que l'arbre a éprouvés pendant l'été précédent. La quatrième taille diffère des autres sous plusieurs rapports. On donne au nouveau prolongement des branches inférieures moitié moins de longueur que lors des tailles précédentes, parce qu'elles sont sur le point d'atteindre la limite qu'elles ne doivent point dépasser, et que d'ailleurs elles ont acquis une grosseur qui leur fera conserver le degré de vigueur qu'elles doivent avoir. On laisse au nouveau prolongement des branches de la seconde série les deux tiers de leur longueur, et l'on ne supprime que la moitié ou les trois quarts de la longueur des rameaux du sommet de l'arbre. Ces diverses ra-

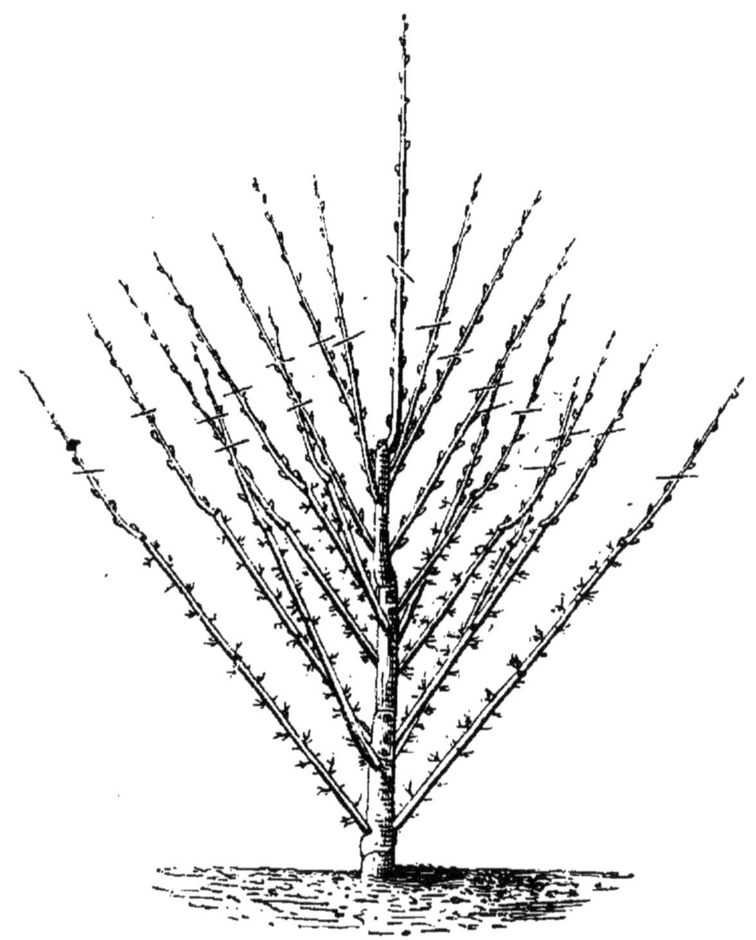

Fig. 45. — Quatrième taille du poirier en pyramide.

mifications sont taillées un peu plus long que précédemment, parce que les ramifications inférieures ont moins besoin d'être protégées, et qu'il convient de commencer à imprimer à l'arbre une forme pyramidale. Quand à la nouvelle flèche, elle est traitée comme les années précédentes.

Pendant l'été suivant, on applique des soins semblables à ceux déjà prescrits; mais, comme les branches inférieures ont presque atteint leur longueur totale, il convient de ne laisser prendre à leur bourgeon terminal qu'un développement restreint, et de le pincer dès qu'il a acquis une longueur de $0^m,55$. La séve est ainsi refoulée au profit des parties supérieures de l'arbre.

Cinquième taille. — L'arbre commence à s'élever (fig. 44), et

Fig. 44. — Cinquième taille du poirier en pyramide.

les branches inférieures, s'abaissant un peu sous leur propre poids, donnent à l'ensemble de la tige la forme pyramidale. La taille de cette année ne diffère de celle de l'année précédente qu'en ce que, les branches de la base ayant acquis leur longueur totale.

on coupe leur nouveau prolongement très-court. Quant aux autres branches latérales, elles doivent être toutes coupées suivant la ligne AB. Les opérations d'été sont en tout semblables à celles de l'année précédente.

Sixième taille. — Cette taille ne diffère pas de la cinquième; mais, comme, à mesure que les branches latérales s'allongent, elles augmentent en poids, et, se rapprochant trop du sol ou des branches voisines, y déterminent de la confusion, il faut, après la taille, ramener les branches dans leur direction première au moyen de quelques attaches, pour que l'espace soit toujours égal entre elles.

On continue le même mode jusque vers la douzième année : l'arbre présente alors l'aspect de la figure 35.

Si le terrain qu'occupent les racines permet à celles-ci de s'allonger encore, l'arbre aura une tendance à augmenter son développement. On pourra profiter de cette circonstance. A cet effet on laissera de nouveau allonger la flèche et toutes les ramifications latérales, mais toujours de manière à conserver entre la hauteur et le diamètre de la tige la proportion que nous avons indiquée.

Obtention et entretien des rameaux à fruit. — Tout ce que nous venons de dire de la taille du poirier en pyramide s'applique à la formation de la charpente. Occupons-nous maintenant des opérations propres à favoriser le développement des rameaux à fruit et des soins qu'ils réclament.

Les rameaux à fruit des arbres à fruits à pepins soumis à une taille annuelle et régulière doivent être distribués sur toute la longueur de chacune des branches de la charpente sans interruption. Dans les arbres en plein air, ces rameaux doivent occuper toute la circonférence de ces branches; dans les arbres en espalier, le côté de la branche placé contre le mur en est seul dépourvu. Ces productions fruitières sont, en général, entièrement constituées vers la fin de la troisième année qui suit leur premier développement.

Si ce résultat est obtenu avant cette époque, ce sera l'indice d'un état de souffrance dans les parties de l'arbre où ce fait se produira

Ces rameaux à fruit sont maintenus le plus courts possible, afin que, les fruits étant plus rapprochés des branches principales, ils reçoivent plus directement l'action de la séve et deviennent plus gros. Ceci posé, voyons comment on obtient ces divers résultats.

Première année.— Les rameaux à fruit résultent du développement des boutons à bois en bourgeons peu vigoureux. Pour obtenir une série continue de ces bourgeons sur toute la longueur du rameau de prolongement d'une branche de la charpente, il est nécessaire de raccourcir un peu ce rameau; autrement, les boutons à bois qu'il porte resteront endormis sur une partie de sa longueur, vers la base. Nous avons dit aux principes généraux de la taille (p. 31) la longueur qu'on doit supprimer sur ces prolongements suivant leur degré d'inclinaison.

Supposons que ce retranchement ait été convenablement fait sur le rameau de prolongement (fig. 45). Dès les premiers jours

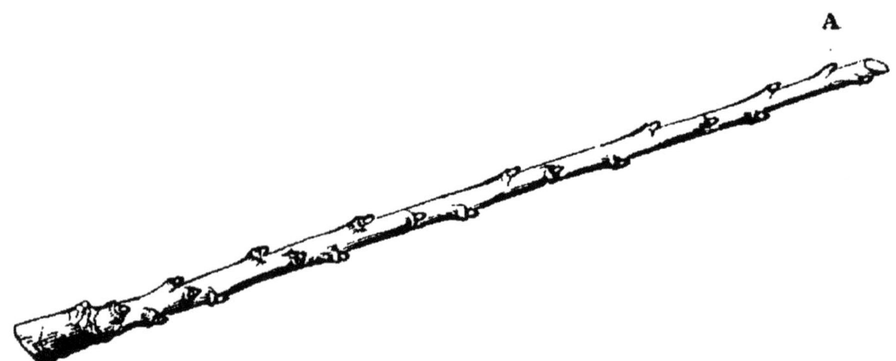

Fig. 45. — Rameau de prolongement d'une branche de la charpente du poirier.

du mois de mai, ce rameau sera couvert de bourgeons sur toute son étendue (fig. 46). Leur vigueur sera d'autant plus grande qu'ils seront plus rapprochés du sommet, et ces derniers pourront acquérir un grand développement s'ils ne sont pas arrêtés. Or ce sont seulement les bourgeons faibles qui donnent lieu à des rameaux à fruit. Il importe donc de diminuer la vigueur trop grande de ces productions. On obtient ce résultat en les soumettant au pincement. Aussitôt que les bourgeons destinés à former des rameaux à fruit ont atteint une longueur d'environ $0^m,10$, on les pince, c'est-à-dire qu'on en coupe la pointe avec l'ongle (fig. 47). Beaucoup de praticiens pratiquent ce pincement, mais d'une ma-

Fig. 46. — Rameau de prolongement d'une branche du poirier au moment du bourgeonnement.

nière trop intense; ils laissent à la base du bourgeon seulement deux ou trois feuilles (fig. 48). Deux inconvénients peuvent en résulter : tantôt ce fragment de bourgeon cesse de végéter, et après la chute des feuilles on obtient un petit bout de rameau complétement dépourvu de boutons (fig. 49), lequel se dessèche pendant

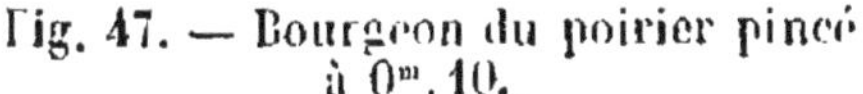

Fig. 47. — Bourgeon du poirier pincé à $0^m,10$.

Fig. 48. Pincement trop intense du bourgeon du poirier.

l'année suivante et laisse un vide à sa place. Ce fait se produit surtout dans certaines variétés de poirier dont les bourgeons n'offrent pas d'yeux dès leur base : tels sont, entre autres, le *bon chrétien d'hiver*, le *beurré magnifique*, les *doyennés*, l'*épargne*, etc. Parfois, cependant, on voit apparaître, un an ou deux après ce pincement, deux boutons placés de chaque côté du point d'insertion de ce petit rameau (fig. 50), lesquels se transforment en boutons à fleurs trois ans après leur naissance. Le vide laissé par le rameau

Fig. 49. — Résultat du pincement trop intense.

Fig. 50. — Autre résultat du pincement trop intense.

primitif se trouve ainsi rempli; mais on perd au moins une année sur la formation des boutons à fleurs. D'autres fois, lorsque les feuilles inférieures de ces bourgeons offrent des yeux à leur aisselle, on voit ces yeux donner lieu à autant de petit bourgeons anticipés, immédiatement après ce pincement rigoureux (fig. 51).

Fig. 51. — Autre résultat du pincement trop intense.

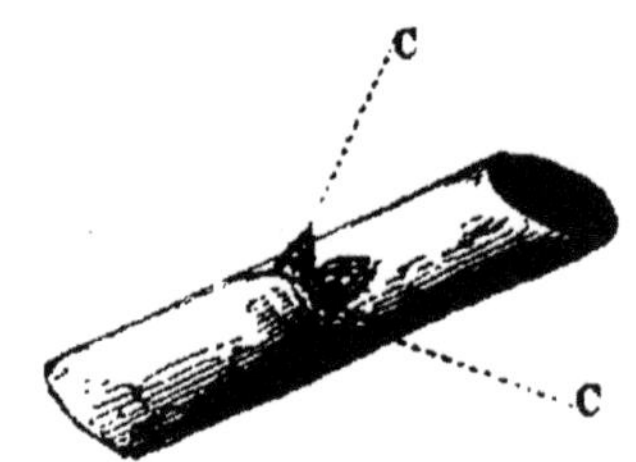

Fig. 52. — Boutons stipulaires du poirier.

Ces petits bourgeons anticipés se transforment en rameaux moins bien constitués et qui se mettent à fruit plus tardivement que les rameaux résultant des bourgeons proprement dits. Il est donc préférable de pratiquer le pincement de façon à laisser au bourgeon une longueur de 0m,08 à 0m,09 (fig. 47).

Chacun des rameaux de prolongement des branches de la charpente est pourvu d'un bouton si favorablement placé, quant à l'action de la sève (A, fig. 45), que les pincements réitérés auxquels on peut soumettre le bourgeon qu'il produit (fig. 46) ne diminuent qu'imparfaitement la vigueur de celui-ci, et qu'il donne toujours lieu à un rameau trop vigoureux; il vaudra mieux soumettre ce bourgeon au traitement suivant. Lorsqu'il aura atteint une longueur de $0^m,05$, à $0^m,06$, on le coupera à la base, en conservant seulement son empatement (A, fig. 53). Les deux *boutons stipulaires* qui accompagnaient le bouton primitif (C, fig. 52) donneront lieu, presque immédiatement, à deux petits bourgeons beaucoup moins forts que le bourgeon principal (fig. 53). On supprimera le plus vigoureux des deux, et celui que l'on conservera, et que l'on soumettra au pincement, si cela est nécessaire, donnera lieu à un petit rameau qui se mettra facilement à fruit.

Un premier pincement suffit ordinairement pour arrêter la vigueur trop grande des bourgeons. Les plus vigoureux, cependant, produisent souvent un bourgeon anticipé vers leur sommet

Fig. 53. Bougeons stipulaires après la suppression du bourgeon principal A.

Fig. 54.—Bourgeon du poirier avec bourgeon anticipé D.

D (fig. 54). Celui-ci sera également pincé lorsqu'il aura atteint une longueur de $0^m,08$ à $0^m,10$.

Si quelques bourgeons ont été oubliés lors du pincement et que l'on s'en aperçoive au moment où ils ont atteint une longueur de $0^m,20$ ou $0^m,30$ et plus, il sera trop tard pour les pincer; si en effet on les rompait alors à $0^m,10$ de leur base, on verrait tous les yeux placés à l'aisselle des feuilles, et qu'on voulait transformer en boutons à fleurs, se développer immédiatement en bourgeons anticipés sous l'influence de l'action de la séve qui a pris son essor vers ce point et qui se trouve tout à coup restreinte dans des limites trop étroites. Il conviendra donc, pour ces bourgeons oubliés, de remplacer le pincement par la *torsion*, c'est-à-dire qu'on les tordra à environ 0m,10 de leur base, de B en A, comme l'indique la figure 55. Il sera bon, en outre, de pincer leur sommet. Il ré-

Fig. 55. — Bourgeon du poirier soumis à la torsion.

Fig. 56. — Petits rameaux nés vers le tiers inférieur des prolongements.

sultera de cette double opération que le développement de ces bourgeons sera arrêté et que les yeux de la base grossiront sans se développer en bourgeons anticipés.

Tels sont les soins que réclament les bourgeons destinés à former des rameaux à fruit, pendant l'été qui préside à ce premier développement. On voit que ces opérations ne peuvent pas être pratiquées toutes au même moment. C'est l'état du développement de chaque bourgeon qui indique le moment où l'on doit opérer, et ces soins doivent être continués pendant presque tout le temps de la végétation.

Deuxième année. — Par suite des diverses opérations que nous venons de décrire, les bourgeons nés sur le prolongement pris comme exemple (fig. 45 et 46) ont donné lieu à une série de petits rameaux d'autant moins vigoureux qu'ils sont plus rapprochés de la base de ce prolongement. On doit leur appliquer, pendant l'hiver suivant, un mode de taille différent suivant leur degré de vigueur, et cette taille est faite en vue de les fatiguer et de hâter ainsi leur mise à fruit.

Les bourgeons situés vers le tiers inférieur de la longueur du prolongement (fig. 46) se sont allongés de quelques millimètres seulement et ont donné lieu à de petits rameeux extrêmement courts et semblables à celui de la fig. 56. On ne leur applique aucune opération; ils se transformeront d'eux-mêmes en rameaux à fruit.

Les bourgeons placés sur le tiers intermédiaire de la longueur du prolongement (fig. 46) se sont allongés un peu plus. Ils ont donné lieu à autant de petits rameaux longs de 0m, 04 à 0m, 08

Fig. 57. — *Dard* du poirier ; rameau né vers le tiers de la longueur du prolongement (fig. 46).

Fig. 58. — Rameau du poirier pincé pendant l'été, soumis au cassement complet en hiver.

et semblables à celui de la figure 57. On donne à ces rameaux le nom spécial de *dards*. On n'a non plus aucune opération à leur appliquer lors de la taille d'hiver.

Enfin vers le tiers supérieur du prolongement (fig. 46), les bourgeons ont poussé avec plus de vigueur: mais on a dû les soumettre au pincement ou à la torsion. Ils ont donné lieu à la série de rameaux suivants : les uns, peu vigoureux ou de vigueur moyenne, sont semblables à ceux de la figure 58. On les *casse complétement* en A. à 0m, 08 environ de leur base et immédiatement au-dessous d'un bouton. Ce cassement complet fatigue le rameau en produisant une plaie contuse et déchirée. On est alors moins exposé à voir les boutons inférieurs se développer en bourgeons vigoureux; le petit prolongement laissé entre le point cassé et le petit bouton vient encore favoriser la mise à fruit des boutons en permettant à la séve de dépenser une partie de son action dans cette issue.

D'autres rameaux plus vigoureux, et qui ont été soumis pendant l'été à des pincements réitérés, ressemblent à celui de la figure 59. Ceux-là doivent recevoir le *cassement partiel* (B) pratiqué comme l'indique notre figure. Si on les cassait complétement, la séve, plus abondante que dans les autres, serait restreinte dans des limites trop étroites et ferait développer en bourgeons vigoureux les boutons inférieurs qu'on veut mettre à fruit. Ce cassement partiel laisse une issue suffisante à la séve tout en en retenant assez pour que les boutons inférieurs donnent lieu à une rosette de feuilles.

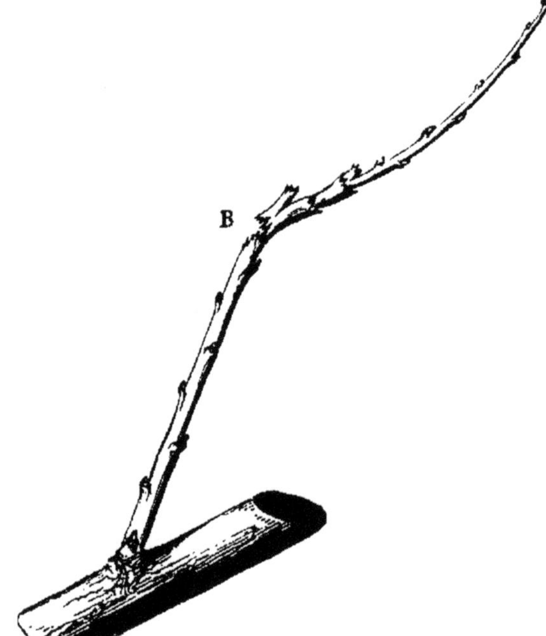

Fig. 59. — Rameau du poirier pincé plusieurs fois pendant l'été et soumis au cassement partiel.

Quant aux bourgeons qui ont reçu la torsion pendant l'été précédent, ils offrent l'aspect de celui de la figure 60. On les

Fig. 60. — Rameau du poirier soumis à la torsion pendant l'été et cassé complétement pendant l'hiver.

soumet au cassement complet en A s'ils sont peu vigoureux ou de vigueur moyenne, ou au cassement partiel en A, et complet en B, s'ils sont très-vigoureux.

Les rameaux que nous venons d'examiner sont les seuls qu'on devrait trouver sur le prolongement de la figure 46, si les opérations de pincement et de torsion avaient été bien faites pendant l'été précédent. Mais il se pourra que l'on ait oublié de les appliquer à quelques bourgeons. Ceux-ci auront alors produit des rameaux longs de 0^{m}, 30, à 0^{m}, 50, et plus ou moins gros. On donne à ces productions le nom de *brindilles*. Si on les laisse entières, elles pourront se mettre à fruit; mais ceux-ci naîtront vers le sommet, et par conséquent sur un point peu favorable à leur développement; d'ailleurs, ces longs rameaux à fruit détermineront de la confusion dans l'arbre; il sera donc utile de rapprocher la production de la branche principale en raccourcissant ces brindilles. Pour cela, on cassera complétement ces rameaux à 0m, 10 de leur base, en C, s'ils sont faibles ou de vi ueur moyenne (figure 61). S'ils sont vigoureux, on les cassera complétement à 0m, 20 de leur base, puis on les rompra partiellement à 0m, 10 de la base (fig. 62). Si ces rameaux ont une grande vigueur, s'ils ont

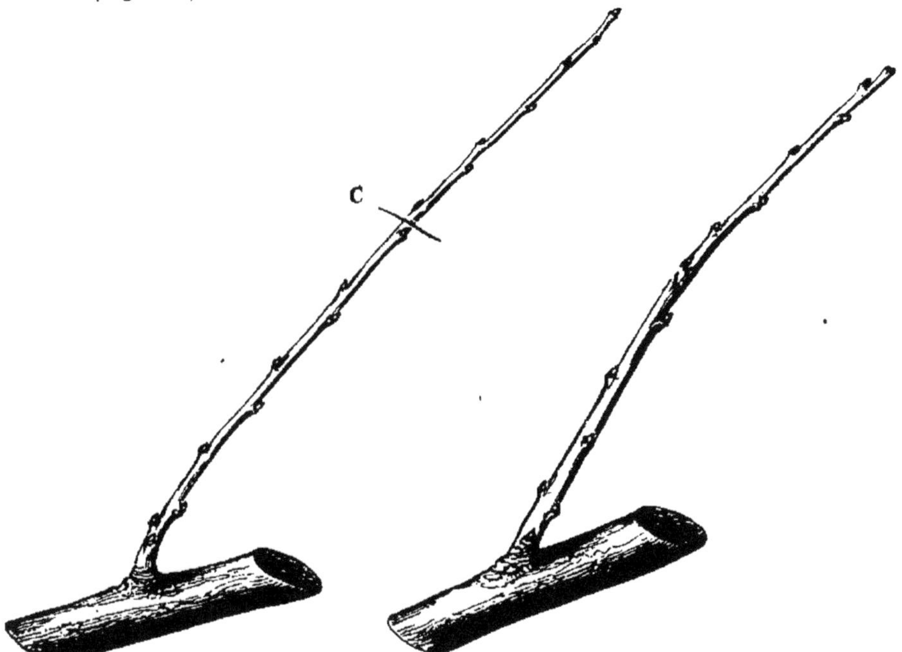

Fig. 61. — Brindille du poirier soumise au cassement complet.

Fig. 62. — Brindille vigoureuse du poirier soumise au double cassement.

pris le caractère de *rameau gourmand*, on les transformera facilement en rameaux à fruit en plaçant à leur base une greffe de côté Girardin (p. 14) et en coupant ces rameaux au-dessus de cette greffe lors de la taille d'hiver.

Troisième année. — Pendant l'été qui a suivi les diverses opérations que nous avons décrites, et comme conséquence de ces opérations, les rameaux ont donné lieu aux productions suivantes.

Les très-petits rameaux situés vers la base des prolongements (fig. 56) ont développé seulement une rosette de feuilles portant un bouton au centre et se sont allongés de quelques millimètres. Ils présentent après la végétation, comme l'indique la figure 63, un bouton très-gros à leur sommet. Ce bouton épanouira ses

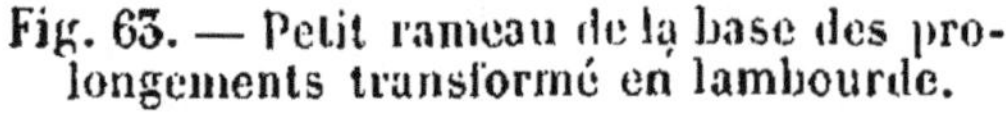
Fig. 63. — Petit rameau de la base des prolongements transformé en lambourde.

Fig. 64. — Dard âgé de 2 ans.

fleurs au printemps. Ces petits rameaux, qui sont à leur troisième année de formation, sont ainsi constitués en rameaux à fruit. On leur donne le nom spécial de *lambourdes.*

Les dards (fig. 57) ont développé deux ou trois bourgeons très-courts, qui ont donné lieu aux très-petits rameaux indiqués par la figure 64.

Il en est de même des rameaux soumis au cassement complet ou partiel (fig. 58, 59, 60, 61 et 62); deux ou trois de leurs

Fig. 65. — Rameau du poirier soumis au cassement complet depuis un an.

Fig. 66. — Rameau du poirier soumis au cassement partiel depuis un an.

boutons se sont allongés en bourgeons de quelques millimètres et ont donné lieu à autant de petits rameaux très-courts que montrent les figures 65, 66 et 67.

Si, pendant l'été, l'un des boutons situés vers le sommet de ces rameaux s'est allongé en bourgeon un peu vigoureux, on aura dû le pincer à 0m 10 (A, fig. 67). Il n'y aura d'ailleurs aucune opération à appliquer à ces diverses productions pendant ce second hiver.

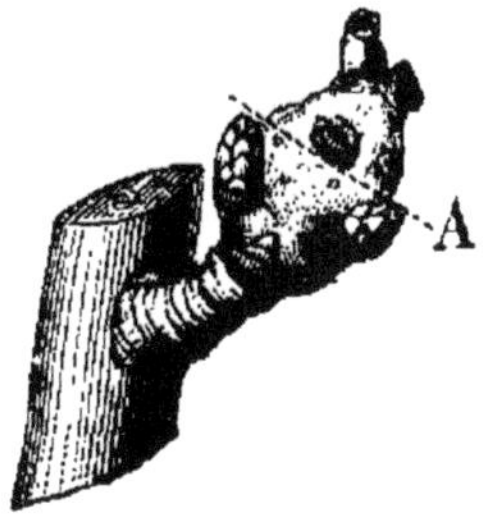

Fig. 68. — Lambourde de poirer après sa première fructification.

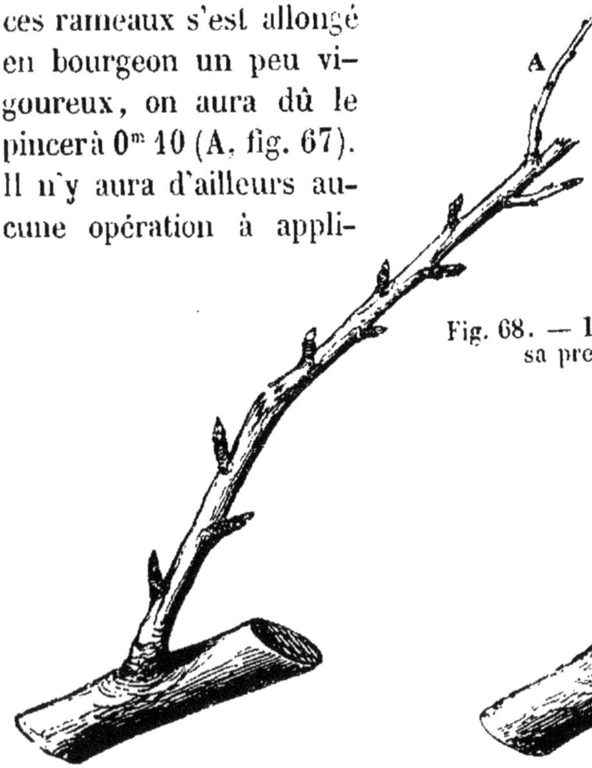

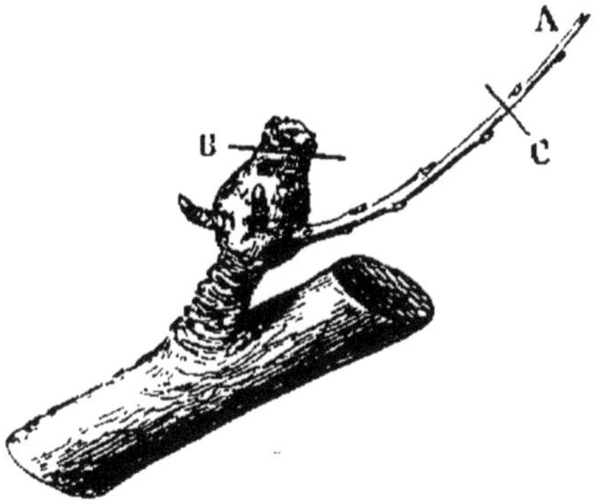

Fig. 67. — Brindille de poirier vigoureuse soumise au double cassement complet depuis un an.

Fig. 69. — Lambourde de poirier du même âge, pourvue d'un petit rameau.

Quatrième année.— Pendant le troisième été, la lambourde que montre la figure 63 a fructifié. Il s'est formé, au point où étaient attachés les fruits et la rosette de feuilles qui les accompagnait, un renflement spongieux qu'indiquent les figures 68 et 69. On donne à cette production le nom de *bourse*. On remarque en outre quelques boutons nés à l'aisselle des feuilles de cette bourse et portés sur des rameaux très-courts. Ces boutons se transformeront d'eux-mêmes en boutons à fleurs dans l'espace de deux ou trois ans. Quelquefois l'un des yeux placés à l'aisselle de ces feuilles s'est développé en bourgeon plus vigoureux. On a dû le soumettre au pincement à 0m. 10. Le petit rameau qui en résulte (A, fig. 69) reçoit alors le cassement complet en C. Le seul soin à donner à ces bourses consiste à retrancher en A (fig. 68), ou en B (fig. 69) le sommet, qui est en état de décomposition.

Les dards ont allongé leurs petits rameaux de quelques millimètres, et ceux-ci sont terminés par un bouton à fleur qui va s'épanouir (fig. 70) et qui donnera lieu à une bourse comme celle

Fig. 70. — Dard à sa troisième année et portant des lambourdes.

Fig. 71. — Rameau deux ans après le cassement complet et portant des lambourdes.

de la figure 68. On lui donnera les mêmes soins lors de la taille d'hiver suivante.

Les rameaux soumis au cassement complet (fig. 65) portent aussi des boutons à fleurs (fig. 71). Le moment est venu de retrancher en D le petit prolongement laissé à leur extrémité. On donnera aussi aux bourses qu'ils produiront les soins que nous venons d'indiquer. Enfin les rameaux soumis au cassement partiel (fig. 66 et 67) portent aussi de petites lambourdes (fig. 72 et 73). Il convient alors de retrancher en A l'extrémité de ces rameaux; car, les boutons à fleurs étant formés, on n'a plus à craindre que l'action de la sève, restreinte dans des limites trop étroites, ne les fasse s'allonger en bourgeons vigoureux.

Soins d'entretien. — Ainsi que nous l'avons dit plus haut, la lambourde (fig. 68) qui a fructifié pourra porter de nouveaux boutons à fleurs deux ou trois ans après, en se ramifiant, comme le montre la figure 74. Il en sera de même pour chacune des petites lambourdes situées sur les rameaux dont nous venons de parler. Six ans après leur première fructification, chacune de ces lambourdes pourra être constituée comme l'indique la figure 75.

Si enfin ces lambourdes ne sont pas gênées dans leur développement et que les arbres soient assez vigoureux, elles pourront, au bout d'un certain temps, offrir l'aspect de la figure 76. Or nous devons examiner si l'on doit laisser prendre à ces productions cet accroissement indéfini. S'il en était ainsi, les fruits se trouveraient bientôt attachés à une assez grande distance de la branche principale et ne recevraient ainsi qu'une action insuffisante de la séve; cette action serait encore gênée par les petites ramifications qu'elle aurait à traverser et qui entraveraient sa marche. D'ailleurs, des lambourdes ainsi développées produiraient dans l'arbre une confusion telle, que la lumière ne pourrait plus pénétrer entre les branches, et que les productions fruitières ne se maintiendraient plus qu'à la circonférence de

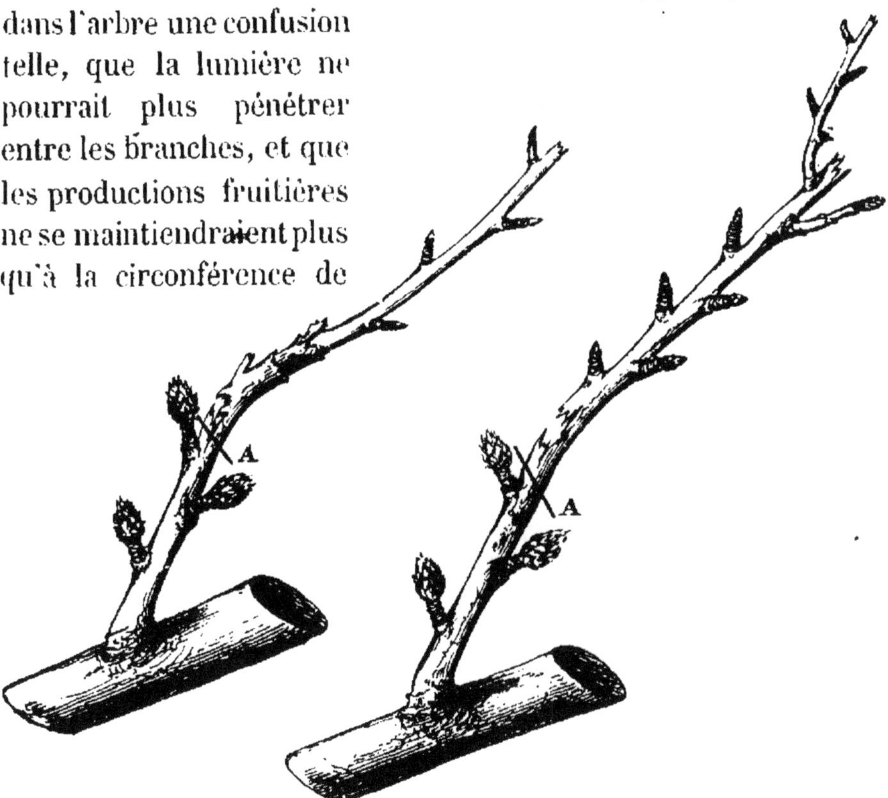

Fig. 72. — Rameau deux ans après le cassement partiel et portant des lambourdes.

Fig. 73. — Rameau pourvu de lambourdes, deux ans après le double cassement.

l'arbre; ou bien il faudrait diminuer beaucoup le nombre des branches de la charpente et laisser un grand intervalle entre chacune des lambourdes.

De ce qui précède résulte donc la nécessité de maintenir les lambourdes dans de certaines limites. Il sera bon de ne pas leur laisser dépasser 0m. 07 de longueur. Ainsi, lorsqu'elles auront atteint les dimensions de celle de la figure 75, on en retranchera le sommet au point A L'action de la séve sera ainsi refoulée vers la base, et l'on y verra naître de nouveaux boutons qui se transformeront en boutons à fleurs.

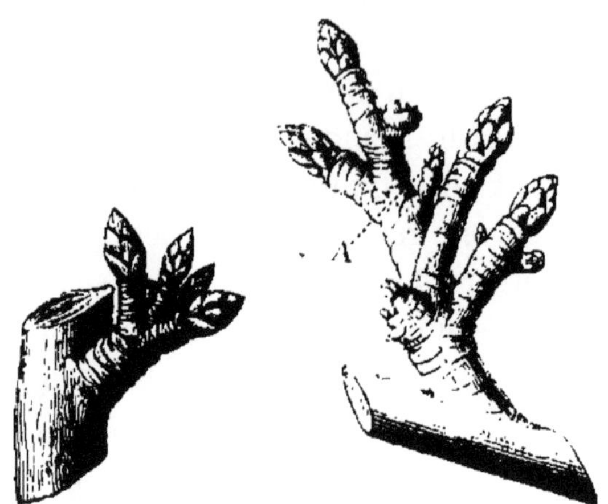

Fig. 74. — Lambourde âgée de 6 ans.

Fig 75. — Lambourde âgée de 8 à 10 ans.

Si déjà on a laissé acquérir à ces lambourdes de trop grandes dimensions (fig. 76), il faudra les restreindre, mais d'une manière progressive; on les coupera d'abord en B, puis, l'année suivante, en C, et ainsi de suite. Si on les coupait immédiatement en D, on s'exposerait à ce que l'action de la séve, trop restreinte, fît développer des bourgeons vigoureux et que ces lambourdes ne fussent transformées en rameaux à bois.

Fig. 76. — Mode de taille d'une lambourde très-vieille.

Telle est la série d'opérations à l'aide de laquelle on constitue et l'on entretient les rameaux à fruit dans les arbres à fruits à pepins. On a vu que c'est en diminuant, à l'aide de mutilations successives, la vigueur des rameaux latéraux des branches de la charpente que l'on obtient ce résultat. Mais il ne faut pas oublier que la taille très-longue des prolongements annuels des branches de la charpente vient aider puissamment à ce résultat en ouvrant une issue plus large à la séve, qui agit alors avec moins d'intensité sur le développement de chacun des bourgeons. La taille presque toujours beaucoup trop courte que l'on applique à ces prolongements détermine au contraire l'apparition de bourgeons d'une vigueur extrême qui ne peuvent être transformés en rameaux à fruit qu'après cinq ou six ans de mutilations continues.

Soins à donner aux fruits. — Disons, pour compléter ce qui précède, que rien ne concourt plus à épuiser les arbres et à anéantir les lambourdes du poirier que la surabondance des fruits, lesquels absorbent presque toute la séve. Non-seulement il ne se forme pas de nouveaux boutons pour l'année suivante, mais souvent ceux qui existent s'éteignent, faute de nourriture. Les branches principales ne fournissent qu'un chétif rameau terminal, et les racines ont à peine la force de développer de nouveaux prolongements capables d'aller puiser leur nourriture dans une zone de terre qui n'ait pas été appauvrie par la végétation précédente. L'arbre reste donc languissant et stérile pendant les années suivantes. D'ailleurs le but que la nature se propose d'atteindre par la fructification des arbres fruitiers est différent de celui que l'homme a en vue. La première a seulement pour but la production de la plus grande quantité possible de graines, et cela indépendamment de la pulpe des fruits, afin d'accroître dans la plus grande proportion la multiplication de chaque individu : l'homme a en vue seulement la production de la plus grande masse possible de matière pulpeuse, sans avoir égard aux graines. Or la quantité des graines est en raison du nombre des fruits, et plus ceux-ci sont nombreux, moins ils sont pulpeux et de bonne qualité.

Il y a donc tout avantage à supprimer les fruits trop nombreux, afin de régulariser la fructification et d'avoir des produits de bonne qualité. On perd ainsi sur le nombre, mais on a la même quantité en poids, car les fruits conservés profitent de la séve de ceux qu'on a supprimés. Quant à la proportion de fruits qu'il convient de laisser sur chaque arbre, on suivra à cet égard la règle suivante. Le nombre des fruits égalera le quart environ de tous les rameaux à fruit.

On procédera à cette suppression seulement lorsque la nature aura fait son choix, c'est-à-dire lorsque les fruits auront acquis le premier quart environ de leur développement.

Taille du poirier en vase ou gobelet à branches croisées. — Les arbres soumis à la forme pyramidale offrent, dans quelques rares localités exposées à des vents très-violents, l'inconvénient d'être tourmenté par ces vents. Il sera préférable, dans ce cas, d'avoir recours à la forme en vase ou en gobelet. Mais ce sera dans cette seule circonstance. Car cette disposition exige le même espace que la pyramide, et elle présente une surface productive moins considérable.

Les arbres en vase doivent présenter un diamètre de 2 mètres, et offrir une hauteur égale, afin que les rayons solaires, suivant l'angle de 45°, puissent éclairer toute la surface intérieure. On doit laisser entre chacune des branches un intervalle de 0m, 30. D'où il suit que, pour un périmètre de 6 mètres, il faut faire développer à la base de l'arbre environ 20 branches.

On peut donner aux branches des arbres en vase une position verticale ou les faire se croiser en les inclinant alternativement à droite et à gauche, suivant un angle de 30°, comme le montre la figure 77. Nous considérons cette dernière disposition comme la meilleure. La séve agit plus également dans toute l'étendue des branches, celles-ci sont plus régulièrement à fruit dans toute leur longueur. Enfin la charpente peut se passer de support lorsque l'arbre est complétement formé.

On procède ainsi au développement de cette charpente : choisir pour la plantation des greffes d'un an; leur appliquer la première taille une année après la mise en terre; les couper à 0m, 40 au-dessus du sol; choisir pendant l'été cinq bourgeons entre lesquels on maintient un égal degré de vigueur à l'aide du pincement: lors de la seconde taille, couper chacun des rameaux à 0m, 40 de leur base, au-dessus de deux boutons placés latéralement, de façon à faire bifurquer chacun de ces rameaux; abaisser un peu et distribuer régulièrement ces rameaux sur le périmètre de la tige à l'aide d'un cerceau; pendant l'été, égaliser la vigueur entre les dix bourgeons qu'on obtiendra; au moment de la troisième

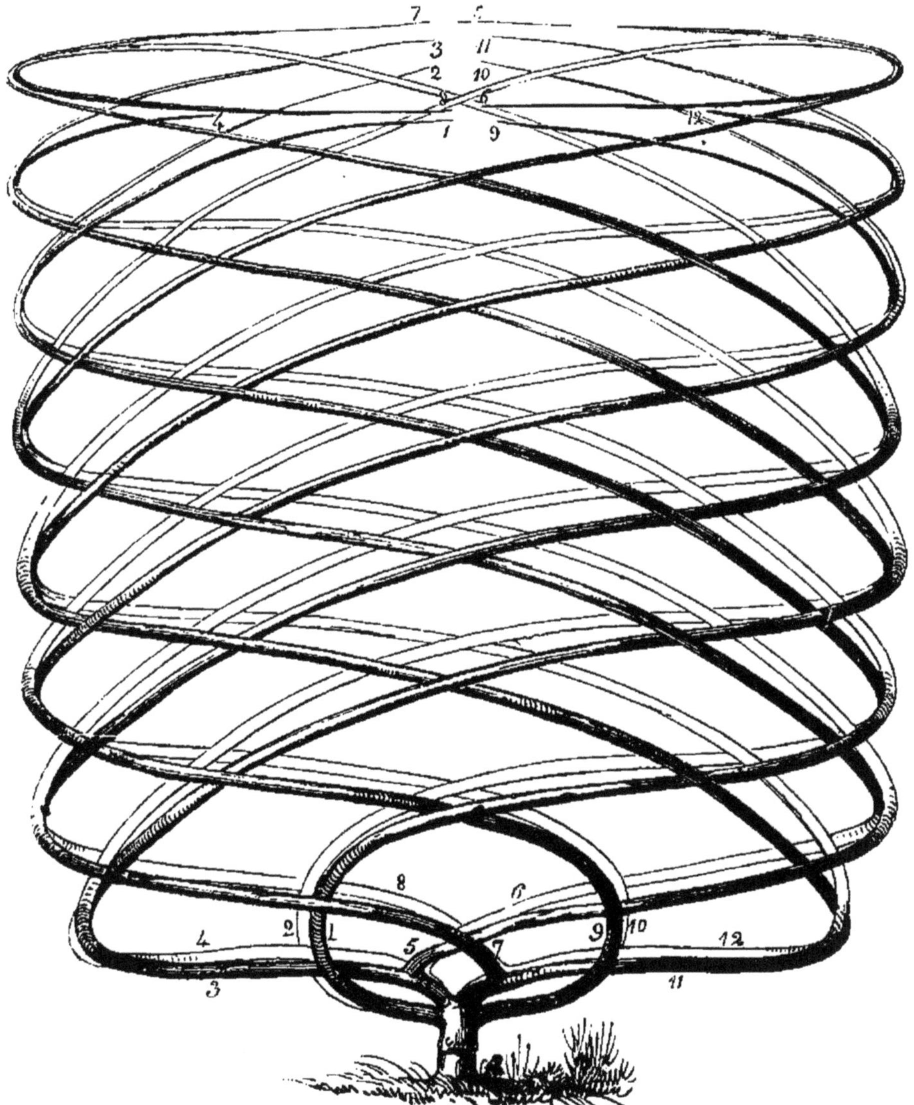

Fig. 77. — Poirier soumis à la forme en vase à branches croisées.

taille, raccourcir chacun des dix rameaux à 0^{m}, 30 de leur base, pour les faire se bifurquer une seconde fois; abaisser encore les branches et les espacer également entre elles au moyen de deux cerceaux, dont l'un, celui du sommet, est plus grand que l'autre;

appliquer aux vingt bourgeons qui naissent pendant l'été les soins déjà indiqués; lors de la quatrième taille, supprimer seulement le tiers de la longueur des nouveaux rameaux; abaisser encore les branches de façon qu'elles se trouvent sur un angle d'environ 20°, puis redresser l'extrémité dans une position verticale, à 1 mètre

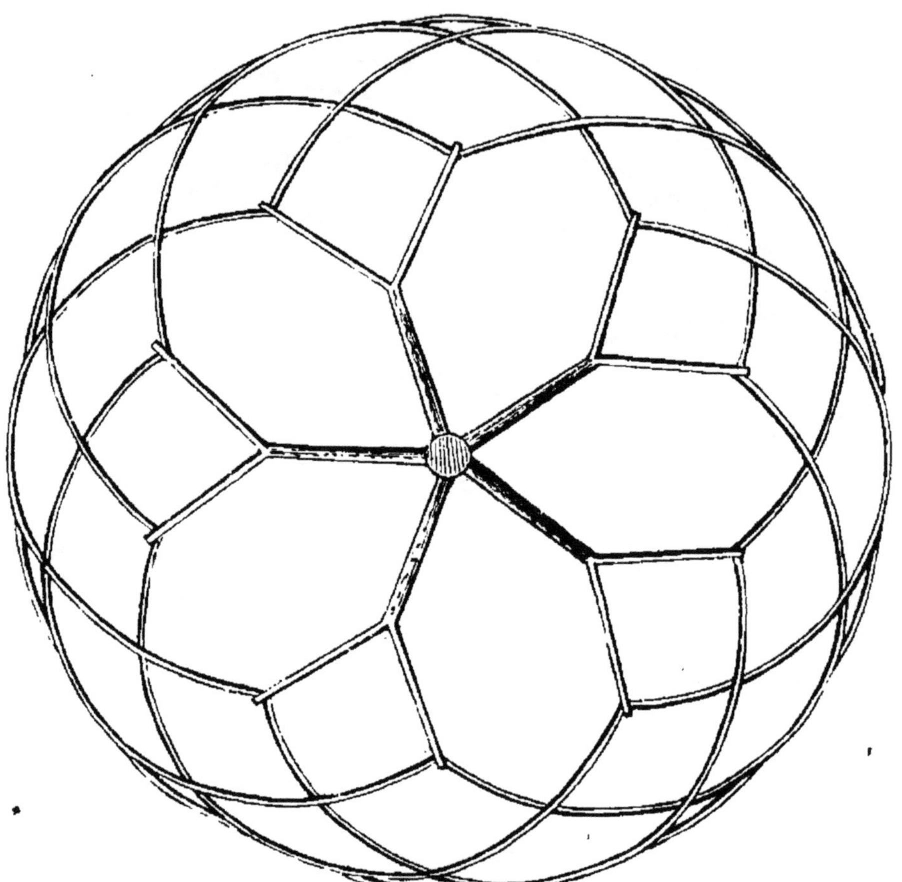

Fig. 78. — Plan de la fig. 77, poirier disposé en vase ou gobelet à branches croisées.

de la tige; les maintenir dans cette position à l'aide de nouveaux cerceaux; laisser développer pendant l'été un seul bourgeon terminal; le moment de la cinquième taille étant arrivé, croiser chacune des branches au delà de la seconde bifurcation en les dirigeant alternativement, l'une à droite, l'autre à gauche, et de façon à les incliner suivant l'angle de 30°. La figure 78, qui montre le plan d'un arbre ainsi disposé, indique comment ces branches doivent être croisées. Quant aux nouveaux prolongements des branches obtenues pendant l'été précédent, on les laisse entiers, et il devra en être de même chaque année; la position très-inclinée dans laquelle on les place suffit pour les faire se garnir de bourgeons dans toute leur longueur. Chacune de ces branches continue ainsi de s'allonger en formant une spirale que l'on arrête lorsque l'arbre a atteint une hauteur de 2 mètres, et qu'il est alors constitué comme le montre la figure 77.

A mesure que ce gobelet s'élève, on greffe par approche chacune des branches de la charpente aux points où elles se croisent. Il en résulte une solidité telle, qu'on pourra se dispenser d'aucun support lorsque la charpente sera complétement établie.

Les rameaux à fruit, que nous n'avons pas indiqués sur nos figures, sont obtenus et entretenus exactement de la même manière que pour les poiriers en pyramide.

Taille d'un poirier soumis à la forme en colonne.— Les deux formes que nous venons d'étudier sont les plus convenables, surtout celle en pyramide. Elles présentent toutefois un inconvénient pour les petits jardins : elles exigent trop de place et obligent ainsi à ne cultiver qu'un petit nombre de variétés. La disposition suivante pourra être choisie dans cette circonstance.

Cette forme (fig.79) est loin d'être nouvelle, ainsi que l'ont cru quelques cultivateurs. Elle existe depuis longtemps en Lorraine, en Flandre, en Belgique, et nous l'avons souvent rencontrée en Normandie, dans des potagers peu étendus où l'on voulait réserver le plus d'espace possible à la culture des légumes. M. Choppin, de Bar-le-Duc, l'a préconisée dans un ouvrage qu'il a publié, il y a une trentaine d'années, et M. Lhomme a de nouveau appelé l'attention des arboriculteurs sur cette disposition, en l'appliquant aux arbres fruitiers du jardin de l'École de médecine de Paris, confié à ses soins.

Les arbres en colonne se composent d'une tige simple, verticale, s'élevant jusqu'à la hauteur de 6 mètres et plus, et garnie régulièrement de rameaux à fruit depuis sa base jusqu'à son sommet. Il en résulte que l'ensemble de ces arbres offre l'aspect d'un cylindre ou d'une colonne de 0^{m},35 de diamètre.

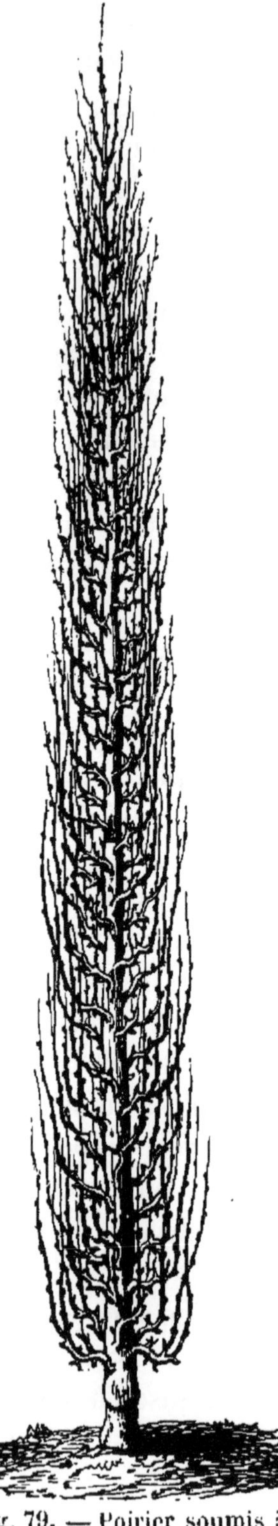

Fig. 79. — Poirier soumis à la forme en colonne; vu avant la taille.

Cette forme est peu agréable; mais elle offre certains avantages dans quelques circonstances. Ainsi les arbres qui y sont soumis ombragent beaucoup moins le sol que les pyramides et occupent beaucoup moins de place : cela permet la culture d'autres produits dans leur voisinage; et l'on peut aussi, par la même raison, réunir sur le même espace un plus grand nombre de variétés différentes. Nous pensons aussi que les rameaux à fruit se forment plus promptement, qu'étant mieux éclairés par le soleil et naissant directement sur la tige, ils sont plus fertiles, et que les fruits sont généralement plus beaux. Mais aussi ce succès ne pourra être obtenu que dans certaines conditions. D'abord les poiriers devront être greffés sur cognassier. S'ils étaient greffés sur franc, ils pousseraient trop vigoureusement, et le mode de taille qu'on leur applique ne ferait alors développer que des rameaux à bois. Ensuite, et pour le même motif, ces arbres devront être placés dans un terrain chaud, léger, d'une fertilité moyenne.

Le mode de formation de ces arbres est d'ailleurs des plus simples. Lors de la première taille, la jeune tige est coupée beaucoup plus longue que pour les pyramides : car on veut seulement faire développer en dards ou en brindilles tous les boutons de cette tige, et non en rameaux à bois très-vigoureux. Pendant l'été, on laisse tous les bourgeons se développer librement en conservant seulement la prééminence au bourgeon terminal. Lors de la seconde taille, le nouveau prolongement est traité de la même manière : les rameaux à bois les plus vigoureux, développés un peu au-dessous de son point d'attache, sont coupés immédiatement au-dessus de leur empatement; les rameaux à bois plus faibles et les brindilles développés au-dessous sont cassés à $0^m,08$ environ de leur naissance sur un bouton bien formé; enfin les dards placés à la base sont laissés intacts. Pendant l'été on abandonne de nouveau le développement à lui-même, protégeant seulement le bourgeon terminal.

A la troisième taille, les petites productions développées sur le talon des rameaux coupés l'année précédente sont cassées si elles sont plus vigoureuses que des brindilles; il en sera de même pour toutes les autres productions vigoureuses qui se seraient développées au-dessous de ce point. Quant aux nouvelles ramifications placées sur le prolongement taillé l'année précédente, elles sont opérées comme les premières, et ainsi de suite chaque année. Il résultera de ce mode de taille, dans les conditions que nous avons indiquées, la prompte formation sur toute la longueur de la tige de petites branches très-ramifiées et couvertes de lambourdes et de quelques rameaux à bois. Ces rameaux à bois sont coupés tous les ans au-dessus de leur empâtement. Comme ces petites branches finissent par s'allonger outre mesure et par produire de la confusion, on en raccourcit quelques-unes chaque année, mais de place en place seulement, dans la crainte de concentrer l'action de la séve sur un trop petit espace, et de nuire ainsi à la formation des lambourdes.

M. Choppin complète cette série d'opérations en pratiquant sur la tige un certain nombre d'incisions annulaires destinées à arrêter la séve dans les parties inférieures de l'arbre, et à diminuer sa trop grande vigueur. La première incision est faite à $0^m,25$ environ au-dessus de la greffe et vers la quatrième année de taille; les autres sont pratiquées successivement et selon les besoins, c'est-à-dire qu'elles sont d'autant plus multipliées et plus fréquentes que les arbres sont plus vigoureux.

Ce qui caractérise surtout ce mode de taille, c'est que, ainsi qu'on l'a vu, les opérations d'été, le pincement et l'ébourgeonnement, ne sont pas pratiqués. Tous les bourgeons se développent librement,

S'il en était autrement, si l'on pinçait les plus vigoureux, la sève, qui n'a pas, comme dans les formes précédentes, un grand espace à parcourir, serait gênée dans son essor et ferait développer en rameaux à bois des petits bourgeons qui, sans cela, auraient pris seulement le caractère de brindilles ou de petits dards.

Taille des poiriers en contre-espalier double en cordon vertical. — Des trois formes que nous venons d'examiner pour les poiriers cultivés en plein vent la pyramide ou cône serait la forme à recommander le plus généralement, puisque les gobelets donnent moins de fruits pour la même surface de terrain et que les colonnes ne conviennent qu'aux terrains secs et brûlants.

Toutefois, nous avons bientôt reconnu que si cette forme présente des avantages incontestables, elle offre aussi de très-graves inconvénients, au nobre desquels il faut surtout placer les suivants :

1° La charpente de ces arbres ne peut être complétement formée, c'est-à-dire avoir 2 mètres de largeur à sa base et 6 mètres de hauteur que vers la douzième année, et le produit maximum ne peut être obtenu que vers la quatorzième année après la plantation.

2° Ces arbres exigent beaucoup d'espace et conviennent peu aux petits jardins. On ne peut alors placer qu'un petit nombre de variétés et n'avoir ainsi qu'une série d'époques de maturité très-restreinte.

3° La formation de cette charpente exige beaucoup de soins et des connaissances assez précises, que l'on rencontre trop rarement chez les jardiniers.

4° Il est presque impossible de soustraire ces arbres à l'influence des intempéries du printemps.

5° Enfin il n'y a pas une proportion suffisante entre le produit de ces arbres et l'étendue de terrain qu'ils occupent.

Frappé de ces inconvénients, nous avons dû chercher une autre combinaison. Voici celle que nous conseillons :

Les arbres en cône ou pyramide sont remplacés sur les plates-bandes du jardin fruitier par un contre-espalier double situé au milieu de ces mêmes plates-bandes larges de 2 mètres, séparées l'une de l'autre par un chemin de 1 mètre et dirigées, autant que possible, du sud au nord. Les fig. 81, 82 et 83 montrent le détail de ces contre-espaliers doubles.

LÉGENDE DES FIGURES 81, 82 et 83.

A. Poteaux placés à 6 mètres les uns des autres.
B. Fils de fer galvanisés n° 14.
P. Fil de fer galvanisé n° 16, reliant entre les poteaux sur la ligne et fixé au sommet des murs.
D. Roidisseurs.
E. Lattes placées sur la face de devant du contre-espalier pour conduire la tige des arbres.
F. Lattes placées sur la face de derrière id.
O. Fil de fer reliant les poteaux entre eux en travers des lignes et fixé au sommet des murs.
N. Pommiers en cordon horizontal.

Des poteaux cylindriques (A) en bois résineux, passés au sulfate de cuivre, si l'on veut augmenter leur durée, de 3m,50 de longueur et de 0m,14 de diamètre, sont enfoncés dans le sol, à 0m,50 de profondeur, au milieu des plates-bandes, et à environ 6 mètres les uns des autres. Des fils de fer galvanisés, n° 16 (P, *fig.* 81 et 82), passent sur le sommet de chaque poteau dans le sens des lignes en traversant un piton vissé sur ces poteaux et va s'attacher, à chaque extrémité, au sommet des murs.

D'autres fils de fer semblables (O, *fig.* 82 et 83) passent aussi sur le sommet des poteaux, mais dans une direction perpendiculaire aux premiers, et vont également se fixer au sommet des murs. Ces fils de fer sont parfaitement tendus à l'aide du roidisseur Collignon (D, *fig.* 81 et 82). Ces poteaux ainsi enchaînés au sommet et à la base sont solidement fixés. On place ensuite sur chacune des deux faces de la ligne de poteaux quatre fils de fer n° 14 (B. *fig.* 81, 82 et 83), et traversant un piton vissé sur le côté des poteaux. Ces fils de fer sont également tendus à l'aide d'un roidisseur. On fixe enfin contre ces quatre derniers fils de fer, et de chaque côté de la ligne, une série de petites lattes en bois de sciage de 0m,02 d'épaisseur sur 0m,01 de largeur (E, F, *fig.* 81, 82 et 83). Ces lattes, fixées sur les fils de fer au moyen d'un nœud de fil de fer très-fin, sont placées à 0,m30 l'une de l'autre, en les alternant de chaque côté, comme le montre la *fig.* 82.

Il n'y a plus ensuite qu'à procéder à la plantation. Les arbres placés contre ces supports sont soumis à la forme en cordon vertical (*fig.* 80) et sont plantés de chaque côté des contre-espaliers à 0m,30 l'un de l'autre, un contre chaque latte. On établit en outre une ligne de petits pommiers en cordon horizontal (N, *fig.* 85 et 114, p. 109) à 0m,25 des bords de chacune de ces plates-bandes.

Comparons maintenant les résultats de ce nouveau mode de distribution avec ceux de l'ancien. Supposons la surface intérieure de deux jardins fruitiers présentant exactement la même étendue et que ces deux surfaces soient également partagées en plates-bandes larges de 2 mètres et séparées par des chemins de 1 mètre, comme on le fait habituellement pour la plantation des pyramides; si l'on consacre l'une de ces surfaces aux pyramides et l'autre aux contre-espaliers double en cordon vertical, et que l'on détermine la longueur totale de branches de charpente que l'on pourra obtenir sur l'une et sur l'autre de ces deux surfaces, si les pyramides donnent 2,500 mètres de longueur totale de branches fructifères, les contre-espaliers donneront 5,000 mètres pour la même étendue.

Nous devons rappeler que le produit maximum de ces arbres ne pourra être obtenu que vers la quatorzième année après la plantation. Tandis que celui des contre-espaliers apparaîtra vers la sixième année au plus tard.

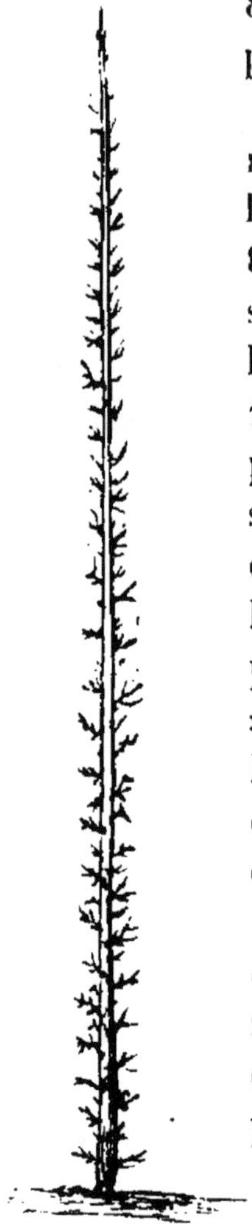

Fig. 80. Poirier soumis à la forme en cordon vertical.

Ces contre-espaliers nous donnent donc, pour la même surface de terrain, moitié plus de branches de charpente, et par conséquent moitié plus de fruits que les arbres en cône et leur produit maximum arrive huit ans plus tôt.

On pourrait faire, il est vrai, une objection à cette nouvelle disposition; c'est que les frais d'acquisition d'arbres sont beaucoup plus élevés que pour la même surface plantée d'arbres en cône. Cela est vrai, puisque pour les pyramides on ne plante qu'un arbre pour 3 mètres de longueur de plate-bande, tandis qu'il en faudra 20 pour la même longueur consacrée aux contre-espaliers.

Nous répondrons d'abord à cette objection qu'il suffira de trois années de produit maximum pour payer, et au delà, cet excé-

Fig, 81. — Élévation, vue de face, des contre-espaliers.

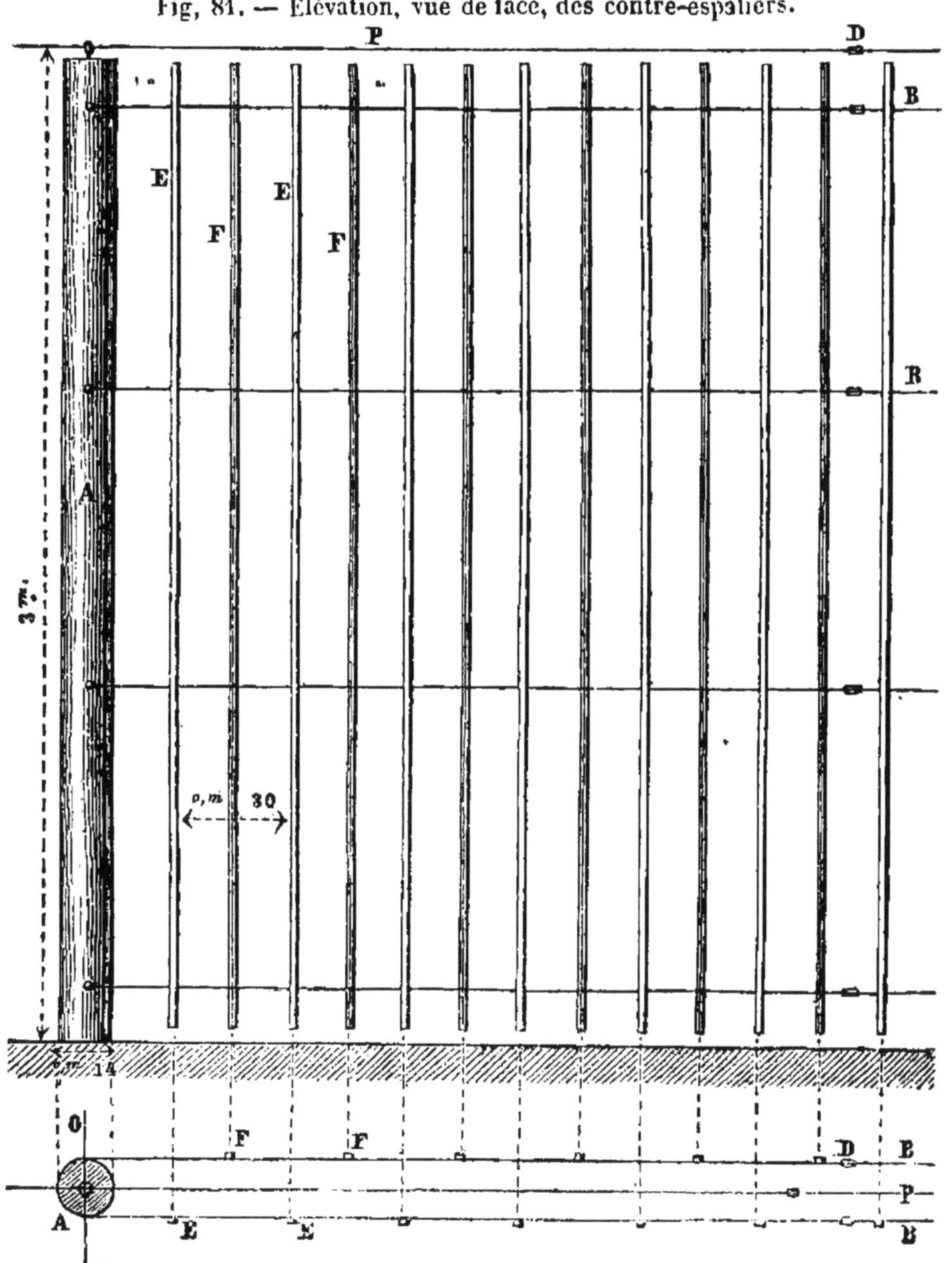

Fig. 82. — Plan de la figure 81.

dant de dépenses, et qu'il restera encore comme avantage, au profit des contre-espaliers, cinq années de produit maximum du double plus considérable que celui des arbres en cône, pour la même surface de terrain; qu'en second lieu, on pourra se dispenser presque complétement de faire ses avances; au lieu d'acheter des arbres greffés, on plantera en pépinière de jeunes sujets qu'on payera deux centimes la pièce et que l'on plantera à demeure après une année de greffe.

En suivant ce mode d'opérer, on aura un retard de deux années pour le produit maximum; mais il restera encore un avantage de six ans au profit de la nouvelle méthode comparée à l'ancienne.

En résumé, la nouvelle disposition que nous proposons pour le poirier offre donc sur la pyramide les avantages suivants?

1° Produit maximum obtenu huit ans plus tôt;

2° Rendement doublé pour la même surface de terrain;

3° Possibilité de soustraire très-facilement ces arbres à l'influence des gelées tardives du printemps. Il suffira pour cela de tendre horizontalement, au sommet des contre-espaliers et de l'un à l'autre, une toile très-claire, qu'on laissera jusqu'à la fin de mai;

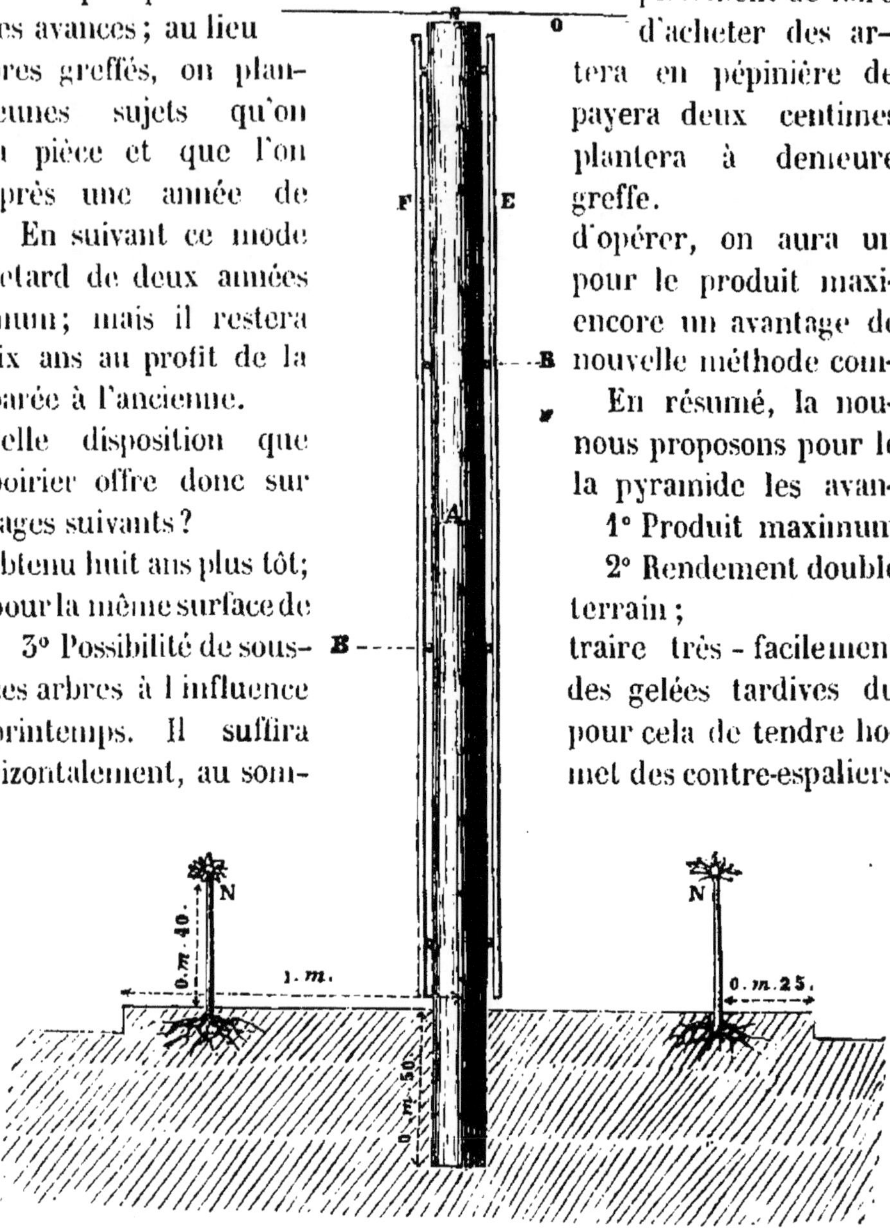

Fig. 83. — Profil de la fig. précédente, et coupe en élévation d'une plate-bande.

4° Branches de la charpente plus régulièrement éclairées que celles des arbres en cône et se garnissant mieux de rameaux à fruits;

5° Possibilité de placer dans un petit jardin un plus grand nombre de variétés, et de pouvoir prolonger ainsi la durée de la consommation de ces fruits.

6° Simplicité extrême dans les opérations destinées à la formation de la charpente de ces arbres;

7° Enfin les vides laissés par la mort accidentelle de ces arbres sont remplis bien plus rapidement qu'avec les arbres en cône.

En présence de pareils avantages, nous n'hésitons pas à conseiller d'une manière presque exclusive ce nouveau mode de culture des poiriers en plein air. — Quant au mode de formation de la charpente de ces arbres. il est en tout semblable à celui décrit plus loin (p. 99) pour les cordons verticaux en espalier.

Taille du poirier en palmette Verrier.— On a imaginé, pour les arbres en espalier ou en contre-espalier, un grand nombre de dispositions différentes. Les plus convenables sont incontestablement celles connues sous le nom de *palmette.*

Elles sont simples, assez faciles à imposer aux arbres et s'accommodent des murs de toutes les hauteurs. Parmi les diverses formes en palmette, la meilleure est, selon nous, celle que nous avons observée pour la première fois chez M. Verrier, jardinier en chef à la ferme régionale de la Saulsaye, et à laquelle nous croyons devoir donner son nom.

Les arbres soumis à cette forme (fig. 84) se composent d'une tige verticale ou *branche-mère* portant une série de *branches sous-mères,* placées à 0m,30 les unes des autres et naissant, deux à deux, de chaque côté de la tige.

Ces branches suivent d'abord une direction horizontale en s'éloignant de leur point de naissance, puis se redressent ensuite au moyen d'une courbe, dans une position verticale, et s'élèvent toutes jusqu'au sommet du mur.

Nous avions d'abord conseillé la *palmette à branches obliques;* mais nous trouvons la palmette Verrier préférable. Les branches

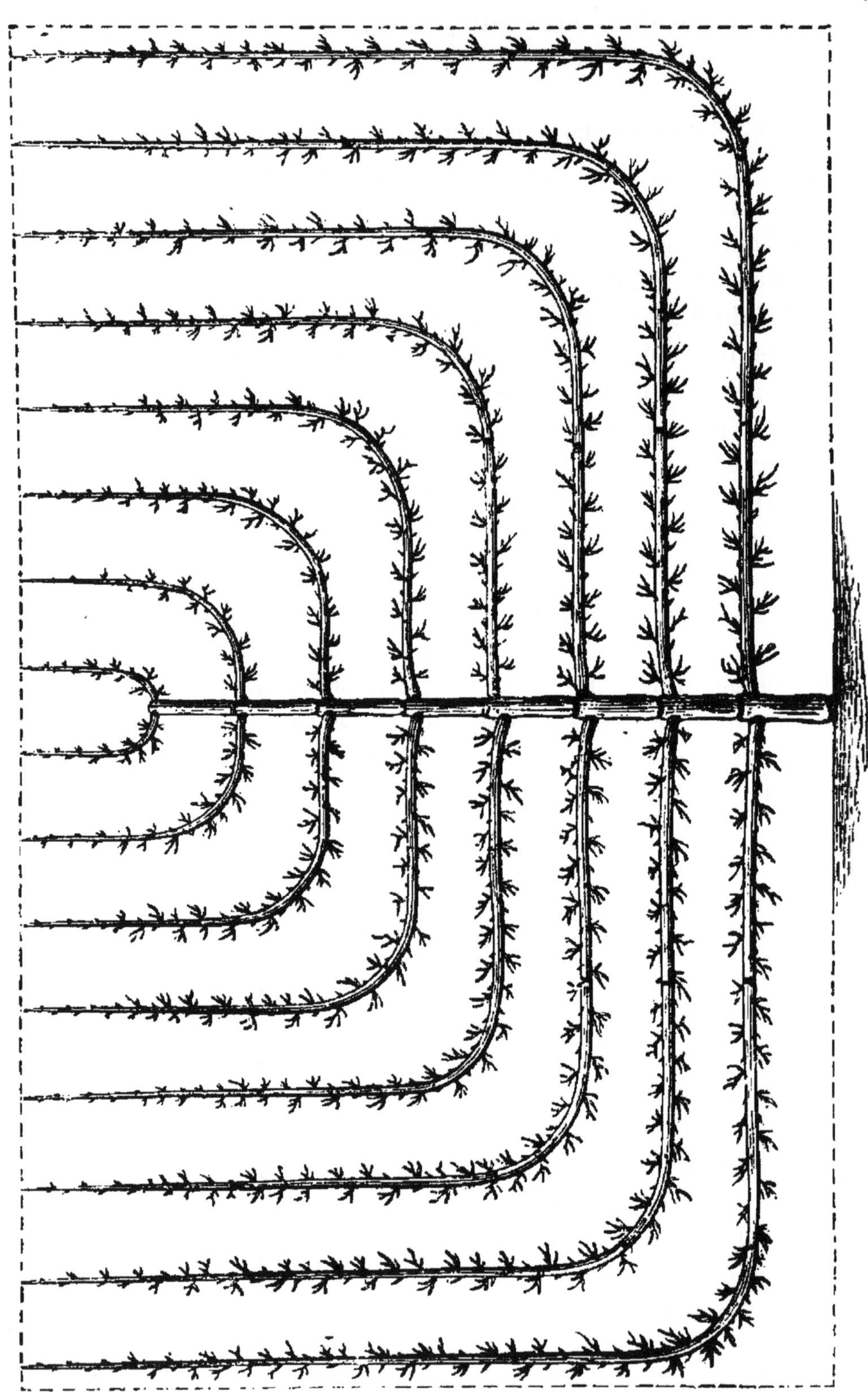

Fig. 91. — Poirier soumis à la forme en palmette Verrier.

les moins favorisées par l'action de la séve, celles de la base de l'arbre, se trouvent être les plus longues, et celles qui poussent toujours plus vigoureusement que les autres, celles du sommet, sont les plus courtes. Il en résulte que l'équilibre de la végétation est plus facile à maintenir dans l'ensemble de cette charpente. Les procédés à l'aide desquels on peut imposer cette forme sont les suivants :

Choisir, pour la plantation, des greffes d'un an. Planter les arbres à une distance telle les uns des autres, qu'ils couvrent sur le mur une surface de 18 à 20 mètres carrés. Faire sur la jeune tige une suppression suffisante pour rétablir l'équilibre entre l'étendue de la tige et celle des racines qui ont été conservées.

Première taille. — N'appliquer la première taille qu'au moment où les jeunes arbres sont bien repris, au plus tôt, après une

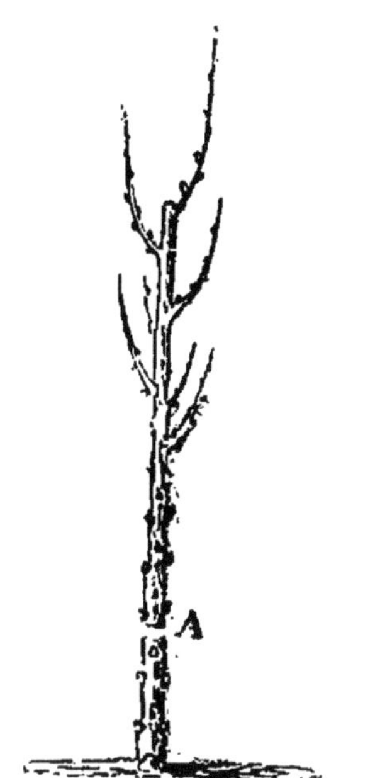

Fig. 85. — Poirier en palmette Verrier. 1re taille.

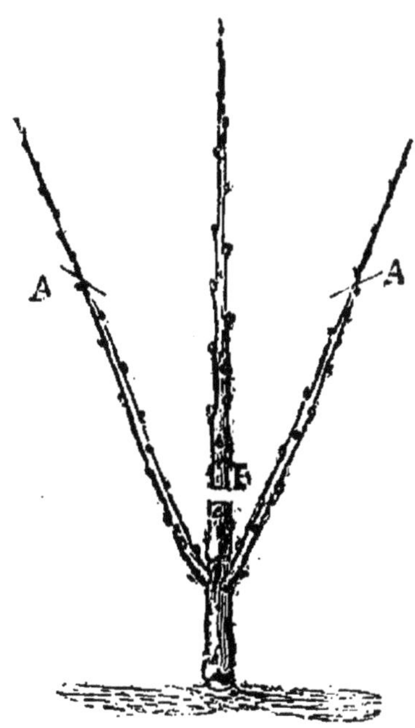

Fig. 86. — Poirier en palmette Verrier. 2e taille.

année de plantation. Tailler la tige à $0^m,30$ environ au-dessus du sol, en A (fig. 85), immédiatement au-dessus de trois boutons, un de chaque côté, pour donner lieu aux deux premières branches sous-mères, le troisième au-dessus et en avant, pour fournir le prolongement de la tige.

Pendant l'été, conserver sur chaque jeune tige seulement les trois bourgeons résultant des trois boutons dont nous venons de parler. Maintenir entre chacun d'eux un degré de vigueur égal. Si l'un des bourgeons latéraux devient plus vigoureux que l'autre, le détacher et l'incliner, puis redresser l'autre le plus possible.

Deuxième taille. — Après la chute des feuilles, ces jeunes arbres sont constitués comme le montre la figure 86. Supprimer seulement le tiers de la longueur totale de chacun des rameaux latéraux en A, pour les faire se garnir de bourgeons et par suite de rameaux à fruit sur toute leur étendue. Si l'un deux est plus vigoureux que l'autre, le tailler plus court et allonger davantage le plus faible. La coupe des branches de la charpente des arbres en espalier est toujours faite au-dessus d'un bouton placé en avant, afin que la plaie résultant de la section soit dirigée du côté du mur.

Couper le prolongement de la tige en B, à $0^{m},15$ au-dessus du point d'attache des deux rameaux latéraux, en choisissant seulement un bouton bien placé pour prolonger de nouveau la tige. On ne fait pas développer un second étage de branches sous-mères pendant cette deuxième année, afin de favoriser le développement des premières, qui resteraient trop faibles si l'on allongeait trop rapidement la tige.

Maintenir pendant l'été suivant un degré de vigueur égal entre les nouveaux bourgeons de prolongement des deux premières branches sous-mères.

Troisième taille.— L'année suivante, les arbres ont donné les résultats indiqués par la figure 87. Les opérer de la manière suivante :

Tailler les branches sous-mères comme la première année, en retranchant le tiers de la longueur du nouveau prolongement. Couper le prolongement de la tige en A à $0^{m},15$ de la coupe précédente, et au-dessus de trois boutons bien placés pour obtenir un nouvel étage de branches sous-mères pendant l'été suivant. —

On pourra désormais faire développer un nouvel étage chaque année, car les branches inférieures qu'on voulait favoriser ont acquis assez de force. Maintenir pendant l'été l'équilibre de la végétation entre les nouveaux bourgeons de prolongement de la charpente.

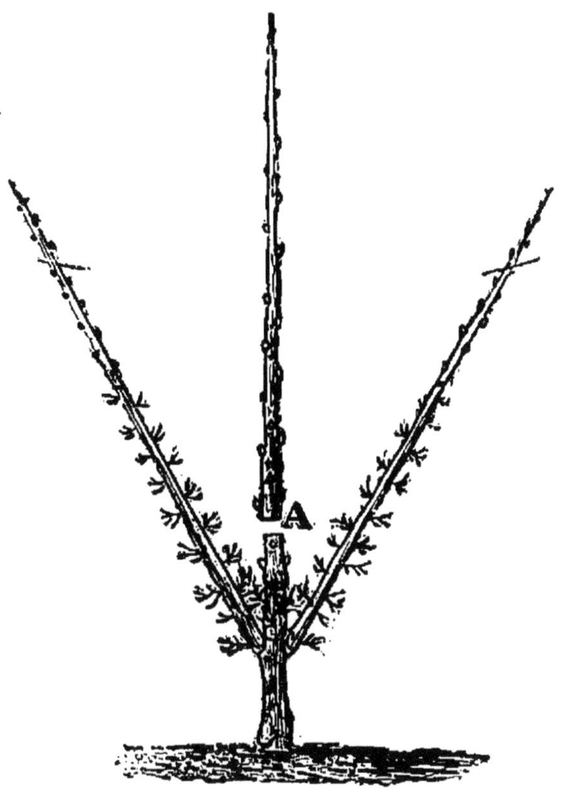

Fig. 87.— Poirier en palmette Verrier. 3e taille.

Quatrième taille.— La figure 88 montre les progrès faits par ces arbres pendant la végétation précédente. Couper les nouveaux rameaux de prolongement comme nous l'avons indiqué pour les années précédentes. Tailler le nouveau prolongement de la tige en A, pour en obtenir un troisième étage de branches sous-mères. Donner, pendant l'été, les soins décrits précédemment.

Cinquième taille.—Lors de la cinquième taille, les jeunes arbres ont acquis le développement que montre la figure 89. Couper le prolongement de la tige en A, pour obtenir un quatrième étage de branches sous-mères. Tailler le prolongement des branches latérales comme les années précédentes. Lors de cette taille, les deux branches sous-mères inférieures ont ordinairement acquis assez de longueur pour que, placées dans une position horizontale, elles dépassent la limite latérale que l'arbre ne doit pas franchir. On les abaisse alors dans cette position, puis on redresse leur extrémité au moyen d'une courbe pour la placer dans une position verticale, comme le montre notre figure. On continue ensuite à allonger ces deux branches suivant cette direction, au moyen de prolongements successifs dont on continue de retrancher chaque année le tiers de la longueur totale. Arrivées au sommet du mur, ces deux branches sont coupées, chaque année, à 0m,40 au-dessous du chaperon du mur, afin de laisser la place

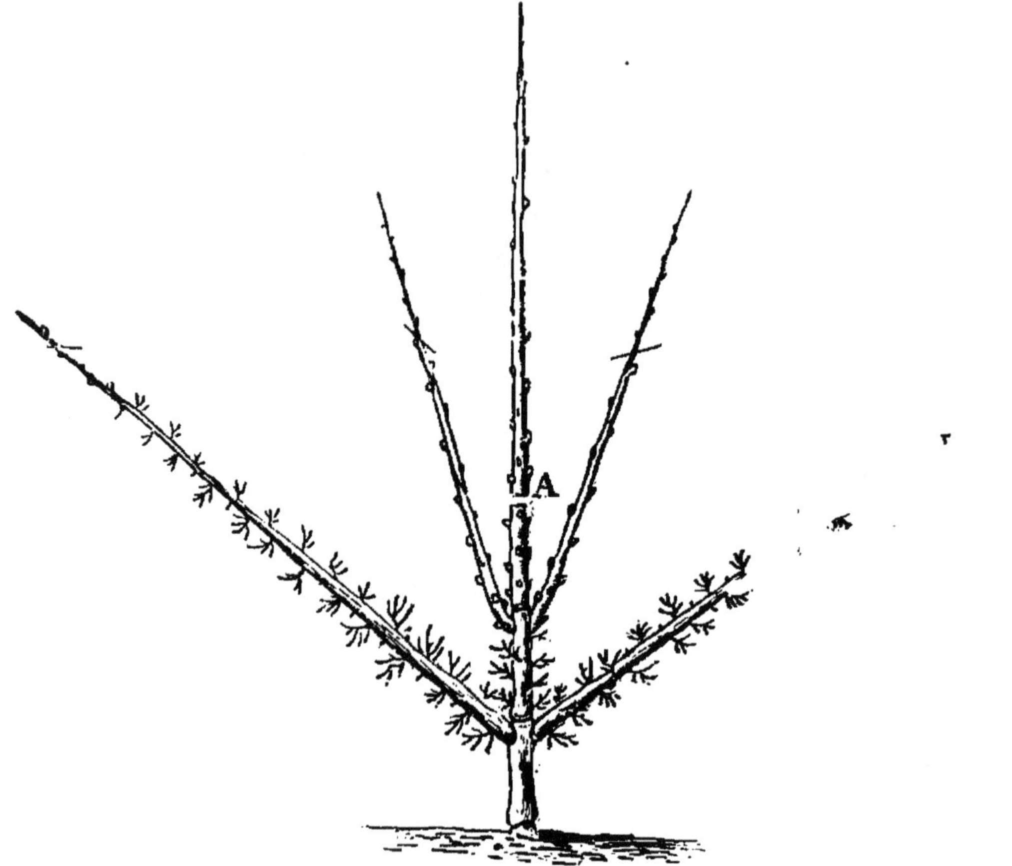

Fig. 88. — Poirier en palmette Verrier. 4e taille.

au développement d'un bourgeon terminal, nécessaire, chaque année, pour attirer la séve vers ce point et la forcer à nourrir, en passant, tous les rameaux à fruit.

Toutes les branches sous-mères de ces arbres sont soumises successivement à ce traitement, et, vers la seizième ou dix-huitième année, la charpente de ces arbres est complétement achevée. Elle couvre alors une surface d'environ 20 mètres carrés et offre l'aspect de la figure 84.

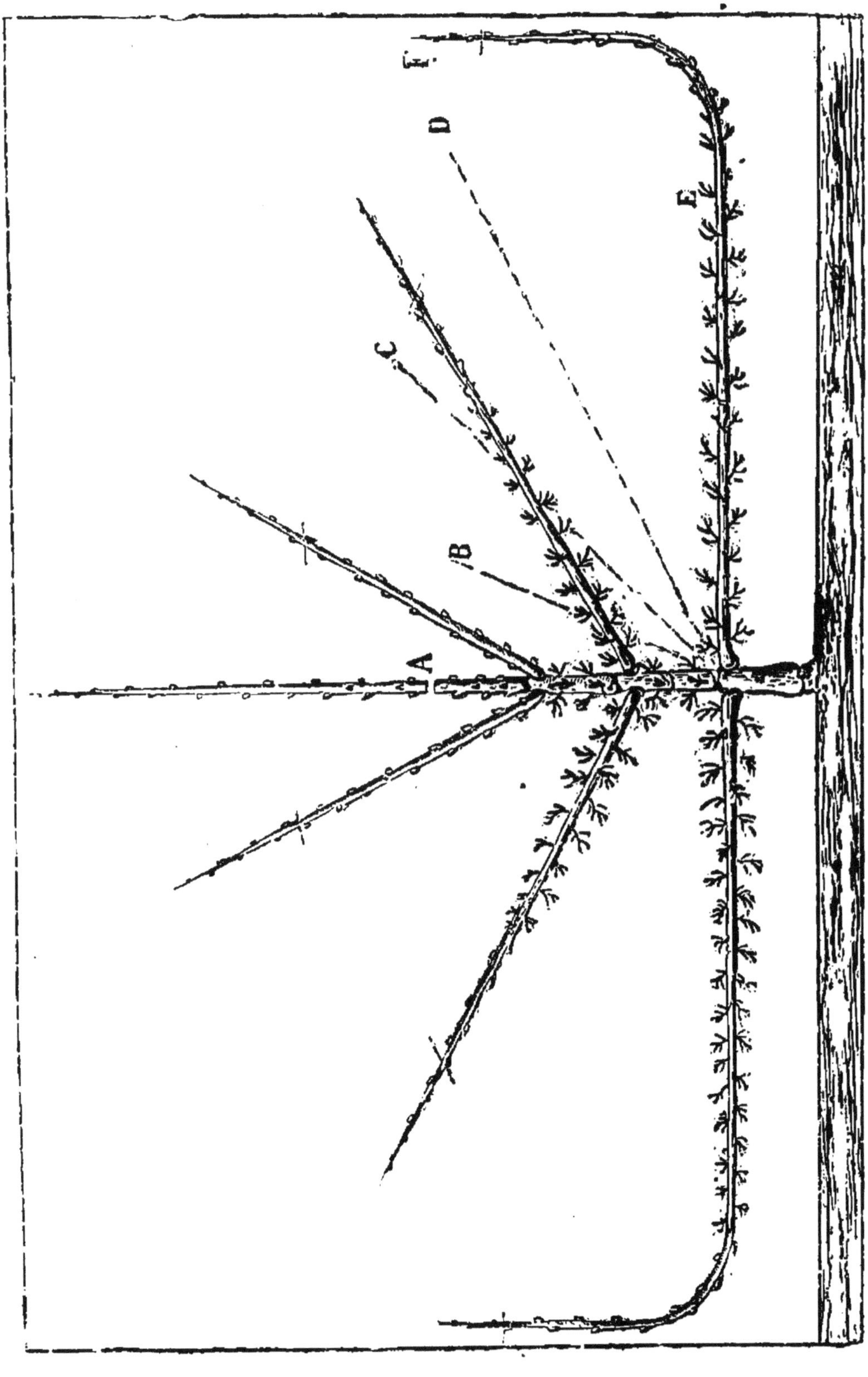

Fig. 89. — Poirier en palmette Luiset. 5e taille.

La symétrie et la régularité dans la charpente des arbres n'a pas seulement pour but de leur donner un aspect plus agréable, elle importe surtout au maintien plus facile de l'équilibre de la végétation dans toutes les parties de la charpente, et par conséquent à la fertilité et à la durée de l'arbre. Or on ne trouve pas toujours, lors de la taille d'hiver, des boutons placés au point où l'on voudrait faire naître de nouvelles branches de la charpente. Pour prévenir cet inconvénient, on place en août des écussons là où il ne se trouve pas de boutons bien placés pour faire développer de nouvelles branches pendant l'été suivant.

Taille des rameaux à fruits.—Tout ce que nous venons de dire de la palmette Verrier s'applique à la formation de la charpente. Quant aux rameaux à fruits, on leur applique tous les soins que nous avons décrits pour les poiriers en pyramide. La seule modification à apporter à l'égard des poiriers en espalier, c'est qu'on ne doit pas conserver ces rameaux sur le côté des branches dirigé vers le mur. On supprime donc chaque année sur les prolongements successifs de ces branches les bourgeons qui naissent de ce côté, et cela au moment où l'on pratique le pincement.

Palissage des poiriers en espaliers. — Pour les poiriers en espalier, ce sont seulement les branches de la charpente et les bourgeons destinés à prolonger ces branches qui doivent être soumis au palissage. Cette opération influe beaucoup sur le succès de la formation de la charpente.

Palissage d'hiver. — Cette opération est destinée à fixer solidement les branches de la charpente contre le mur. Il faut suivre à cet égard les règles suivantes : diriger chacune des branches sur une ligne parfaitement droite, depuis sa naissance sur la tige jusqu'à son extrémité. La moindre déviation à cette ligne droite fait obstacle à la circulation de la séve, et celle-ci donne lieu, vers le point où commence la courbure, à des bourgeons gourmands qui absorbent inutilement une grande quantité de séve.

Placer les branches qui naissent à la même hauteur contre la tige exactement suivant le même degré d'inclinaison; autrement la plus abaissée deviendra bientôt moins vigoureuse que l'autre. Il n'y a d'exception à cette règle que pour le cas où l'équilibre de la végétation est déjà rompu entre ces deux branches. Il faudra alors abaisser la plus forte et redresser la plus faible.

Les branches qui doivent être placées obliquement ou horizontalement, lorsque la charpente de l'arbre est terminée, ne devront être amenées dans cette position que progressivement. Si on les y place tout d'un coup, lorsque, par exemple, elles sont encore à l'état de bourgeon ou de rameau, il en résulte que toute la séve passe dans le prolongement de la tige et que le développement des branches sous-mères ainsi abaissées, est presque complétement suspendu. Ainsi donc la branche E (fig. 89) a été d'abord placée en B, pour favoriser son développement, puis ensuite en C, puis, l'année suivante, en D. Ce n'a été qu'après qu'elle a eu acquis assez de longueur pour arriver en F qu'on l'a placée dans sa position définitive en E. Toutes les autres branches sous-mères seront successivement soumises à cet abaissement progressif.

Palissage d'été.—Dans les poiriers, le palissage d'été porte seulement sur les bourgeons de prolongement des branches de la charpente. Chacun de ces bourgeons sont fixés contre le mur ou contre le treillage, à mesure qu'ils s'allongent, et cela dans une direction bien parallèle à la branche qui les porte. On commence à les attacher dès qu'ils ont atteint une longueur de 0 m,30.

Si ce palissage d'été est fait sur treillage, on fixe à l'extrémité de chaque branche de la charpente et aux points où l'on veut obtenir de nouvelles branches, une petite baguette bien droite et placée dans une direction bien parallèle à cette branche. Ces baguettes servent à conduire chacun des bourgeons de prolongement. Ces bourgeons étant ainsi dirigés, rien n'est si facile, lors des palissages d'hiver suivant, que de donner une direction bien droite aux rameaux qui en résultent.

On peut employer, pour fixer les branches sur le mur, le palissage à la loque et le palissage sur treillage.

Palissage à la loque.—Ce mode d'opérer est le plus parfait, en ce qu'il permet de pratiquer le dressage des branches de la manière la plus convenable. Il consiste dans l'emploi de fragements d'étoffe de laine (A, fig. 90) de 0m, 04 à 0m, 08 de long sur 0 m. 03 environ de large. On les plie en deux, puis, prenant les branches dans la bouche, on fixe les extrémités de la loque contre le mur à l'aide d'un clou (fig. 91 et 94) à pointe un peu obtuse et d'une longueur de 0 m, 05. Ces clous sont enfoncés à la profondeur de 0 m, 03 environ à l'aide d'un marteau (fig. 92) dont la tête A, fendue, fait l'office de tenaille lors du dépalissage. Les cultivateurs de Montreuil, près de Paris, réunissent les loques, les clous et le marteau dans un petit panier (fig. 93) qu'ils fixent devant eux à l'aide d'un ceinturon en cuir A. Les loques peuvent servir plusieurs fois; chaque année, après le dépalissage, on les fait bouillir dans l'eau afin de détruire les œufs des insectes nuisibles qu'elles renferment souvent en très-grande quantité. Ce mode de palissage exige malheureusement un mur couvert, sur toute sa surface, d'une couche de plâtre d'au moins 0 m, 03 d'épaisseur, afin que

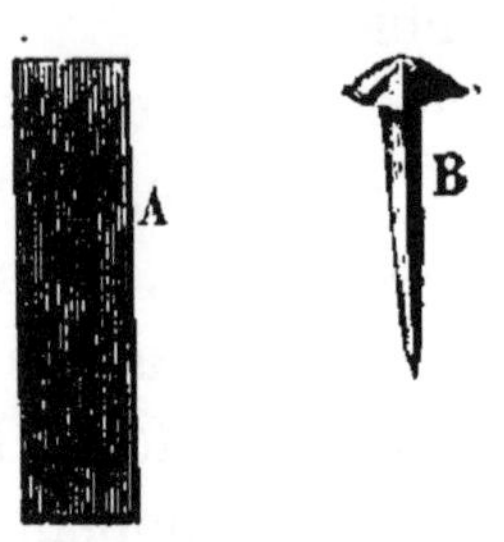

Fig. 90. Loque à palisser. Fig. 91. Clou à palisser.

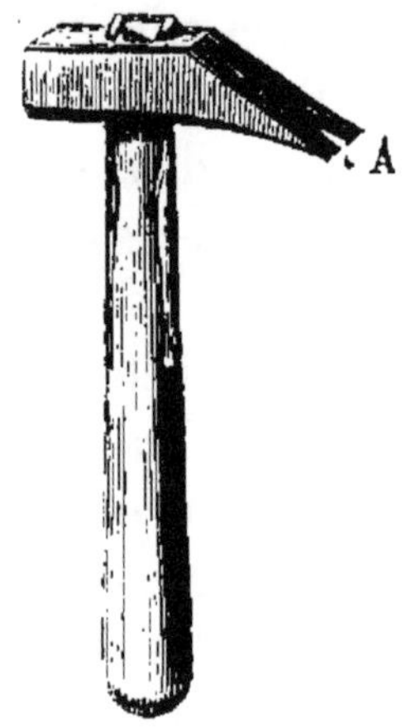

Fig. 92. Marteau à palisser.

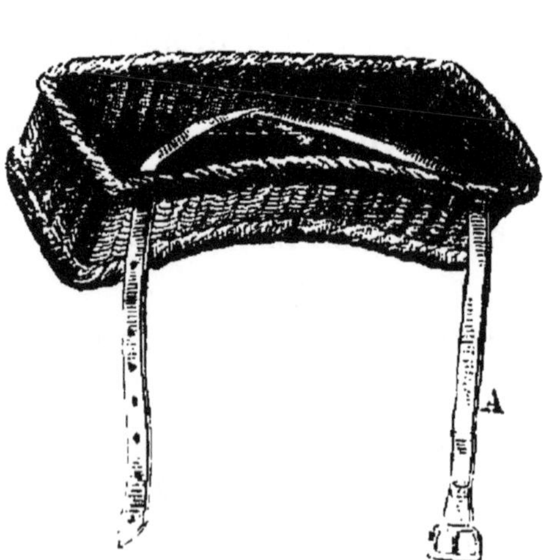

Fig. 93. — Panier à palisser.

Fig. 94. — Branche fixée contre le mur au moyen du palissage à la loque.

les clous puissent être enfoncés sur tous les points sans obstacle. Dans les localités où cet enduit de plâtre ne résisterait pas à l'humidité atmosphérique, ou dans celles où l'emploi de cette matière donnerait lieu à une dépense trop élevée, on est obligé d'avoir recours au palissage sur treillage.

Palissage sur treillage. — On peut employer pour les treillages le bois ou le fil de fer. Nous avons eu longtemps de la prévention contre cette dernière matière; mais l'examen fréquent que nous avons fait d'arbres palissés depuis longtemps sur du fil de fer même des pêchers, ne nous ayant montré aucune des altérations que nous redoutions pour ces arbres, nous conseillons sans hésiter ces sortes de treillages, qui présentent sur ceux en bois, comme nous allons le voir, une très-grande économie.

La disposition à donner aux treillages doit varier suivant la forme que l'on donne à la charpente des arbres. Les treillages en bois, destinés aux poiriers soumis à la forme en palmette, pourront se composer de mailles larges de 0 m, 20 sur 0 m, 25 de hauteur (fig. 95) Les baguettes de ce treillage, en chêne ou en châtaignier, devront être peintes à trois couches, fixées entre elles au moyen de clous rivés et attachés au mur au moyen de crochets en fer placés de mètre en mètre dans le sens vertical et horizontal. Ces treillages coûtent de 2 à 3 fr. le mètre carré.

Fig. 95. — Treillage en bois.

Si l'on a recours au fil de fer pour les mêmes arbres, on donnera au treillage la disposition suivante (fig. 96). Tendre contre le mur une série de fils de fer galvanisés, n° 14, placés en lignes horizontales à 0 m, 30 l'une de l'autre. Ces lignes, solidement fixées à chaque extrémité du mur, doivent être supportées de mètre en mètre par de petite pattes en fer (B, fig. 96 et 97). On les roidit aussi complétement que possible au moyen du tendeur Collignon (A, fig. 96 et 98). Voici comment on emploie les tendeurs Collignon : lorsque le fil de fer est fixé au mur par l'une de ses extrémités, faire glisser dessus le nombre de pattes en fer nécessaire pour le soutenir sur la moitié de sa longueur; y faire glisser ensuite un tendeur qui est traversé de part en part dans le sens de sa longueur, par le fil de fer au moyen de trous pratiqués à chaque extrémité et au milieu de l'axe A. Faire glisser à la suite du tendeur le nombre de pattes nécessaires pour soutenir la seconde moitié du

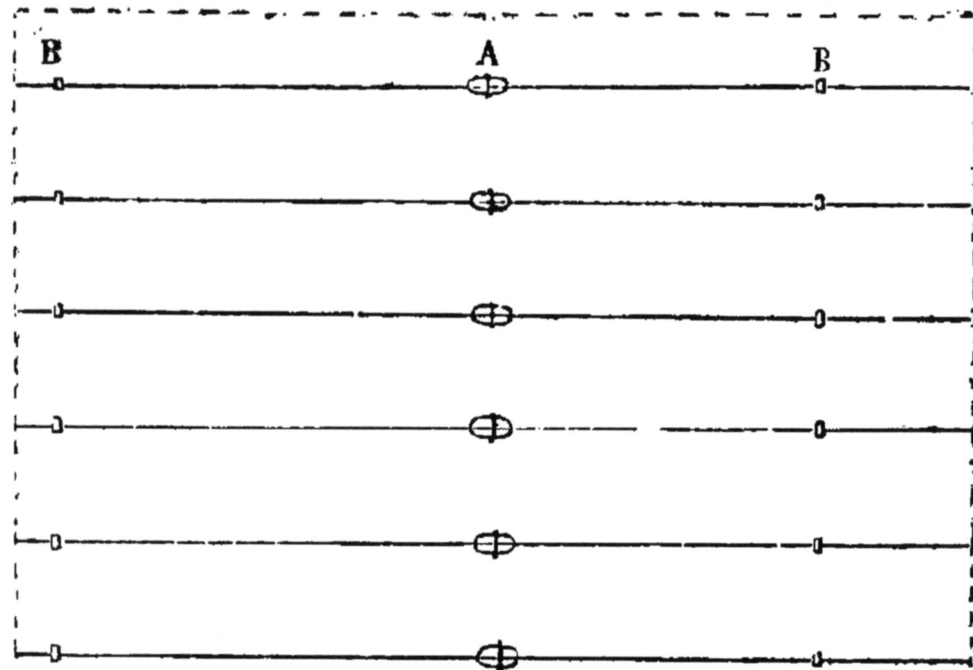

Fig. 96. — Treillage en fil de fer pour les poiriers en palmette.

fil de fer. Attacher au mur l'autre extrémité en la roidissant un peu. Enfoncer les pattes dans le mur en les distribuant de mètre en mètre, puis roidir le fil de fer le plus possible à l'aide du tendeur. On se sert, pour faire agir celui-ci, d'une clef en fer (fig. 99) que l'on place sur la tête carrée A, placée à l'une des extrémités de l'axe du tendeur. On imprime à cet axe un mouvement de rotation qui enroule le fil de fer et roidit celui-ci. Lorsque la tension est suffisante, on abaisse une petite clavette (B, fig. 98) sur la roue dentée fixée à l'extrémité opposée de l'axe du tendeur, et cet axe est maintenu dans une position fixe. Cette sorte de treillage coûte : non compris la pose, 28 centimes le mètre carré[1].

Quant aux ligatures les plus convenables, c'est l'osier, en ayant le soin de placer entre le treillage en bois et la branche, à chaque point où celle-ci est fortement comprimée contre le treillage, un peu de liége pour empêcher la branche d'être meurtrie. S'il s'agit de treillage en fil de fer, on obtiendra le même résultat en tordant ensemble les deux bouts de l'osier sur le fil de fer avant d'y appliquer la branche.

Il faut aussi veiller, pendant l'été, à ce que les branches, en grossissant, ne soient pas étranglées par les ligatures. Ce cas arrivant, il faudrait se hâter de supprimer ces ligatures partout où il se manifesterait.

Fig. 97. — Pattes en fer pour supporter les fils de fer.

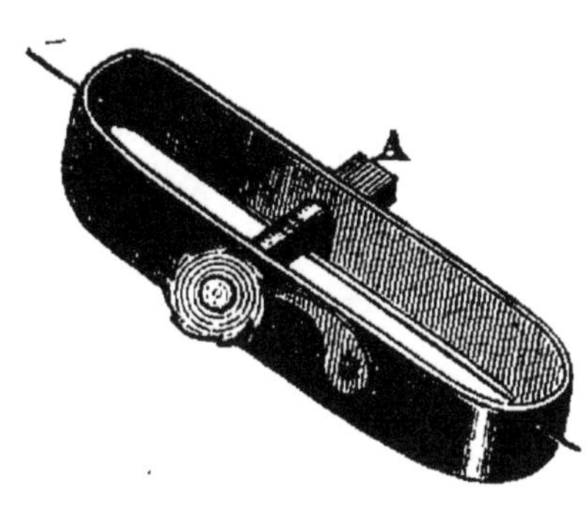

Fig. 98. Tendeur Collignon.

Fig. 99. Clef du tendeur Collignon.

Taille du poirier en cordon oblique simple (Du Breuil). —Au point où en est arrivé le progrès de l'arboriculture, en employant les procédés les plus prompts, il faut encore seize ou dix-huit ans pour former complétement la charpente d'un poirier en espalier soumis à l'une des grandes formes imaginées jusqu'à pré-

[1] On trouve tous ces objets, au prix que nous indiquons, chez M. Thiry jeune, 9, rue Bergère, à Paris.

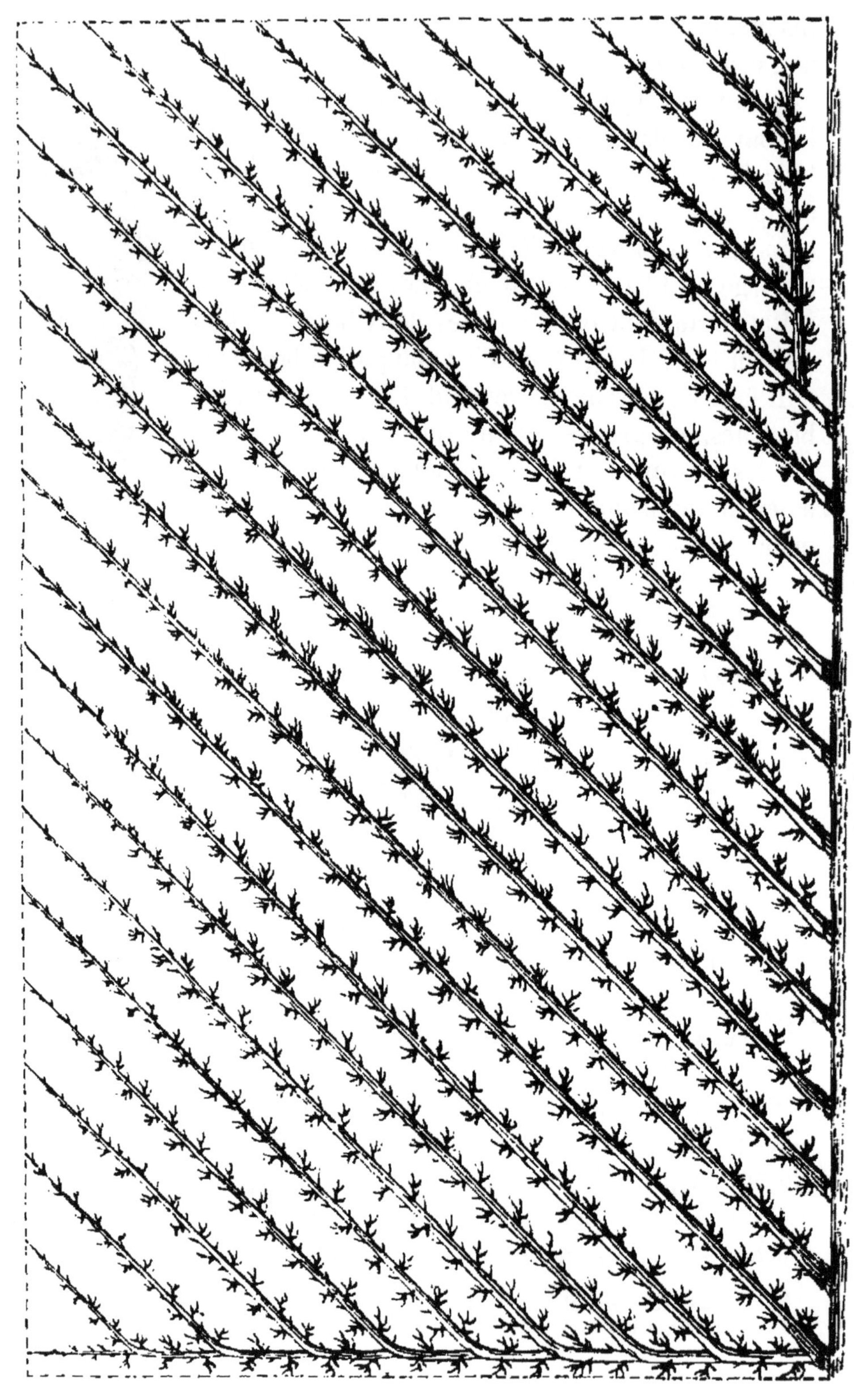

Fig. 100. — Cordon oblique simple appliqué aux poiriers.

sent (palmette, éventail, etc.), et couvrant une surface de 18 à 20 mètres carrés. Ajoutons que les soins nécessaires pour obtenir ces diverses formes, même les plus simples, ainsi que les moyens nécessaires pour maintenir l'équilibre de la végétation entre les diverses parties de ces arbres, sont assez compliqués pour qu'un grand nombre de jardiniers échouent dans leur exécution.

Frappé de ces inconvénients, nous avons cherché à y remédier en imaginant une nouvelle forme qui, beaucoup moins difficile à établir que toutes les autres, permet de couvrir régu-

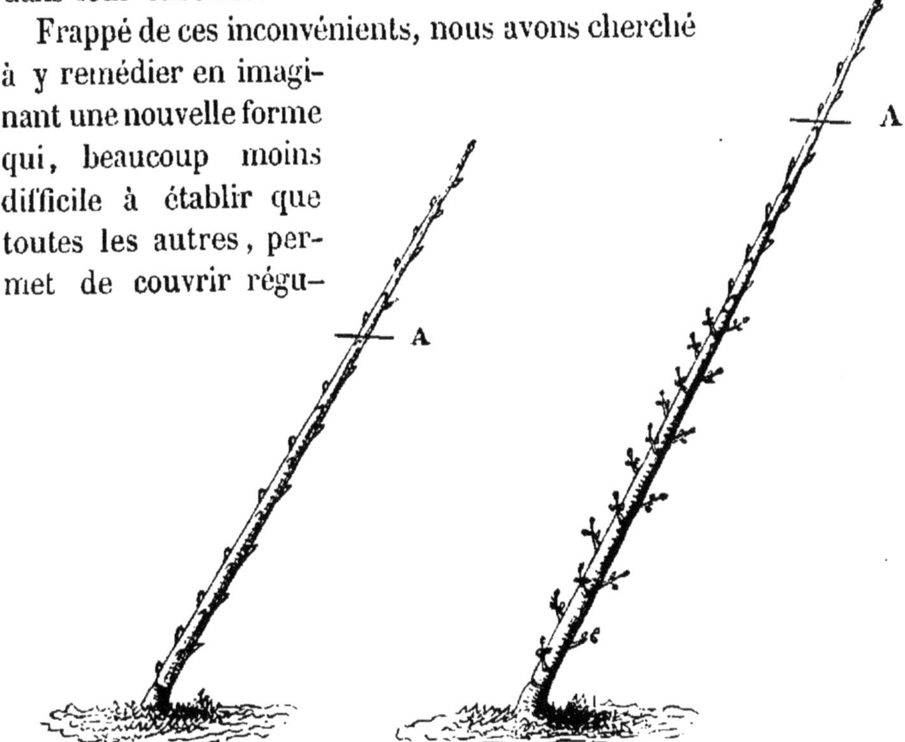

Fig. 101. — Cordon oblique simple, première année.

Fig. 102. — Cordon oblique simple, deuxième année.

lièrement toute la surface du mur dans un laps de temps beaucoup plus court, et fait donner aux arbres leur produit maximum beaucoup plus tôt, sans abréger leur durée. Nous avons donné à cette nouvelle disposition, imaginée par nous, pour le poirier, en 1852, le nom de *cordon oblique simple* (fig. 100). Voici comment on en fait l'application.

On choisit de jeunes arbres d'un an de greffe, sains, vigoureux et ne portant qu'une tige. On les plante à 0 ^{m}, 40 les uns des autres, en les inclinant les uns sur les autres, sur un angle de 60 degrés. On ne retranche que le tiers environ de la longueur totale de ces jeunes tiges, en faisant la section en A (fig. 104), au-dessus d'un bouton placé en avant.

Pendant l'été suivant, on favorise le plus possible le développement vigoureux du bourgeon terminal, et tous les autres sont transformés en rameaux à fruit à l'aide de la série d'opérations décrites pour le poirier en pyramide. Au printemps suivant, chacun des jeunes arbres présente l'aspect de la figure 102.

La seconde taille consiste à appliquer à chacun des rameaux latéraux les soins nécessaires pour les transformer en lambourdes; puis à retrancher de nouveau le tiers de la longueur totale du nouveau rameau de prolongement. Si toutefois le bourgeon de prolongement s'était à peine développé pendant l'été précédent, il faudrait, lors de la seconde taille, couper sur le bois de deux ans, afin d'obtenir un rameau terminal plus vigoureux. Pendant l'été, on applique à ces jeunes arbres les mêmes soins que pendant l'été précédent, et l'on obtient le résultat que montre la figure 107.

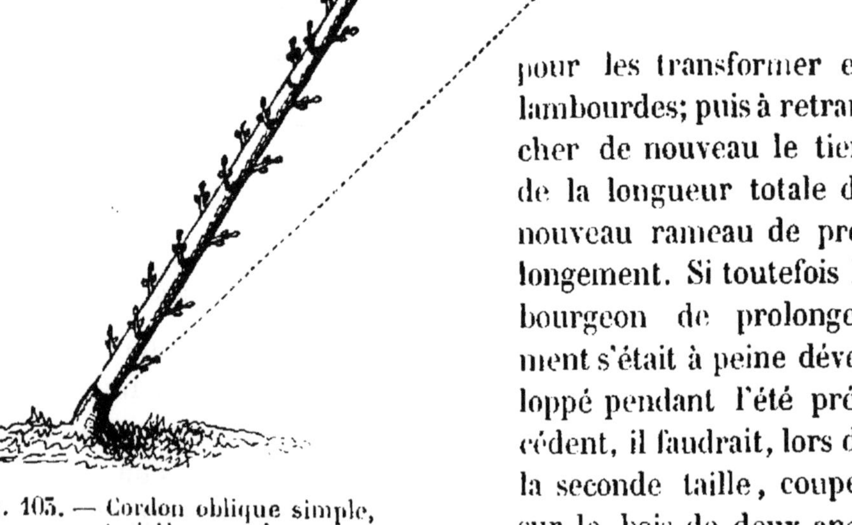

Fig. 105. — Cordon oblique simple, troisième année.

Lors de la troisième taille, la jeune tige a ordinairement atteint les deux tiers de sa longueur totale; alors on l'abaisse sur un angle de 45 degrés, suivant la ligne B, et l'on applique au rameau terminal et aux rameaux latéraux la même opération que lors de la taille précédente. Si l'on eût abaissé immédiatement ces tiges suivant ce degré d'inclinaison, on eût favorisé le développement de bourgeons gourmands à la base au détriment du bourgeon terminal. Les nouveaux bourgeons reçoivent les soins ordinaires. La figure 104 montre l'état de ces jeunes arbres à la fin de la végétation.

Fig. 104. — Cordon oblique simple, quatrième année.

Il n'y a plus ensuite qu'à compléter ces arbres en continuant de prolonger la tige à l'aide des mêmes opérations jusqu'au sommet du mur. Arrivées là, ces tiges sont coupées chaque année à 0m, 40 au-dessous du chaperon du mur, afin de laisser la place pour le développement annuel d'un bourgeon vigoureux qui force la séve à circuler abondamment dans toute l'étendue de la tige.

Quant au côté de l'horizon vers lequel il convient d'incliner les tiges, cela n'a pas d'importance pour les murs dirigés du levant au couchant. Mais, pour ceux dirigés du nord au sud, il conviendra de coucher les tiges vers le midi. Les rameaux à fruit placés au-dessous de chaque tige seront ainsi mieux éclairées. Lorsque cependant les murs seront établis sur un terrain en pente, il faudra incliner les tiges vers le sommet de cette pente; autrement elles seraient arrêtées trop tôt par le sommet du mur. Les arbres étant plantés à 0^m, 40 les uns des autres et développant chacun une tige ainsi disposée, il en résulte que l'espalier se trouve composé d'une série de branches couchées parallèlement et laissant entre elles un espace égal d'environ 0^m, 30 (fig. 100).

Toutefois, pour que cette sorte d'espalier ne laisse aucun vide sur le mur, il convient de le commencer, du côté opposé à la direction des tiges, par une demi-palmette. Pour cela, le premier arbre est d'abord traité comme les autres; puis, lorsqu'on l'a abaissée sur l'angle de 45°, on laisse développer pendant l'été, en-dessus et à la base de la tige, un bourgeon gourmand qui s'allonge librement. L'année suivante, le rameau qui en résulte est couché parallèlement à la première tige et à 0^m, 30 de celle-ci. Pendant l'été, on conserve un nouveau bourgeon sur la courbure de la nouvelle branche, de façon à obtenir un nouveau rameau que l'on courbera comme le premier, et ainsi de suite chaque année.

Il conviendra également de terminer cet espalier de la manière suivante, afin d'éviter l'angle vide qui se produirait. On plante le dernier arbre à 2 mètres environ en deçà de la limite de l'espalier. On le traite d'abord comme les autres; puis, au lieu de l'abaisser sur l'angle de 45°, on lui fait dépasser un peu cette inclinaison. L'année suivante, on l'abaisse encore; et, lorsqu'enfin la tige a acquis assez de longueur pour que, placée horizontalement, elle occupe tout l'espace qu'indique notre figure, on la met en place et on laisse développer pendant l'été suivant les bourgeons destinés à former les quatre ou cinq branches du dessus.

Les espaliers soumis à cette forme peuvent être complétés dans l'espace de cinq ans; ce qui fait gagner au moins dix ou douze ans sur le laps de temps nécessaire pour obtenir le même résultat avec toutes les autres dispositions.

La fructification a lieu pendant le quatrième été, et elle arrive à son maximum vers le sixième été, ce qui ne peut être obtenu, avec les autres grandes formes, que vers la vingtième année. Si l'on n'a qu'une très-petite étendue de murs propres aux espaliers de poirier, on ne pourra y placer qu'un petit nombre d'arbres soumis aux grandes formes; la durée de la consommation de ces fruits sera peu prolongée, parce qu'on ne pourra cultiver qu'un très-petit nombre de variétés. Qu'on adopte, au contraire, la forme en cordon oblique, et l'on pourra avoir un nombre de variétés différentes égal à celui des arbres plantés, et une consommation de fruits beaucoup plus prolongée. Ajoutons encore que, si l'un des poiriers soumis aux grandes formes vient à périr, il faudra attendre quinze à dix-huit ans pour que celui qu'on replantera remplisse le vide. Avec les cordons obliques, il suffira de procéder ainsi : ouvrir un trou de $0^m,40$ de largeur et de $0^m,50$ de profondeur au milieu de l'espace laissé libre par l'arbre mort. Couper les racines des arbres voisins qu'on trouvera sur les deux côtés de cette tranchée. Enfoncer jusqu'au niveau du sol, sur ces deux côtés, deux planches très-minces de $0^m,50$ en carré; puis planter le nouvel arbre dans cette sorte d'encaissement, en employant de la terre bien amendée et en choisissant un arbre appartenant à une variété vigoureuse. Les planchettes dont nous venons de parler empêchent les racines des arbres d'envahir l'espace réservé à celui que l'on plante. Elles pourrissent bientôt; mais le nouvel arbre est alors en état de se défendre. En opérant ainsi, le vide est comblé dans l'espace de cinq à six ans. Nous ferons enfin remarquer que cette sorte de charpente est la plus simple de toutes, la plus facile à établir, et que l'inclinaison régulière donnée à chaque tige met à la portée de tous les jardiniers les moyens à employer pour y répartir également l'action de la séve.

Les objections suivantes ont été faites à l'égard de cette forme: on a craint que le peu d'étendue donnée à la charpente de ces arbres ne nuise à leur mise à fruit par suite de leur trop grande vigueur; cette vigueur étant en raison de la surface de terrain dont les racines des arbres peuvent disposer, et ceux-ci étant plantés seulement à $0^m,40$ d'intervalle, cette crainte n'est pas fondée. On a dit aussi que des arbres ainsi rapprochés ne pourraient pas vivre; mais on ne demande à chacun d'eux qu'une charpente d'une étendue proportionnée à celle du sol où les racines peuvent s'étendre. On a encore objecté qu'une plantation semblable est plus coûteuse à établir qu'en suivant l'ancien mode. Cela est vrai comme première dépense; mais, outre que les opérations de la taille sont bien plus rapidement exécutées, on obtient le produit maximum de l'espalier vers la sixième année après la plantation, et ce résultat ne peut être obtenu avec les grandes formes que vers la vingtième année. On a donc avec le cordon oblique quatorze ans de produit maximum qui peuvent payer trois ou quatre fois la différence des frais de plantation. D'ailleurs rien n'empêche d'établir une petite pépinière et d'y élever les jeunes arbres qu'on plantera à demeure lorsqu'ils auront un an de greffe. La dépense en argent sera nulle, mais il en résultera un retard de deux à trois ans. Enfin on a fait remarquer que, pour donner une étendue suffisante à la tige de chacun de ces arbres, il faut que le mur ait une certaine élévation. Cela est vrai; mais il suffit, comme minimum de hauteur, de 2^m, 50. Nous concluons donc que, pour les murs ayant au moins 2^m, 50 d'élévation, c'est la forme en *cordon oblique simple* qu'il faudra préférer; pour les murs moins élevés, on sera obligé de s'en tenir à la *palmette Verrier*.

Treillage pour les poiriers en cordon oblique simple. — Le treillage le plus simple pour les arbres soumis à cette forme est celui indiqué par la figure 106. Pour un mur de 3 mètres d'élévation, trois traverses en bois ou en fil de fer solidement fixées contre le mur, puis une série de lattes attachées sur ces traverses tous les 0^m, 40 et inclinées suivant l'angle de 45 degrés; chacune de ces lattes sert à conduire la tige des jeunes arbres.

Il sera encore beaucoup moins coûteux de remplacer ce treillage en bois par le treillage en fil de fer imaginé par M. Thiry jeune (fig. 107). On enfonce aux points A, B, C, D, E, F un clou rond (fig. 105) solidement fixé; puis aux points G, H, I, J, K, L, une petite patte trouée (fig. 97). On fixe l'extrémité du fil de fer au point A, puis on le fait passer par les trous des pattes G, H; il s'appuie sur les deux clous B, C, traverse

Fig. 105.—Clo rond pour conduire les fils de fer.

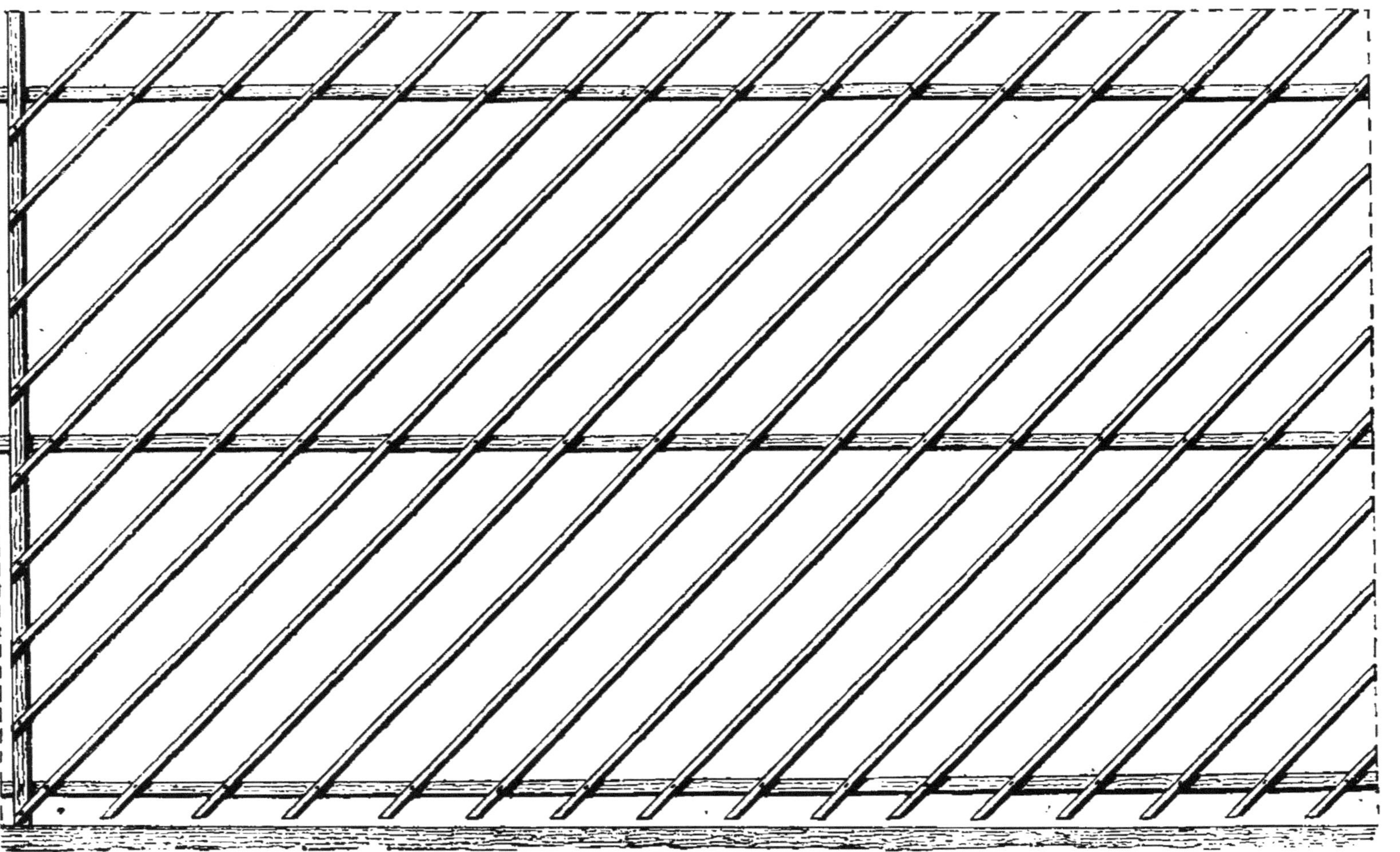

Fig. 106. — Treillage en bois pour les poiriers soumis à la forme en cordon oblique simple.

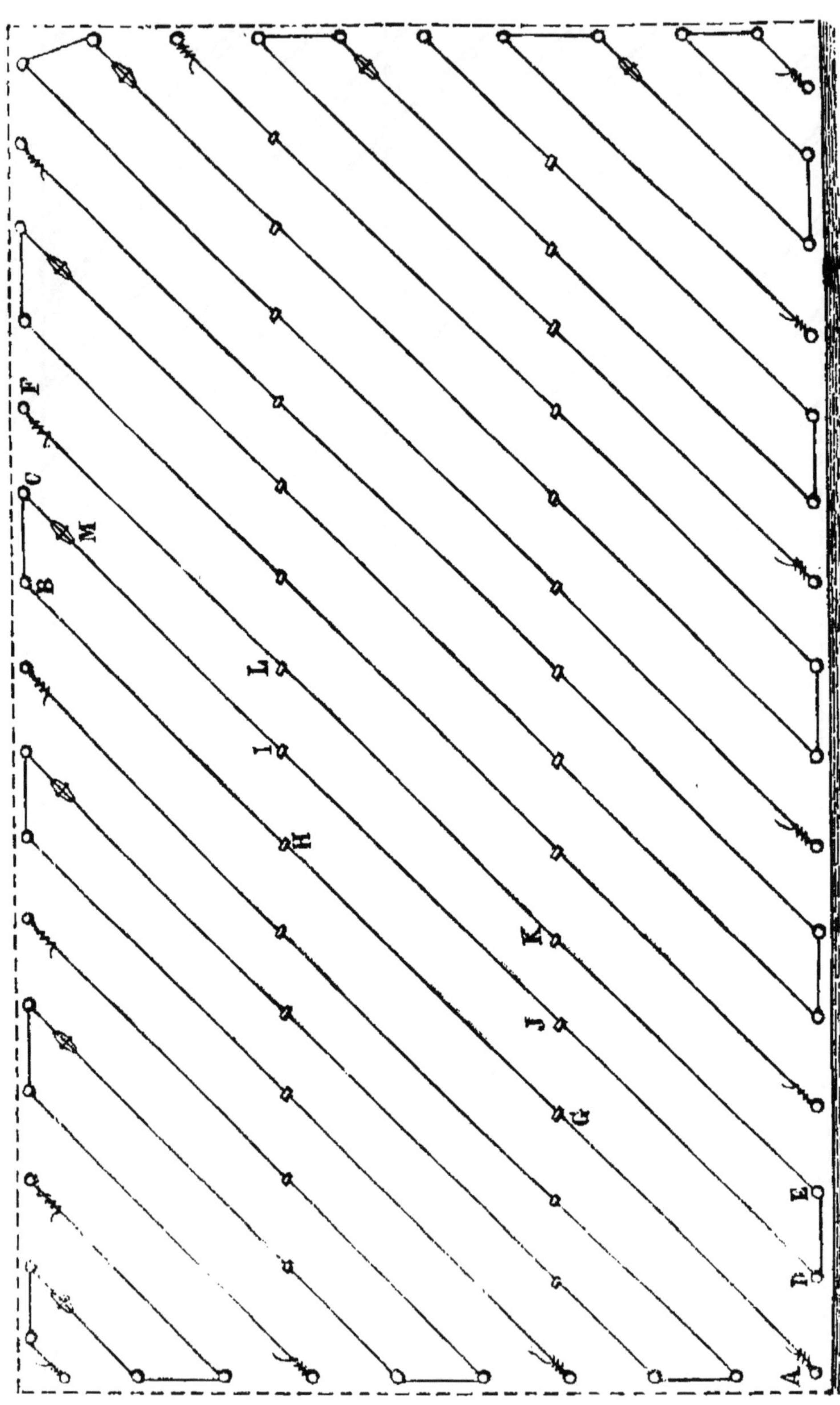

Fig. 407. — Treillage en fil de fer pour les poiriers en cordon oblique simple.

les deux pattes I, J, passe sous les deux clous D, E, traverse les pattes K, L, et vient se fixer sur le clou F. Pour tendre convenablement ce fil de fer (p. 89, fig. 98). on y fait passer, après l'avoir appuyé sur le clou C, un tendeur M qui reste fixé au point indiqué par notre figure.

Pour le faire agir convenablement sur ces trois lignes, on place une goutte d'huile sur les clous B, C, D, E, au point où le fil de fer glisse à leur surface; puis on fait mouvoir le tendeur au moyen de la clef. La même opération étant répétée sur toute la longueur du mur, celui-ci se trouve couvert d'une série de fils de fer parfaitement tendus, couchés parallèlement suivant l'angle de 45 degrés et placés à 0m, 40 les uns des autres. Ces treillages en fil de fer galvanisé, n° 14, sont fournis par M. Thiry au prix de 44 centimes le mètre carré, non compris la pose.

Taille du poirier en cordon vertical (Du Breuil). — Les murs contre lesquels on veut établir des espaliers de poiriers présentent parfois une hauteur exceptionnelle, comme cela peut avoir lieu pour des pignons de bâtiments, qui dépassent souvent 8 mètres de hauteur. On pourra choisir pour ces surfaces la forme en cordon oblique; mais la longueur que l'on sera obligé de donner à la tige des arbres, par suite de leur inclinaison sur l'angle de 45 degrés, rendra la formation de ces espaliers assez lente. Nous conseillons donc, toutes les fois que le mur présentera une hauteur de 4 mètres au moins, de préférer la forme en *cordon vertical* (fig. 108) à celle en *cordon oblique*.

On procède à la plantation exactement comme pour le cordon oblique, avec cette seule différence que les arbres sont plantés dans une position verticale, et qu'on les place à une distance de 0m, 30 seulement les uns des autres. On allonge successivement la tige jusqu'au sommet du mur en suivant complétement les indications que nous avons données pour le cordon oblique.

Si l'on ne peut faire usage du palissage à la loque pour fixer ces tiges contre le mur, on aura recours soit au treillage en bois construit comme l'indique la figure 109, soit à un treillage en fil de fer semblable à celui indiqué par la figure 110, et qui est beaucoup moins coûteux que celui en bois.

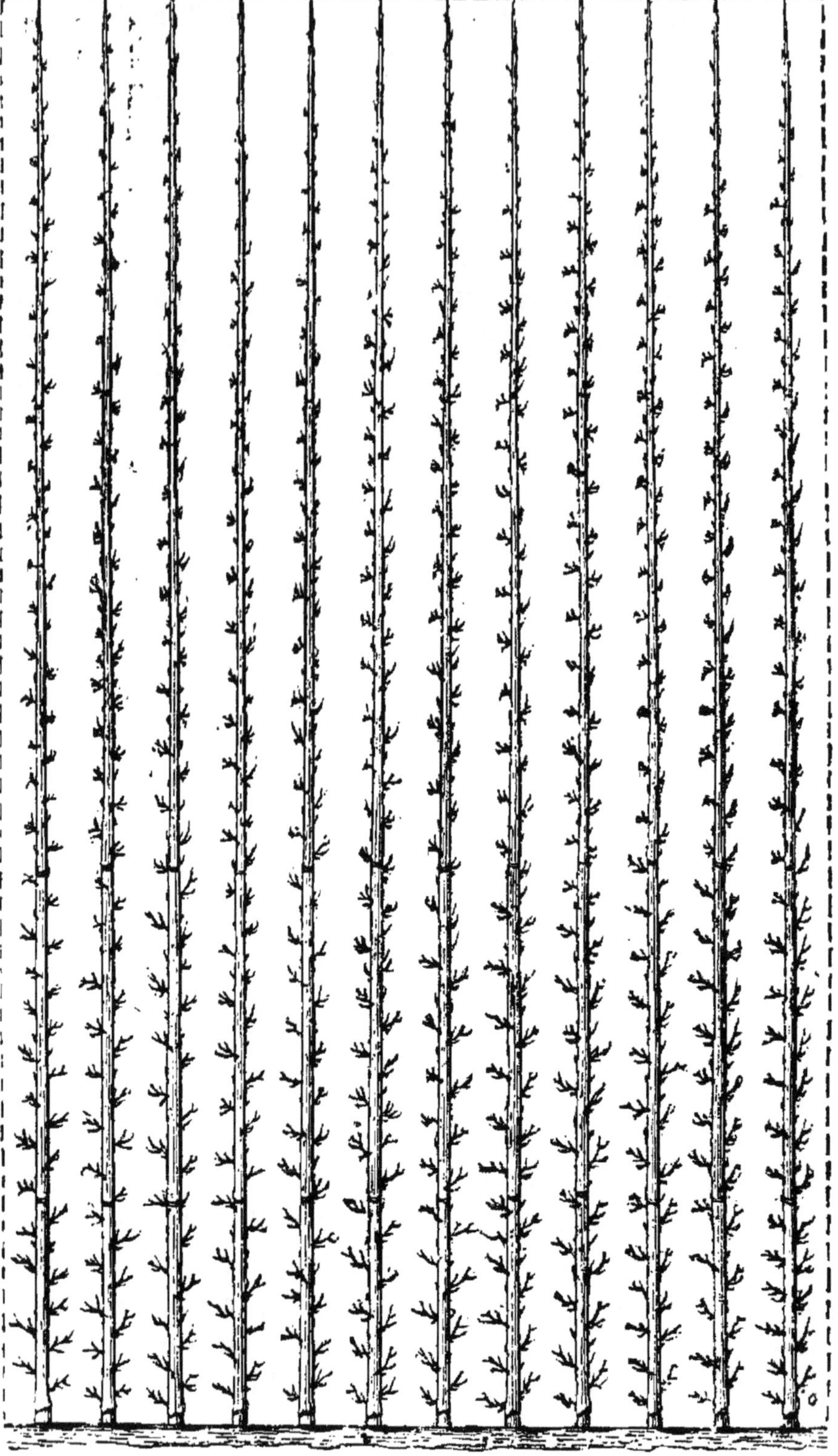

Fig. 108. — Espalier de poiriers soumis à la forme en cordon vertical.

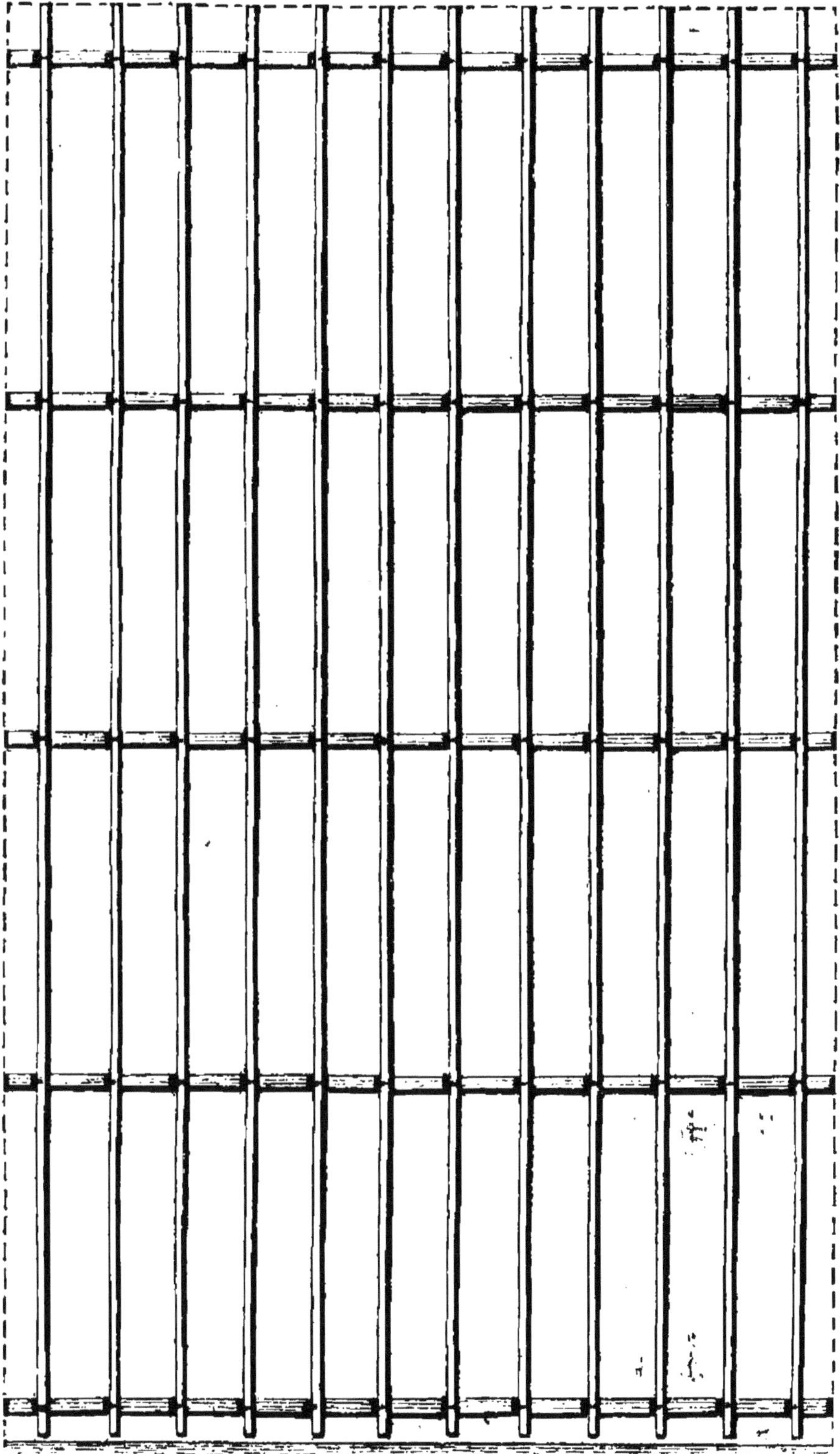

Fig. 109. — Treillage en bois pour les poiriers en cordon vertical.

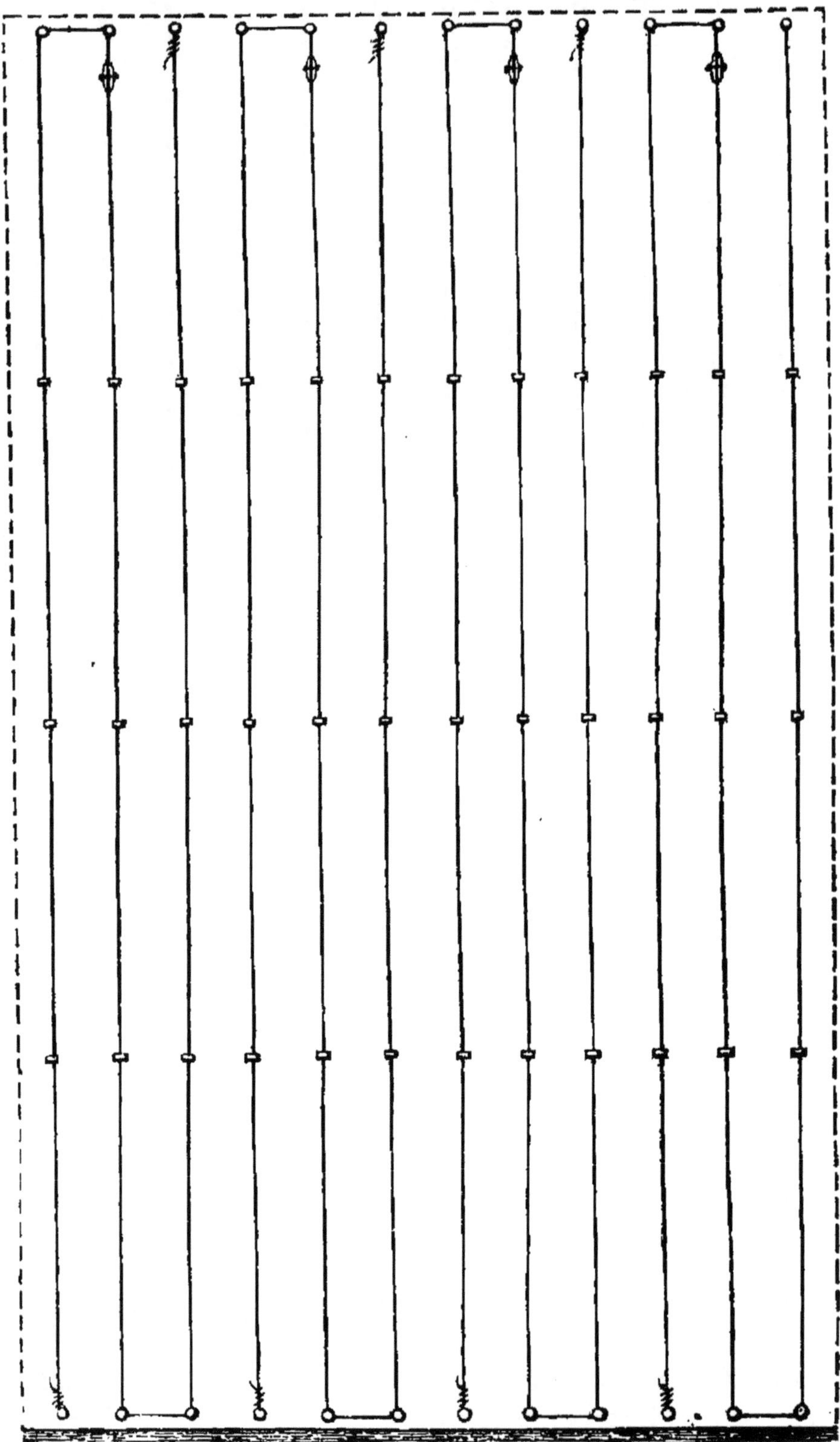

Fig. 110. — Treillage en fil de fer pour les poiriers en cordon vertical.

Taille du poirier à haut vent. — Ce n'est pas dans le jardin fruitier ou dans le potager fruitier qu'on cultive ordinairement les poiriers à haut vent. Leur tête volumineuse nuit trop, par son ombrage, aux cultures qu'on leur associe; leur place est dans les vergers. On réserve entre eux un intervalle de 10 à 14 mètres, suivant le degré de fertilité du terrain.

Le plus souvent encore aujourd'hui, on abandonne à eux-mêmes le développement et la formation de la tête des poiriers de haut vent, et c'est un tort. Il en résulte que les branches, plus favorisées d'un côté que de l'autre, donnent à la tête une forme irrégulière, et que l'arbre s'incline du côté le plus chargé. D'ailleurs, il se produit une confusion telle dans le centre de la tête, que, la lumière ne pouvant y pénétrer, cette partie reste complétement stérile.

Pour éviter ces inconvénients, il convient de diriger la formation de la charpente de façon que les branches principales, naissant toutes au sommet du tronc, rayonnent régulièrement autour de ce point, en suivant d'abord une ligne presque horizontale, pour se redresser ensuite et s'élever verticalement. La tête de l'arbre, maintenue complétement vide, offre alors la forme d'une sorte de gobelet. Elle présente autant de volume que si on l'eût abandonnée à elle-même, mais elle est plus régulière, et surtout la lumière pourra éclairer la face interne, ce qui doublera le produit. Voici quels sont les moyens à employer pour imprimer à la charpente de ces arbres la disposition dont nous venons de parler.

Admettons que ces poiriers soient greffés en tête un an après leur plantation à demeure. On ne laissera développer sur la greffe, pendant l'été qui suivra l'operation, que deux, trois ou quatre bourgeons, suivant la vigueur de la végétation, mais toujours de manière que ces bourgeons soient également distribués autour de la tige. Quant aux bourgeons superflus, on les pincera dès qu'ils auront atteint une longueur de 0m, 10 environ. On empêchera en outre, au moyen du pincement, que certains des bourgeons conservés ne deviennent plus vigoureux que les autres.

Au printemps suivant, si l'on a conservé trois bourgeons, l'arbre présente l'aspect de la figure 111. On raccourcit alors cha-

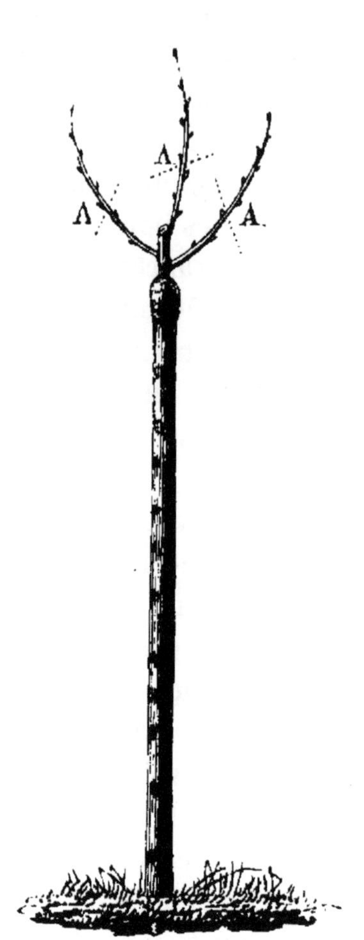

Fig. 111. — Poirier à haut vent, première année de greffe.

Fig. 112. — Poirier à haut vent, deuxième année de greffe.

cun des rameaux en A, à 0^m, 20 environ de leur naissance, au-dessus de deux boutons placés de chaque côté, et qui devront seuls, pendant l'été qui suit, se développer vigoureusement. Tous les autres sont pincés lorsqu'ils ont 0^m, 08 de longueur, et l'on continue de maintenir une égale vigueur entre les six bourgeons choisis. (Au troisième printemps, le jeune arbre offre une tête composée de six rameaux d'égale force (fig. 112 et 113). On les raccourcit alors à 0^m, 35 ou 0^m, 40 de leur naissance en faisant également] la section au-dessus de deux boutons placés sur les côtés. On répète d'ailleurs les opérations pratiquées pendant l'été précédent.

Enfin, au quatrième printemps, la tête de l'arbre est composée de douze rameaux principaux distribués circulairement et régulièrement autour de la tige. Ces soins suffisent pour imprimer à la tête de l'arbre une bonne disposition, et il n'y a plus qu'à maintenir une égale vigueur entre ces douze ramifications, et surtout à veiller chaque année à la suppression, vers la fin de mai, des bourgeons vigoureux qui naissent à la base et à la face intérieure des branches principales. Ces bourgeons épuiseraient les branches de la charpente et détermineraient dans la tête une dangereuse confusion.

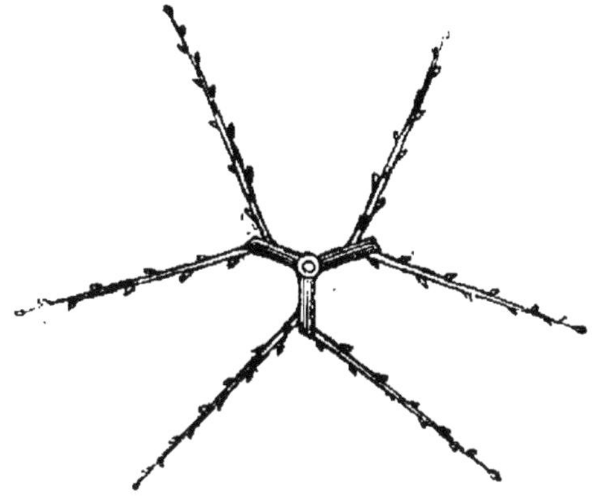

Fig. 113. — Vue en plan de la fig. 112.

Quant aux rameaux à fruit, on en abandonne la formation et l'entretien à la nature.

Si au lieu de greffer ces arbres après leur plantation à demeure on préférait les planter tout greffés, il faudrait les choisir âgés seulement d'un an ou deux de greffe, et pourvus d'au moins deux rameaux principaux convenablement placés pour servir de base à l'établissement de la charpente. Après la plantation, on couperait seulement le tiers environ de la longueur de tous les rameaux. Ce n'est que l'année suivante qu'on appliquerait la première taille, consistant dans la suppression des branches inutiles et dans le raccourcissement de celles conservées, afin de les faire se bifurquer comme nous l'avons indiqué plus haut.

DU POMMIER

Sol. — Le pommier s'accommode de terrains plus humides que ceux qui conviennent au poirier. Mais il prospère surtout dans les sols de consistance moyenne, un peu graveleux et suffisamment frais.

Choix des arbres. — Nous n'avons à cet égard rien à ajouter à ce que nous avons dit du poirier.

Greffe. — Le pommier est greffé sur le *pommier franc*, venu par semis de pepins, ou sur le *pommier doucin*, variété que l'on multiplie par le marcottage, ou enfin sur le *pommier paradis*, multiplié de la même façon.

Le pommier franc est le plus vigoureux de ces trois sujets. On le réserve exclusivement pour les arbres à haute tige. Le pommier doucin, un peu moins vigoureux, est choisi pour les arbres en pyramide, en espalier et en gobelet. Le pommier de paradis n'est employé que pour former ces arbres nains, disposés en petits vases ou buissons dont les fruits, très-volumineux et d'excellente qualité, apparaissent dès la troisième année. Malheureusement la durée de ces arbres est beaucoup plus restreinte que celles des arbres greffés sur franc et sur doucin.

Quant aux greffes employées et au choix que l'on doit en faire, tout ce que nous avons dit à cet égard pour les poiriers s'applique également aux pommiers.

Variétés. — Quoique moins considérable que celui des poiriers, le nombre des variétés de pommiers à fruits de table est encore assez étendu. On en compte aujourd'hui plus de cent cinquante, parmi lesquelles nous indiquons les suivantes comme les meilleures pour chaque mois de l'année.

NOMS DES VARIÉTÉS et DES SYNONYMES.	ÉPOQUE de MATURITÉ.	NOMS DES VARIÉTÉS et DES SYNONYMES.	ÉPOQUE de MATURITÉ.
Calville rouge d'été. .	Août.	*Golden pipin.*	
Passe-pomme rouge.		*Rousse jaune tardive.*	
Borowiski.	Fin d'août.	Cornish gillyflower. . .	Déc. à février.
Monstruous pipin. . .	Sept. et oct.	Pigeon d'hiver. . . .	Déc. à février.
Louis XVIII.	Octobre.	*Gros pigeon.*	
Belle Dubois.		Craveinstein.	Déc. à février.
Rode-Island.		Reine des reinettes. . .	Déc. à février.
Gloria mundi.		Reinette gr. du Canada.	Déc. à février.
Pater noster.		Reinette du Canada bl.	Janv. à mars.
Reinette blanche. . . .	Oct. et nov.	Royale d'Angleterre. .	Janv. à mars.
Reinette d'Espagne.		*Grosse reinette d'An-*	
Reinette tendre.		*gleterre.*	
Quatre goûts côtelée. .	Oct. et nov.	Calville blanc d'hiver. .	Janv. à mars.
Pomme violette.		*Bonnet carré.*	
Calville rouge d'aut.		Bedfordshire foundling	Janv. à mars.
Pomme grelot.		Api gros	Janv. à mars.
Calville de St.-Sauveur.	Novembre.	Reinette de Hollande. .	Janv. à mars.
Belle Joséphine. . . .	Novembre.	Reinette blanche. . . .	Févr. à mai.
Ménagère.		*Reinette blanc. dure.*	
Brabant belle fleur. . .	Nov. et déc.	Reinette du Vigan. . .	Févr. à mai.
Reinette d'Angleterre. .	Nov. déc. qqf.	Reinette fr. à côtes. .	Févr. à mai.
Pomme d'or.	jusq. mars.	Reinette franche ordin.	Février à mai
Citron.	Décembre.		jusq. août.
Reinette dorée.	Nov. déc. qqf.	Reinette gr. h. bonté. .	Février à mai
	jusq. mars.	*Reinette de Rouen.*	jusq. juillet.
		Reinette de Caux. . . .	Février à mai

TAILLE.

Le pommier peut être cultivé comme le poirier, soit en plein vent, soit en espalier. Cependant la position en plein vent est plus favorable que celle en espalier. Le pommier redoute plus que le poirier les expositions chaudes; il lui faut un air frais et un peu humide. Toutefois quelques variétés, telles que les *reinette du Canada, franches, dorées,* le *calville blanc,* l'*api,* le *pigeon d'hiver,* etc., supportent plus facilement la chaleur, et peuvent être placés en espalier, mais à l'exposition de l'ouest.

Taille des pommiers en espalier. — Si l'on veut placer quelques pommiers en espalier, on pourra donner à leur charpente l'une des formes que nous avons recommandées pour le poirier ; elles conviennent toutes également au pommier, et celui-ci sera planté de la même façon. Quant à la taille des rameaux à fruit, on opérera exactement comme nous l'avons recommandé pour le poirier.

Taille des pommiers en plein vent. — La forme en pyramide peut être appliquée au pommier, mais il se prête moins bien que le poirier à cette disposition. Lors donc qu'on voudra donner à la charpente des pommiers en plein vent une certaine étendue, il sera plus convenable de les soumettre à la forme en *vase* ou *gobelet à branches croisées*, décrite page 66, pour le poirier ou celle en *contre-espalier double en cordon vertical* décrite plus haut pour la même espèce. On suivra pour cela les mêmes indications.

La forme que l'on avait particulièrement adoptée pour les pommiers cultivés dans le jardin fruitier était celle en buisson ou petits gobelets plus ou moins réguliers et appliqués à des arbres greffés sur paradis. Ces petits arbres, d'une grande fertilité, mais d'une durée assez restreinte, étaient réunis en un seul massif et plantés à 1 ^{m}, 30 environ les uns des autres. On a apporté à cette culture un perfectionnement notable en soumettant ces arbres à la forme en *cordon horizontal unilatéral*, que nous allons décrire (fig. 114).

Choisir des pommiers d'un an de greffe sur paradis, si le sol est de bonne qualité, ou sur doucin, si le sol est sec et brûlant. Les planter en une seule ligne à 1 ^{m}. 50 d'intervalle pour les paradis, et à 2 mètres pour les doucins. Supprimer, en plantant, le tiers de la longueur des jeunes tiges, et abandonner le développement à lui-même pendant tout l'été. L'année suivante, lors de la taille d'hiver, placer un fil de fer (A) n° 14 et galvanisé sur la ligne de plantation ; ce fil de fer, solidement fixé à chaque extrémité, est roidit le plus possible au moyen d'un tendeur B, et supporté tous les 8 mètres par un petit poteau en bois (C) à 0 ^{m}, 40 au-dessus du sol. Ce fil de fer ainsi placé, abaisser chacune des tiges dans une position horizontale, en les fixant sur le fil de fer. Pendant l'été suivant, supprimer tous les bourgeons qui naissent sur la partie verticale de la tige. Ils absorberaient trop de séve au détriment de la partie horizontale. Appliquer à tous les autres bourgeons les soins décrits à l'article du poirier pour les transformer en rameaux à fruit. Laisser le bourgeon de prolongement complétement libre pendant tout l'été. Lors de la taille d'hiver suivante, opérer les rameaux à fruit comme ceux du poirier. Laisser le nouveau prolongement entier; sa position horizontale suffit pour y faire développer tous les boutons. Le fixer sur le fil de fer.

On continue ce mode d'opérer jusqu'au moment où chaque tige, en s'allongeant, rencontre la naissance de la tige suivante. Dès qu'elles ont dépassé de 0 m. 50 l'arbre qui suit, on greffe par approche, en mars, l'extrémité de chaque tige en D au point de départ du cordon suivant. Cette greffe est pratiquée comme le montre la figure 115. L'année suivante, la greffe étant parfaitement soudée, on coupe l'extrémité des cordons en A. Il en résulte alors que la séve surabondante d'un arbre passe au profit de l'arbre suivant, et que, la séve pouvant ainsi parcourir toute la longueur de la ligne, tous ces petits arbres présentent le même degré de vigueur. L'ensemble de cette plantation présente alors l'aspect de la figure 114.

Ces cordons de pommiers, si faciles à former et qui sont à fruit dès la seconde année de plantation, pourront être très-convenablement placés sur le bord de tou-

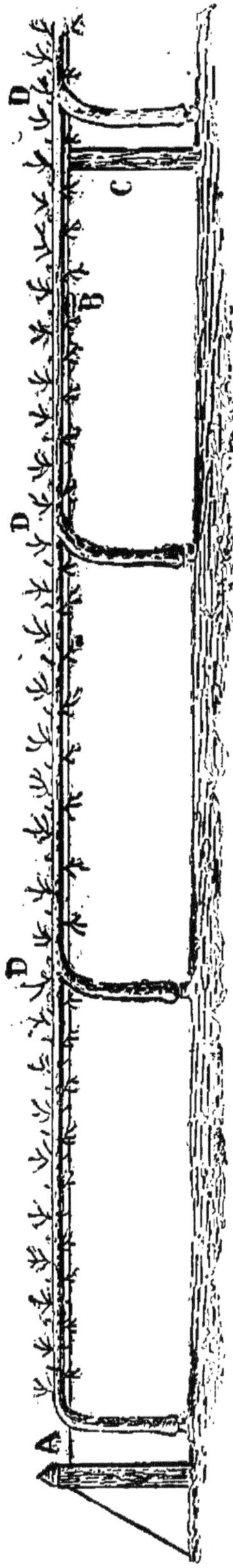

Fig. 114. — Pommier soumis à la forme en cordon horizontal unilatéral.

tes les plates-bandes d'espalier ou de contre-espalier. Là ils occu-

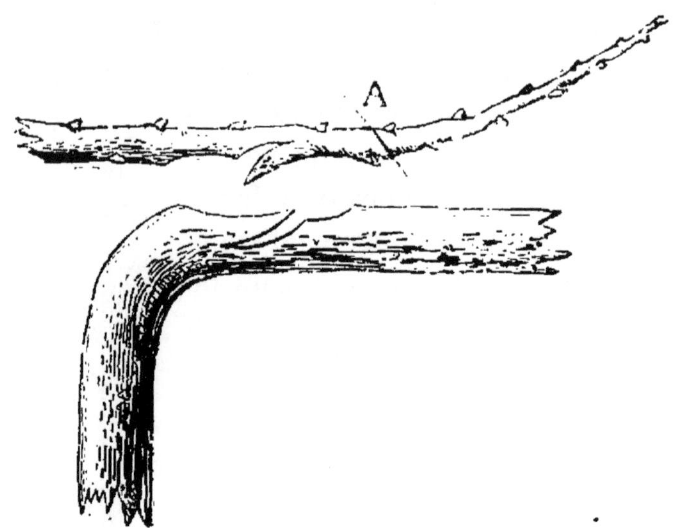

Fig. 115. — Greffe par approche pour les pommiers en cordon horizontal.

peront une place qui ne pourrait être mieux utilisée, et leur faible hauteur n'empêchera pas d'approcher des espaliers.

DU PÊCHER

Sol. — Le pêcher exige un sol profond, perméable, de consistance moyenne, contenant une certaine proportion de matière calcaire et surtout exempt d'humidité surabondante. On peut donner aux terrains qui ne remplissent pas ces conditions les qualités qui leur manquent, soit au moyen de défoncements, soit en rapportant des terres que l'on mélange au moyen de ce défoncement.

C'est presque exclusivement en espalier qu'on cultive le pêcher. Dans cette position il s'accommode des expositions de l'est, du sud et du sud-ouest, mais il préfère le sud-est.

Choix des arbres. — Les pêchers sont presque toujours plantés tout greffés. Ils doivent n'avoir qu'un an de greffe, être sains, vigoureux, et porter à leur base des boutons bien conformés. Le choix des sujets sur lesquels le pêcher a été greffé a une certaine importance pour le succès de la plantation. Les sujets d'amandier sont préférés pour les sols profonds et qui ne conservent pas d'humidité surabondante, les greffes sur prunier pour les sols humides; les racines de ce sujet ayant une tendance à s'enfoncer moins profondément que celles de l'amandier, elles échappent plus facilement à cette influence pernicieuse. Malheureusement ces arbres sont moins vigoureux et vivent moins longtemps.

Greffe. — Ces deux sujets reçoivent la greffe en écusson à œil dormant ou en écusson double, le premier au commencement de septembre, le second en juillet.

Variétés. — On cultive aujourd'hui une cinquantaine de variétés de pêchers. Mais plusieurs ne conviennent qu'au midi de la France et d'autres ne sont que médiocres. Nous donnons ici la liste de quelques-unes des meilleures pour chaque époque de maturité.

NOMS DES VARIÉTÉS et DES SYNONYMES.	ÉPOQUE de MATURITÉ.	NOMS DES VARIÉTÉS et DES SYNONYMES.	ÉPOQUE de MATURITÉ.
Desse hâtive.	Fin de juillet.	Brugnon de Stanwick. .	Mi-septemb.
Grosse mignon. hâtive.	Com' d'août.	Admirable jaune. . . .	Fin septemb.
Pourprée hâtive. . . .	Mi août.	Admirable.	Fin septemb.
Grosse mignon. tardive.	Fin d'août.	*Belle de Vitry.*	
Belle Bausse.	Fin d'août.	Bourdine de Narbonne.	Fin septemb.
Reine des vergers. . .	Com' de sept.	*Grosse royale.*	
Madeleine r. courson. .	Mi-septembre	Chevreuse tardive. . .	Fin septemb.
Lisse gros. violette hât.	Mi-septembre	*Bonouvrier.*	
Violette de courson.		Desse tardive.	Com' octob.

TAILLE.

Le pêcher en espalier peut être soumis à des formes très-variées. Nous ne décrirons ici que la forme en *palmette Verrier* et celle en *cordon oblique simple*, parce qu'elles sont faciles à obtenir, et qu'elles se prêtent bien à toutes les exigences locales.

Taille d'un Pêcher en palmette Verrier. — *Formation de la charpente.*—Les arbres soumis à la forme en palmette Verrier sont en tout semblables aux poiriers soumis à cette forme (fig. 84, p. 78) La seule différence qui existe entre ces deux espèces c'est que, dans le poirier, les branches sous-mères sont placées à 0 m, 30 seulement l'une de l'autre, tandis qu'un espace de 0m, 50 à 0 m, 60 est nécessaire pour le pêcher, afin de permettre le palissage des bourgeons latéraux pendant l'été. En outre, toutes les branches mères ou sous-mères sont garnies, seulement sur les côtés, de rameaux à fruits, naissant à environ 0 m, 10 les uns des autres.

Ces pêchers doivent être plantés à une distance telle les uns des autres, qu'ils puissent couvrir sur le mur une surface moyenne de 18 m, carrés. Ainsi, pour un mur de 3 mètres d'élévation, il faudra les planter à 6 mètres les uns des autres.

Première taille. — Les poiriers, ainsi que toutes les autres espèces ne doivent recevoir la première taille qu'après leur reprise, c'est-à-dire une année environ après leur plantation; le pêcher seul fait exception; on doit le tailler l'année même de la plantation. Autrement les boutons de la base que l'on a besoin de faire développer en bourgeons seraient complétement anéantis l'année suivante.

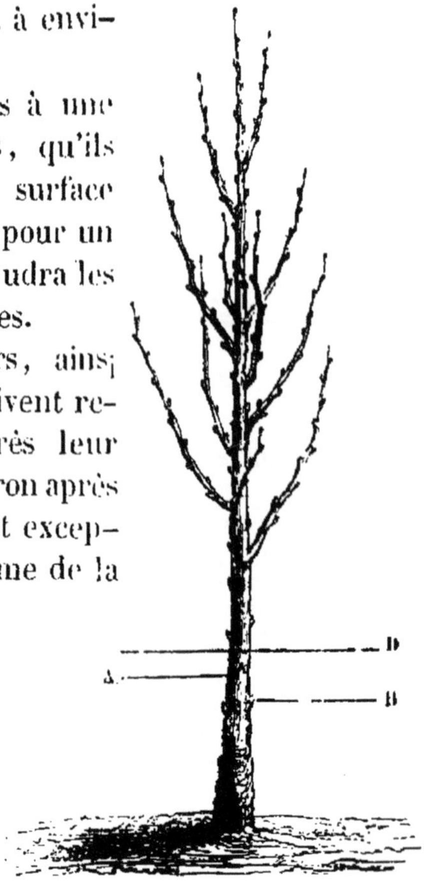

Cette première taille a pour but de faire développer, vers la base de l'arbre, les deux premières branches sous-mères, et d'obtenir un nouveau prolongement de la tige. A cet effet, on

Fig. 116. — Première taille du pêcher en palmette Verrier.

choisit deux boutons latéraux B (fig. 116), situés à environ 0 m, 30 du sol, plus un bouton A placé au-dessus et en avant; c'est immédiatement au-dessus de ce dernier bouton, au point D, que l'on coupe la tige. Les boutons B sont destinés à former les deux premières branches sous-mères, et le bouton A, le prolongement de la tige.

On choisit, autant que possible, un bouton placé en avant pour prolonger la tige et les branches sous-mères. La petite difformité qui existe au point d'attache de chaque nouveau prolongement est ainsi moins apparente, et la plaie, n'étant pas frappée par le soleil, se cicatrise mieux.

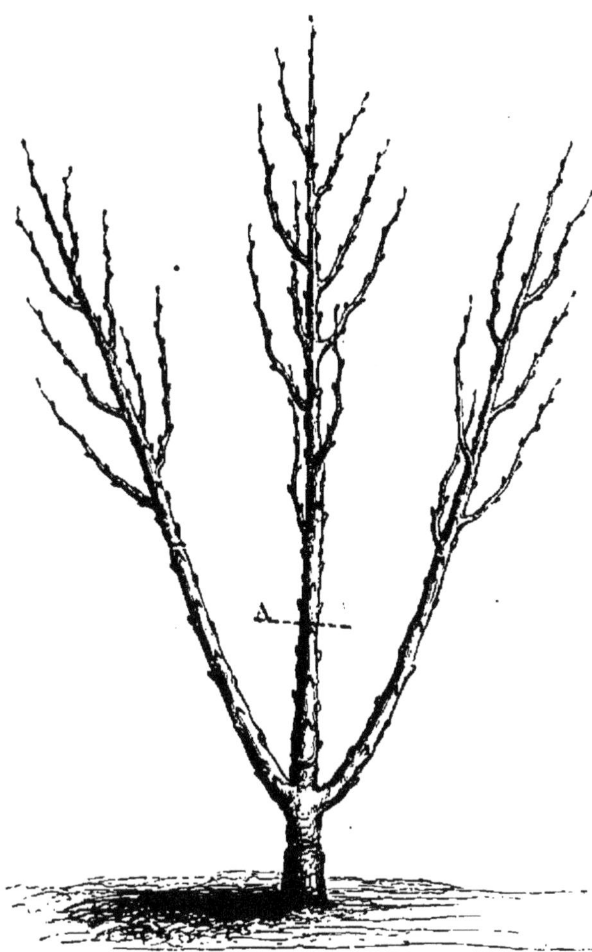

Fig. 117. — Deuxième taille du pêcher en palmette Verrier.

Pendant l'été qui suit, on protége le développement vigoureux des trois boutons choisis. S'il s'en développe d'autres, on les pince lorsqu'ils ont atteint une longueur de 0 m, 15, et on les supprime complétement lorsque les bourgeons réservés ont acquis une longueur de 0 m, 40. On maintient en outre une vigueur égale entre ces bourgeons par les moyens indiqués au chapitre des PRINCIPES DE LA TAILLE.

Deuxième Taille. — La figure 117 indique le résultat des opérations de l'année précédente. Lors de la deuxième taille on supprime le tiers environ de la longueur des branches sous-mères en choisissant un bouton de devant, qui formera le nouveau prolongement. La tige est coupée au point A, à environ 0 m. 30 au-des-

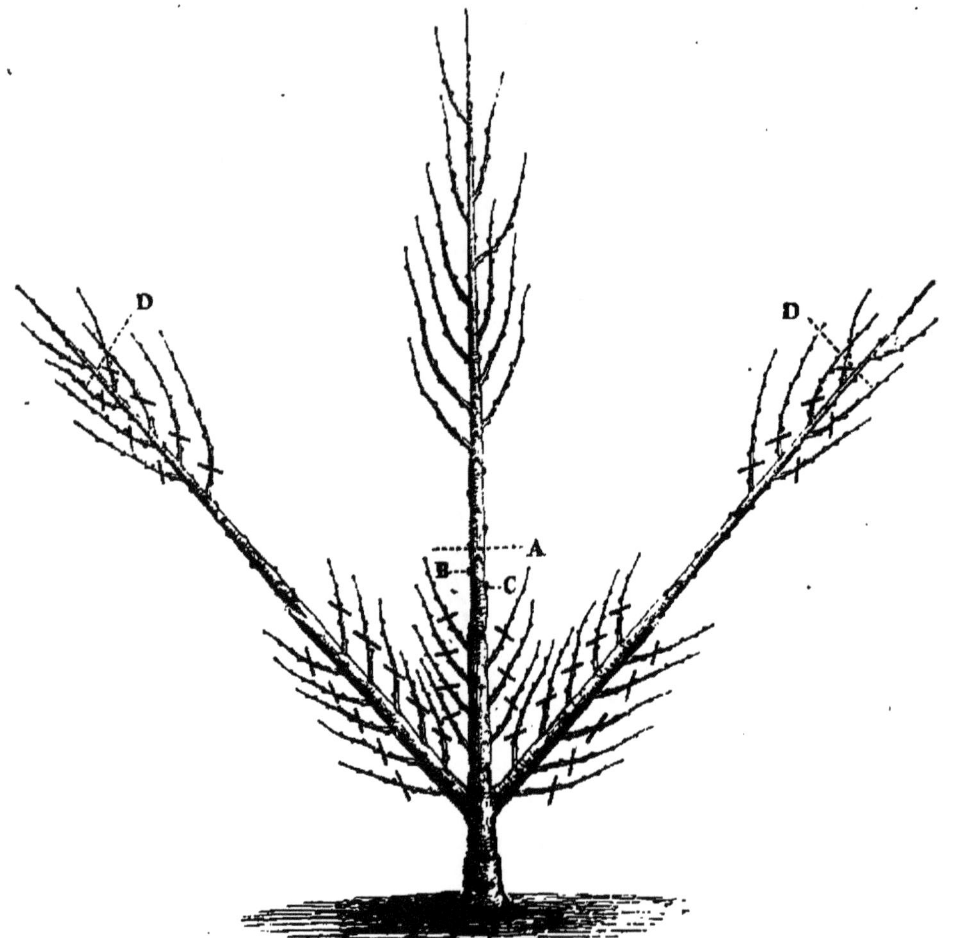

Fig. 118. — Troisième taille du pêcher en palmette Verrier.

sus de la naissance des sous-mères, immédiatement au-dessus d'un bouton de devant. On pourrait couper cette tige plus haut, à 0^m, 60 au-dessus des sous-mères, de façon à obtenir un nouvel étage de sous-mères pendant l'été suivant, mais il est plus prudent de laisser un intervalle de deux ans entre l'obtention des premières sous-mères et celle des secondes. On favorise ainsi l'accroissement des ramifications inférieures de l'arbre qui ont toujours une tendance à devenir moins vigoureuses que celles du sommet.

Pendant l'été suivant, on donne au bourgeon terminal de chacune de ces branches les soins nécessaires pour qu'ils conservent le même degré de vigueur. Quant aux autres bourgeons, on leur applique les opérations décrites plus loin (page 119), pour les transformer en rameaux à fruit.

Troisième taille. — Au troisième printemps le jeune pêcher offre l'aspect de la figure 118. On coupe alors la branche mère à environ 0 m, 60 de la naissance des sous-mères, en A, au-dessus de deux boutons latéraux B et C qui doivent développer deux nouvelles branches sous-mères, et d'un bouton placé en avant destiné à prolonger la tige. On supprime sur les branches sous-mères le tiers environ de leur nouveau prolongement en D, afin de déterminer le développement de tous les boutons qu'il porte.

Lors de la taille des branches sous-mères, il importe de donner exactement la même longueur aux branches parallèles, pour maintenir l'équilibre de la végétation entre les deux côtés de l'arbre. Si cependant une branche était devenue plus forte que la branche correspondante, elle serait taillée un peu plus court. Quant aux rameaux à fruit développés vers la partie inférieure de l'arbre, on leur applique les opérations que nous décrirons plus loin (page 124).

Pendant tout l'été on donne aux bourgeons principaux de chacune des branches des soins semblables à ceux de l'année précédete.

Quatrième taille. — Les opérations de l'année précédente ont eu pour résultat (fig 119) de faire naître un nouvel étage de branches sous-mères. On supprime en D un tiers de leur longueur; on coupe en E le tiers de la longueur du nouveau prolongement des sous-mères inférieures. Quant au nouveau prolongement de la tige, on le taille en A, à 0 m. 60 des plus jeunes sous-mères, de façon à obtenir par les boutons B et C un nouvel étage de sous-mères On peut alors en faire naître un chaque année, car les sous-mères inférieures ont acquis assez de force pour attirer à elles la sève dont elles ont besoin pour continuer de s'accroître.

Les soins indiqués plus haut sont répétés pendant l'été.

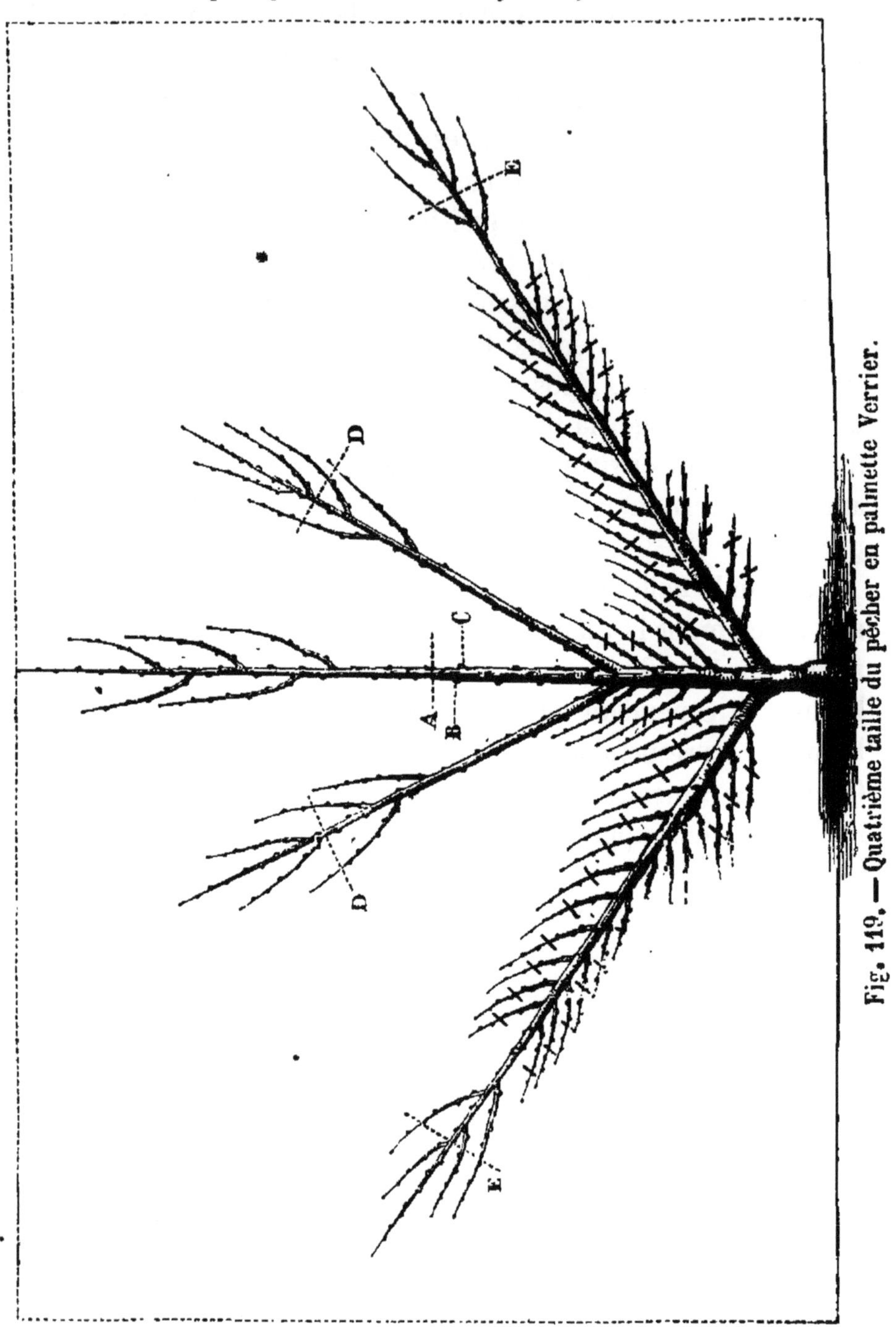

Fig. 119. — Quatrième taille du pêcher en palmette Verrier.

Cinquième taille. — Un troisième étage de branches sous-mères s'est développé pendant l'été précédent (fig. 120). Les prolonge-

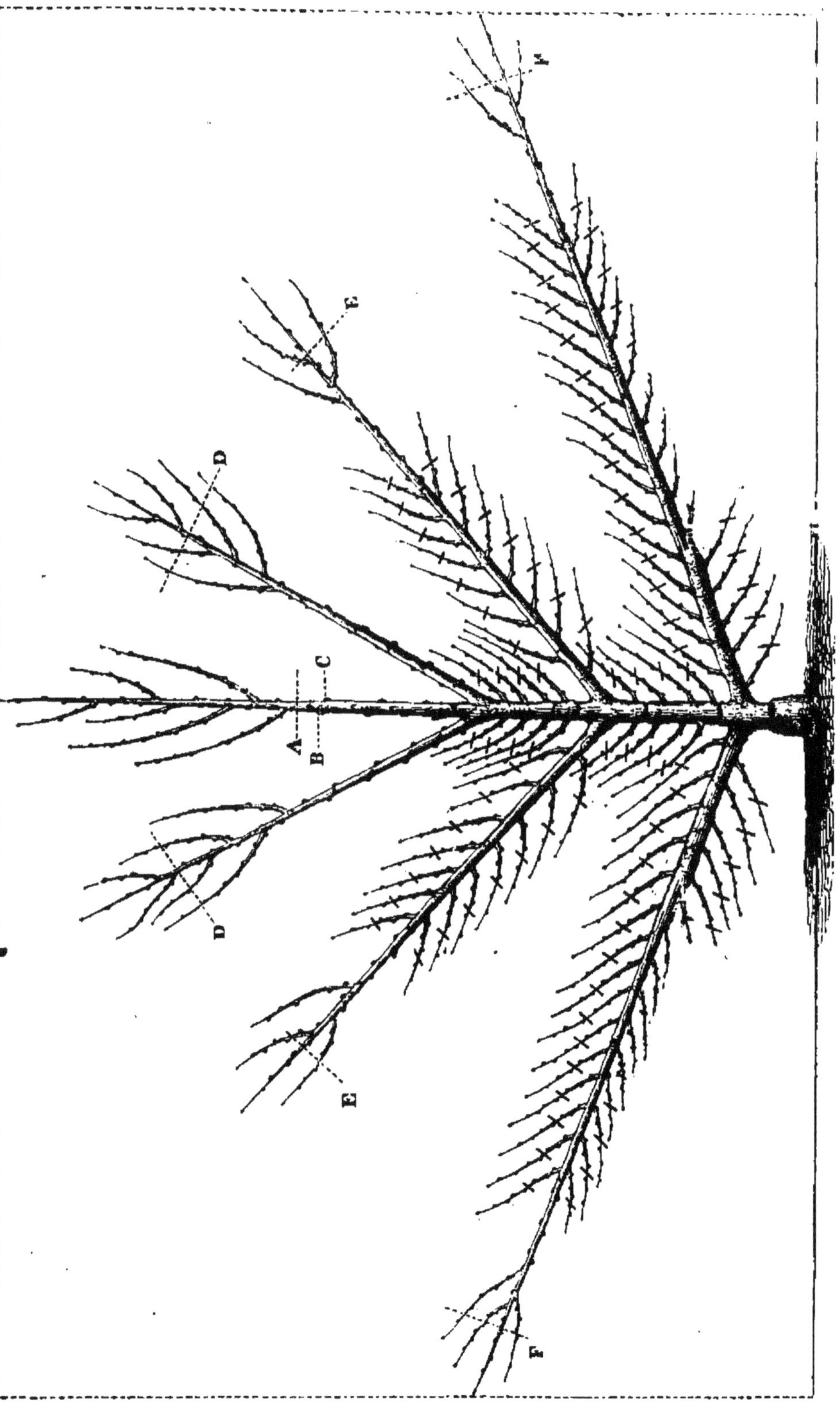

Fig. 120. — Cinquième taille du pêcher en palmette Verrier.

ments des branches sous-mères sont taillés comme les années précédentes aux points D, E, F. Quant à la branche mère, elle est coupée au point A, en vue d'obtenir un nouvel étage au moyen des boutons B et C. Les soins d'été sont les mêmes que précédemment.

Les opérations que nous venons de décrire sont continuées de manière à obtenir chaque année un nouvel étage de branches sous-mères et l'allongement successif de celles-ci jusqu'au moment où elles arrivent successivement au point où leur sommet doit être relevé dans une position verticale comme le montrent les figures 84 et 89, pages 78 et 83. Alors on allonge successivement chacune d'elles jusqu'au sommet du mur. Vers la dixième ou douzième année, les arbres soumis à cette forme offrent l'aspect de la figure 84, page 78, avec cette différence toutefois que les rameaux à fruit sont distribués de chaque côté des branches de la charpente, comme le montre la figure 120.

Palissage de la charpente du pêcher.—Le palissage de la charpente du pêcher doit être exécuté de la même façon et avec tous les soins que nous avons indiqués pour le poirier page 84.

Si l'on ne peut pas employer le *palissage à la loque*, décrit page 85, on fera le *palissage sur treillage*. On doit palisser dans le pêcher non-seulement les branches de la charpente, mais encore, comme nous le verrons plus loin, les rameaux à fruit, après la taille d'hiver, et les bourgeons latéraux pendant l'été. Comme les points d'attache nécessaires pour ces divers palissages doivent être très-rapprochés, on ne pourrait employer le treillage en bois sans une forte dépense. Aussi convient-il de préférer le treillage en fil de fer disposé comme nous l'indiquons pour le poirier (fig. 96, pag. 88), en laissant toutefois un intervalle de 0 m, 08 seulement entre les lignes horizontales. Ce treillage

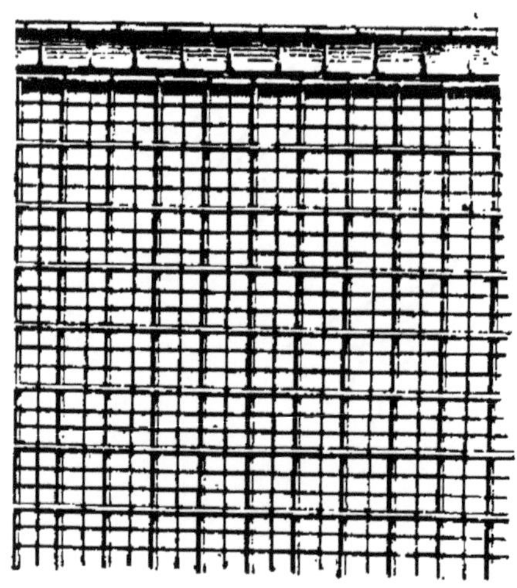

Fig. 121. — Treillage en bois garni de fil de fer pour le pêcher.

ainsi établi coûtera 67 centimes le mètre carré, non compris la pose.

Si déjà le mur où l'on se propose d'établir un espalier de pêcher était couvert d'un treillage en bois à grandes mailles, on pourrait néanmoins l'utiliser pour cette espèce d'arbres. Il suffirait pour cela de diviser les mailles avec des fils de fer, comme le montre la figure 121.

Obtention et remplacement des rameaux à fruit du pêcher. — Il existe une différence bien tranchée entre les rameaux à fruit des arbres à fruits à pepins et ceux des arbres à fruits à noyau. Dans les premiers, la lambourde ne peut être formée que dans l'espace d'environ trois ans ; mais, dès qu'elle est constituée, elle peut vivre et fructifier indéfiniment, pourvu qu'on lui applique les soins qu'elle réclame. Dans les arbres à fruits à noyau, au contraire, et notamment dans le pêcher, les rameaux à fruit épanouissent leurs fleurs dès le printemps qui suit leur naissance, mais ils n'en produisent plus de nouvelles. Celles qui apparaissent l'année suivante ne sortent que sur les nouveaux rameaux qui se sont développés pendant l'été précédent sur le rameau primitif ; d'où il suit que, dans ces arbres, on doit s'occuper d'abord de faire naître les rameaux à fruit, puis de les remplacer chaque année, tandis que dans les arbres à fruits à pepins il suffit de les conserver après les avoir fait naître. Ceci posé, voyons maintenant comment on fait naître et comment on remplace les rameaux à fruit du pêcher.

Nous savons qu'il faut que les rameaux à fruit naissent régulièrement de chaque côté de toutes les branches de la charpente, à environ 0m,10 les uns des autres, de manière que chacune de ces branches ressemble à une arête de poisson. Voici comment on obtient ce résultat :

Première année.— Prenons comme exemple le prolongement quelconque d'une branche de la charpente, prolongement développé pendant l'été précédent (fig. 122). On supprime, lors de la taille d'hiver, une certaine étendue de la longueur de ce nouveau prolongement, afin de faire développer complétement tous les boutons qu'il porte. Sans cette opération, un certain nombre de boutons de la base resteraient endormis, il en résulterait un vide parmi les rameaux à fruit, vide très-difficile à combler, car les boutons qui ne se seraient pas développés pendant cette pre-

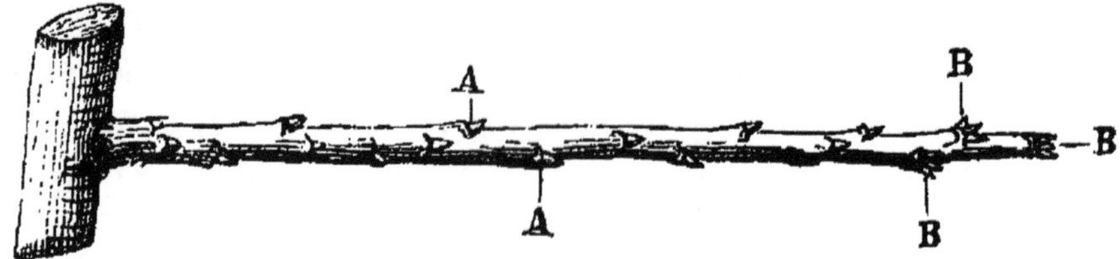

Fig. 122. — Rameau de prolongement de la charpente du pêcher.

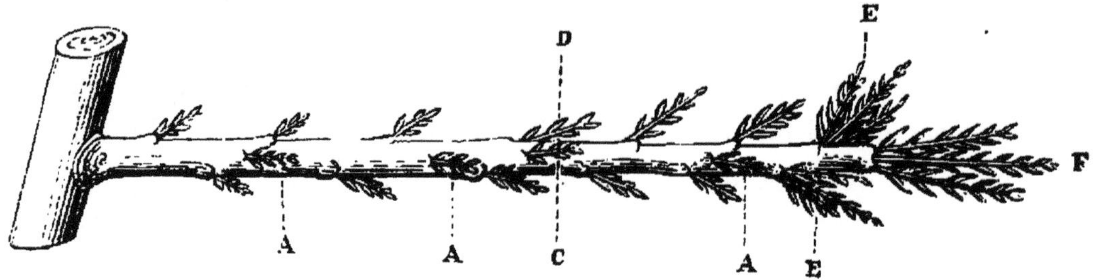

Fig. 123. — Rameau de prolongement de la charpente du pêcher portant de jeunes bourgeons.

mière année seraient éteints l'année suivante. Vers le milieu de mai, ce prolongement offre l'aspect de la figure 123; tous les boutons se sont développés en bourgeons. Dès que ceux-ci ont atteint une longueur de 0^{m},06, on procède à l'*ébourgeonnement*, c'est-à-dire qu'on supprime les bourgeons inutiles qui produiraient de la confusion, absorberaient la séve sans profit et donneraient lieu à des rameaux qu'on serait obligé de supprimer l'année suivante. On enlève donc tous les bourgeons qui naissent en avant (A, fig. 123) ou derrière ces branches. Il n'y a d'exception que pour le cas où les bourgeons latéraux se trouveraient trop éloignés les uns des autres. On prend alors un bourgeon de devant C ou un bourgeon de derrière comme en D. Si l'on avait à choisir entre les deux, il vaudrait mieux prendre le bourgeon de derrière; l'irrégularité serait moins apparente.

Les prolongements des branches de la charpente offrent ordinairement des boutons à bois simples (A, fig. 122); mais souvent aussi ces boutons sont doubles ou même triples, B; il faut ne laisser qu'un seul bourgeon à chacun de ces points. Si ces bourgeons doubles ou triples occupent la place de rameaux à fruit, on conserve le plus faible (E, fig. 123), car on a à redouter, dans ce cas, plutôt un excès de vigueur que trop de faiblesse ; on conservera, au contraire, le plus vigoureux F, s'il s'agit de prolonger la branche. Tous les bourgeons ainsi supprimés ne doivent pas être arrachés, mais coupés à leur base avec la lame du greffoir.

Fig. 124. — Bourgeon du pêcher soumis au pincement.

Les bourgeons conservés ne doivent pas être abandonnés à eux-mêmes, car beaucoup deviendraient trop vigoureux au détriment du bourgeon terminal, qui doit conserver la prééminence; et, de plus, ils n'offriraient pas ou presque pas de boutons à fleur. D'un autre côté, ils ne suivraient pas la direction nécessaire pour la forme qu'il importe de donner à l'arbre. Il faut donc, pendant leur développement, s'opposer à ce qu'ils dépassent un certain degré de vigueur, et leur imprimer une direction convenable.

Le premier de ces résultats s'obtient par le *pincement*. Ainsi les bourgeons latéraux qui, placés à la partie supérieure des branches horizontales ou obliques, et ceux qui, avoisinant le sommet des branches verticales, ont une tendance à devenir plus

Fig. 125.— Pincement des bourgeons gourmands.

Fig. 126. — Résultat du pincement des bourgeons gourmands.

vigoureux qu'il ne convient, doivent être pincés en A (fig. 124), dès qu'ils ont une longueur de $0^m,25$ à $0^m,30$.

Toutefois, si l'on rencontrait certains bourgeons qui, dès leur jeune âge, indiqueraient par leur grosseur et leur vigueur qu'ils se transformeront en bourgeons gourmands (fig. 125), on les couperait en A au-dessus des feuilles de la base dès qu'ils auraient atteint 0m,10. Bientôt il se formera, à la base de ces deux feuilles, des boutons qui se développeront en bourgeons anticipés (B, fig. 126), et qu'on utilisera comme rameaux à fruit lorsque viendra la taille d'hiver.

Quant aux bourgeons qui

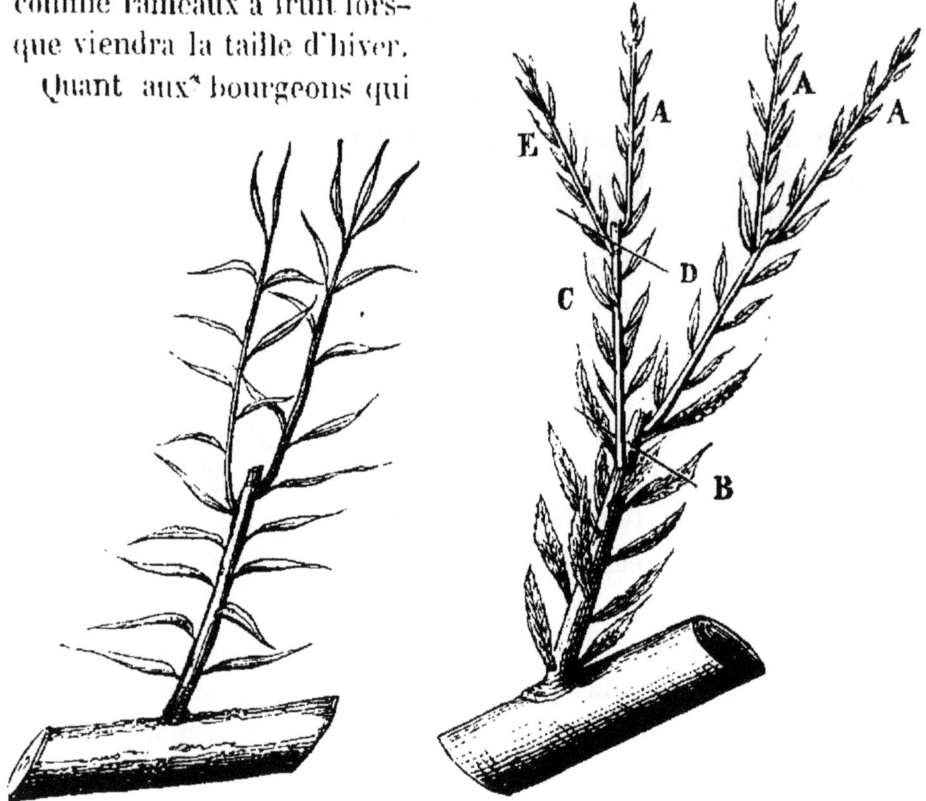

Fig. 127. — Pincement des bourgeons anticipés.

Fig. 128. — Bourgeon de pêcher portant deux générations de bourgeons anticipés.

sont moins vigoureux, on ne pince que ceux dont la longueur dépasse 0m,40.

Un premier pincement suffit quelquefois pour arrêter l'accroissement démesuré des bourgeons destinés à former des rameaux à fruit; mais souvent aussi les bourgeons pincés une première fois développent, vers leur sommet, un ou deux bourgeons anticipés (fig. 127). Ces nouveaux bourgeons sont pincés lorsqu'ils ont atteint 0m,20 : rarement on est obligé de pincer une troisième fois. Si cependant on voyait paraître une seconde génération de bourgeons anticipés sur les premiers, comme en A (fig. 128), on coupera le bourgeon primitif en B, puis le bourgeon C en D. Le seul bourgeon anticipé E que l'on conserve sera en même temps

Fig. 129. — Bourgeon de prolongement du pêcher portant des bourgeons anticipés.

Fig. 130. — Bourgeon anticipé du pêcher soumis au pincement précoce.

soumis au pincement. On évitera ainsi la confusion lors du palissage d'été.

Lorsque le bourgeon gourmand (fig. 129), qui prolonge chaque branche de la charpente, a atteint une certaine longueur, il développe aussi des bourgeons anticipés. Ces produits doivent être également ébourgeonnés et pincés. Toutefois ce mode d'opérer ne donne lieu qu'à des rameaux à fruit mal constitués pour la taille d'hiver suivante. Il sera donc préférable de les opérer ainsi; dès qu'ils montrent la seconde paire de feuilles (E, fig. 130), on les coupe avec les ongles au-dessous de ces deux dernières feuilles. Leur végétation est ainsi suspendue, et l'on obtient pour l'hiver suivant un petit rameau très-court bien préférable à la production résultant du premier mode d'opérer.

Il conviendra de n'appliquer ces diverses opérations aux bourgeons de prolongement que jusqu'au point où l'on suppose que ces bourgeons seront raccourcis, lors de la taille d'hiver suivante. Les pratiquer au delà serait fatiguer l'arbre inutilement.

Nous avons dit qu'il fallait, en outre, imprimer à tous ces bourgeons une direction convenable. Ce second résultat s'obtient au moyen du *palissage d'été*. Voici comment on procède.

Tous les bourgeons sont soumis au palissage d'été. Ceux qui forment le prolongement des branches de la charpente sont attachés contre le mur aussitôt qu'ils ont une longueur de $0^m,30$.

Quant aux bourgeons latéraux, on palisse les plus vigoureux dès qu'ils ont une longueur de $0^m,25$, et les plus faibles dès qu'ils ont $0^m,35$. On attache les uns et les autres de façon à leur faire décrire un angle aigu avec la branche qui les porte. On évite d'enfermer les feuilles dans les ligatures et de faire croiser les bourgeons les uns sur les autres.

Fig. 131. — Rameau à fruit bouquet du pêcher.

Pour fixer ces diverses productions contre le mur, on se sert de clous et de loques, si le mode de construction des murs le permet, ou de jonc vert si l'on palisse sur le treillage. On voit qu'en exécutant le palissage d'été progressivement et non tout d'un coup, comme on le fait trop souvent, on égalise la vigueur des divers bourgeons.

Deuxième année.—Les soins donnés aux bourgeons du pêcher pendant l'été ont pour résultat de les transformer en rameaux constitués comme ceux que nous allons décrire.

Les bourgeons placés au-dessous des branches obliques ou horizontales, et vers leur naissance, se transforment souvent en petits rameaux très-courts, n'offrant presque que des boutons à fleur, et se terminent par un bouton à bois (fig. 131). Ces petites productions, connues sous le nom de *rameaux à fruit bouquet,* ne doivent recevoir aucune taille; ce sont eux qui donnent les plus beaux fruits.

D'autres bourgeons, placés aussi peu favorablement, mais qui cependant se sont allongés un peu plus, donnent lieu à des rameaux longs de $0^m,10$ à $0^m,20$, et qui se couvrent de boutons à fleur sur presque toute leur longueur, excepté vers leur base, où l'on remarque deux ou trois boutons à bois (fig. 132) : on les nomme *rameaux à fruit proprement dits.* On taille ces rameaux afin d'obtenir pour l'année suivante un nouveau rameau à fruit bien placé; mais on conserve quelques fleurs pour assurer la fructification.

Fig. 132. — Rameau à fruit proprement dit du pêcher.

Pour établir, par exemple, la nécessité absolue de raccourcir chaque année ces rameaux à fruit, supposons que le rameau A (fig. 132) soit abandonné à lui-même : il portera les fruits pendant l'été même, puis la séve fera développer vers le sommet un ou deux bourgeons, qui seront transformés en rameaux au printemps suivant, et sur lesquels seuls apparaîtront les boutons à fleur; car nous savons que dans le pêcher chaque rameau ne fructifie qu'une fois. Cette ramification offrira donc, au printemps suivant, l'aspect de la figure 133. Si l'on abandonne encore cette branche à elle-même, les mêmes causes produiront les mêmes effets, et l'on conçoit que, si chacun des rameaux latéraux des branches de la charpente continue ainsi de s'allonger indéfiniment, la séve ne suffira plus à alimenter toutes ces ramifications et que beaucoup d'entre elles se dessécheront, surtout vers la base de l'arbre. De là des vides nombreux et la disparition forcée de la forme que l'on avait imposée à l'arbre. C'est ainsi que périssent les pêchers que l'on ne taille pas, ou dont les rameaux à fruit sont mal taillés.

Ceci posé, voyons où le rameau A (fig. 132) doit être taillé, car il faut à la fois conserver un nombre de fleurs suffisant et déterminer le développement des boutons à bois *b* et *c*. Ce double résultat sera atteint si l'on coupe ce rameau en *a*, à 0^{m},08 ou 0^{m},10 de sa naissance.

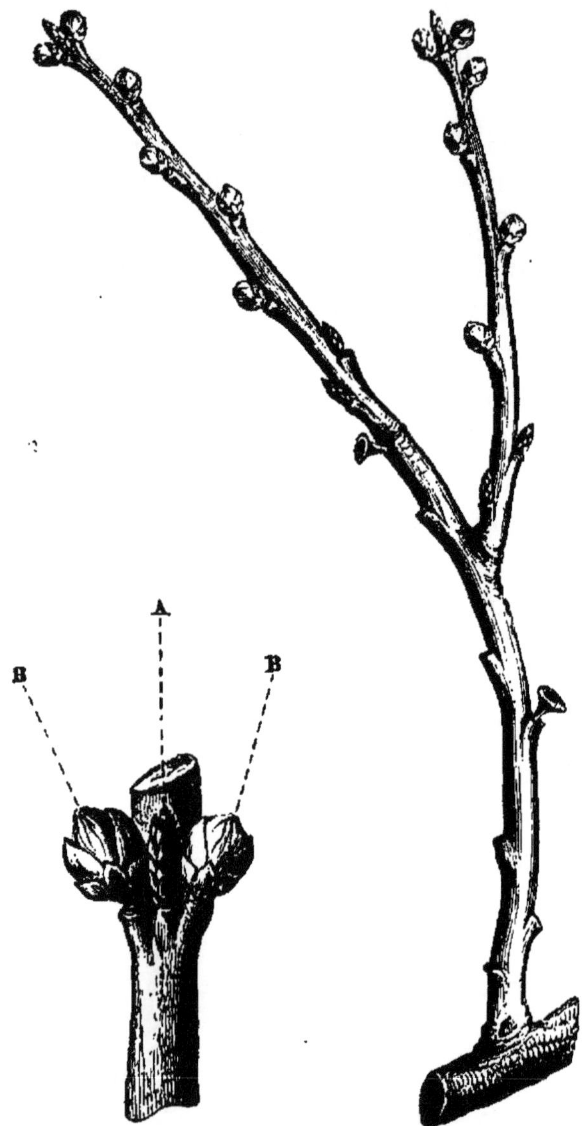

Fig. 134. — Boutons à bois et boutons à fleur du pêcher.

Fig. 135. — Rameau à fruit du pêcher abandonné à lui-même.

Si les boutons à fleur du pêcher B (fig. 134) sont presque toujours accompagnés d'un bouton à bois A, on voit cependant certains petits rameaux, connus sous le nom de *rameaux chiffons*, qui en sont complétement dépourvus, excepté vers la base, où il en existe quelquefois un ou deux à peine visibles (fig. 135). On avait pensé, jusqu'à ces dernières années, que les fleurs qui naissent ainsi sans être accompagnées d'un bouton à bois étaient toujours stériles, et, ne tenant aucun compte des rameaux qui les portent, on les supprimait lors de la taille; mais l'expérience a démontré, au contraire, que ces fleurs pouvaient donner de très-beaux fruits, et ces rameaux sont aujourd'hui conservés et taillés, comme le précédent, en A.

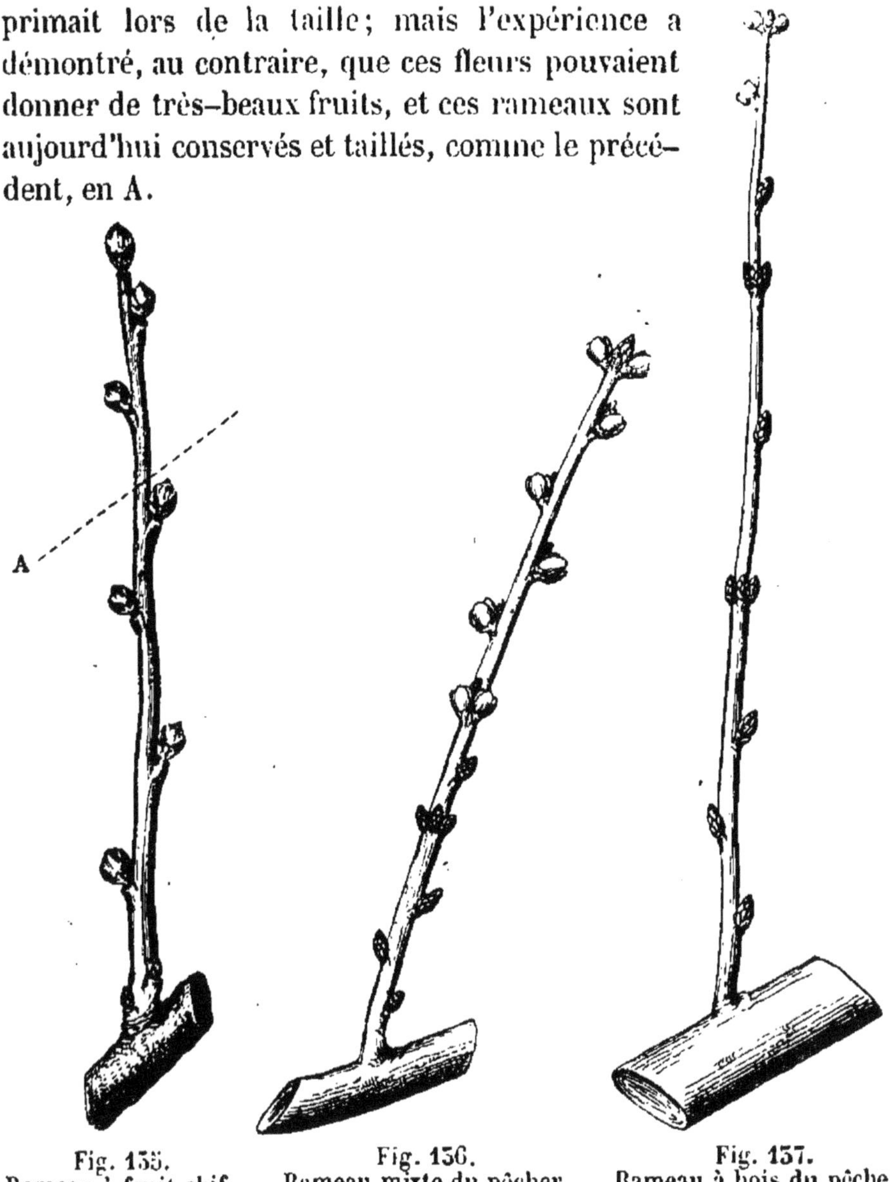

Fig. 135. Rameau à fruit chiffon du pêcher.

Fig. 136. Rameau mixte du pêcher, première taille.

Fig. 137. Rameau à bois du pêcher, première taille.

Certains bourgeons, plus favorisés, produisent des rameaux plus vigoureux et qui (fig. 136) ne portent que des boutons à bois depuis la base jusqu'au $0^{m},08$ ou $0^{m},10$ de hauteur : on les nomme *rameaux mixtes*. On les taille au-dessus de la seconde fleur, afin de leur faire produire le résultat indiqué ci-dessus.

Si les bourgeons sont encore plus vigoureux que ceux qui produisent les rameaux mixtes, il en résulte des productions semblables à celles de la figure 137, et qui ne portent que des boutons à bois accompagnés seulement de quelques boutons à fleur,

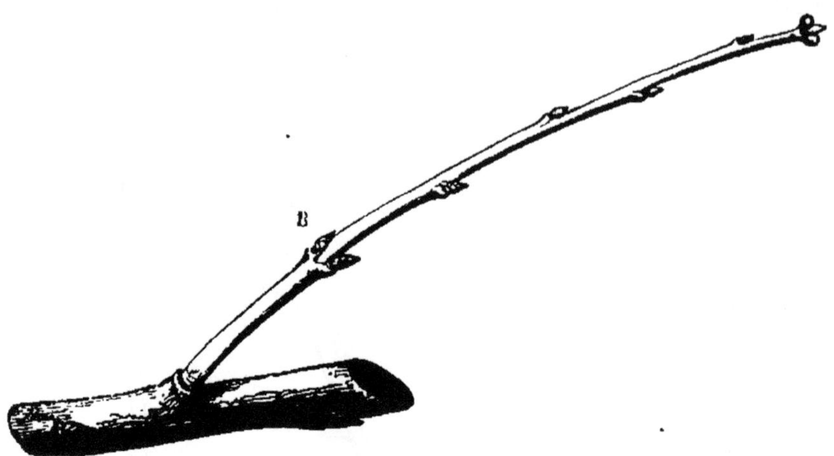

Fig. 138. — Rameau anticipé du pêcher dépourvu de boutons à la base.

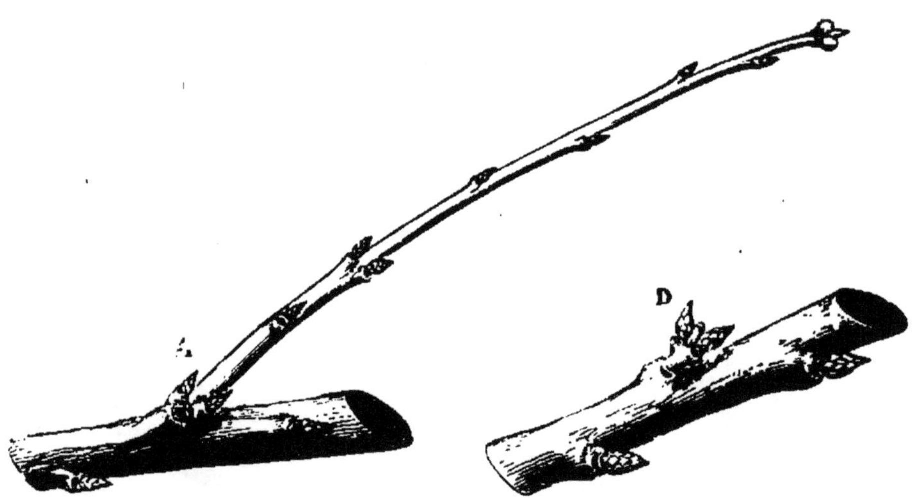

Fig. 139. — Rameau anticipé du pêcher pourvu de boutons à la base.

Fig. 140. — Rameau anticipé du pêcher résultant d'un pincement très-peu précoce.

vers le sommet. Ces rameaux, qui prennent le nom de *rameaux à bois,* doivent être taillés au-dessus des deux boutons à bois les plus rapprochés de la base. Si on ne les taillait pas, ou si on les taillait très-longs pour conserver quelques fleurs du sommet, les bourgeons de remplacement ne naîtraient pas à la base, et l'on serait exposé, en éloignant ces productions de la branche principale, à les voir devenir languisantes et même périr. Pour un fruit qu'on aurait pu récolter cette première année, on aurait donc sacrifié tous ceux qu'eussent pu donner successivement les rameaux qui se seraient formés chaque année à ce point, si on les avait fait naître plus bas.

Nous avons signalé, sur les bourgeons gourmands qui servent de prolongement aux branches de la charpente, la présence de bourgeons anticipés. Si ces bourgeons ont été soumis au pincement long que nous avons indiqué plus haut, ils donnent lieu, pour l'hiver suivant, aux *rameaux anticipés* (fig. 138). Ces rameaux offrent une structure très-différente de ceux que nous venons d'étudier. En effet, ils sont presque toujours dépourvus de boutons jusqu'à 0m,08 ou 0m,10 de hauteur (fig. 138). C'est là une disposition fâcheuse, car, quoi qu'on fasse, le remplacement qu'ils développent sera toujours trop éloigné de la branche. Quelquefois cependant ces rameaux présentent deux boutons A à leur base, comme le montre la figure 139. Ces rameaux sont taillés en B au-dessus du bouton à bois le plus rapprochés de la base. Cette taille courte, répétée pendant plusieurs années, a quelquefois pour résultat de faire apparaître de nouveaux boutons à bois au point de jonction du rameau avec la branche. Mais, si les bourgeons anticipés ont été soumis au pincement très-court que nous avons décrit, ils produisent de petits rameaux D (fig. 140), longs de 0m,01 à 0m,03, et que l'on ne taille pas.

Les divers rameaux dont nous venons de parler sont les seuls qu'on devrait rencontrer sur un pêcher bien conduit. Malheureusement le pincement n'est pas toujours fait assez tôt pour certains bourgeons vigoureux, et ceux-ci se transforment en bourgeons gourmands. Il en résulte alors des *rameaux gourmands* là où l'on ne voulait avoir que des rameaux à fruit (fig. 141). Si ces rameaux gourmands étaient taillés au-dessus des deux boutons à bois les plus rapprochés de leur base, ceux-ci donneraient lieu, pendant l'été, à deux nouveaux bourgeons aussi vigoureux et qu'on ne pourrait plus dompter, la séve ayant pris son essor vers ce point. On obtiendra un meilleur résultat en pratiquant à 0m,03 de la base, et sur une étendue de 0m,10, une torsion très-prononcée, puis en coupant à 0m,08 environ au-dessus de cette torsion. Une partie de la séve traversera le point tordu et ira se perdre au-dessus. Les boutons inférieurs, n'en recevant que tout juste ce qu'il leur faudra pour se développer, pousseront moins vigoureusement et donneront lieu, pour l'année suivante, à deux rameaux de remplacement couverts de boutons à fleur. A ce moment, on coupera le rameau primitif immédiatement au-dessus du point où les rameaux de remplacement seront nés, et toute la partie tordue disparaîtra. On pourra remplacer ce procédé par le suivant, qui produit les mêmes effets : au lieu d'appliquer la torsion, enlever sur la même étendue, et du côté du mur, la moitié de l'épaisseur du rameau.

Lorsque les rameaux à fruit ont été taillés, ainsi que les branches de la charpente, et que celles-ci ont été fixées contre le mur, on procède immédiatement au *palissage d'hiver de ces rameaux à fruit.* Les rameaux A (fig. 142), placés au-dessus des branches obliques ou horizontales, sont rapprochés de celles-ci de façon à

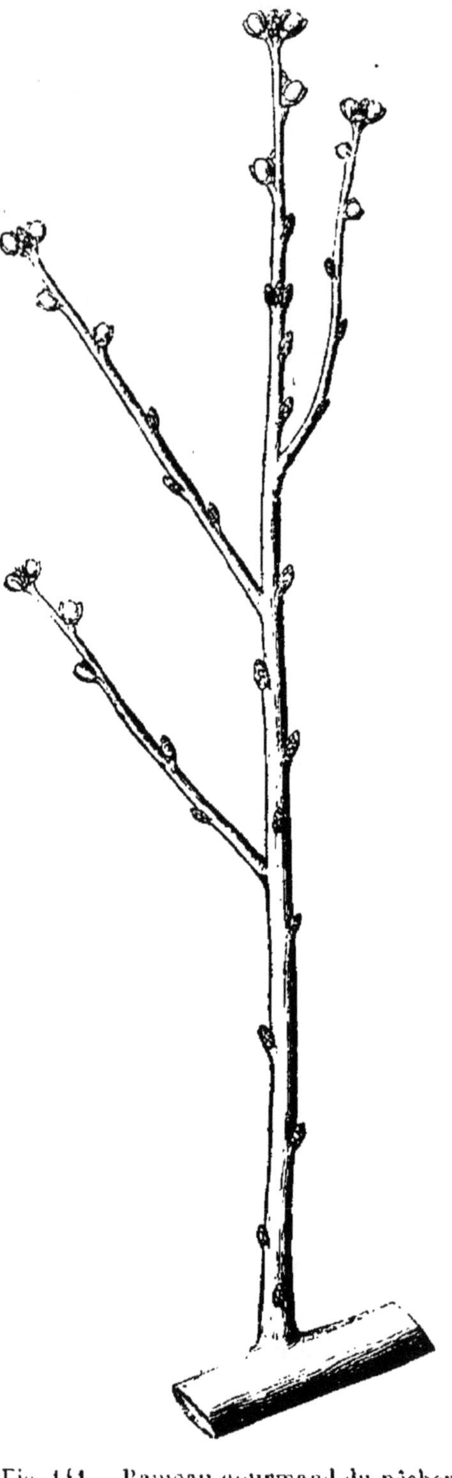

Fig. 141 — Rameau gourmand du pêcher première taille.

former une légère courbure. Cette direction un peu forcée a pour but d'entraver la circulation de la séve vers le sommet du rameau et de favoriser à la base le développement des boutons qui doivent produire les rameaux de remplacement.

Les rameaux D, qui naissent au-dessous des branches obliques ou horizontales, doivent en être rapprochés aussi le plus possible en vue du même résultat.

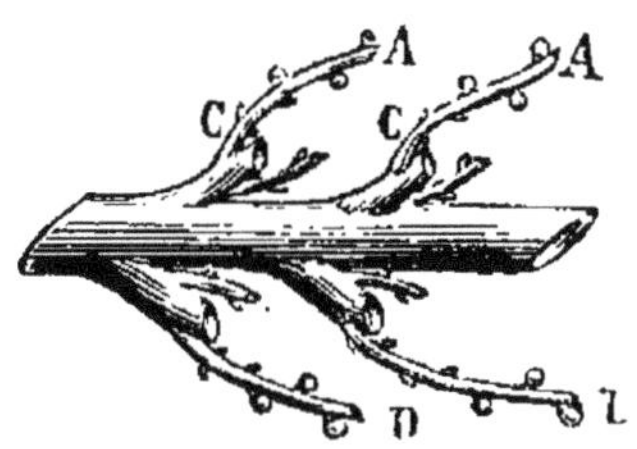

Fig. 142. — Palissage des rameaux à fruit du pêcher

Enfin les rameaux situés sur les côtés des branches verticales doivent être attachés de manière à former un angle droit avec ses branches. Si on les rapprochait de la ligne verticale, on favoriserait l'action de la séve sur les boutons de leur sommet au détriment de ceux de la base.

La figure 143 montre comment ces rameaux sont fixés au moyen

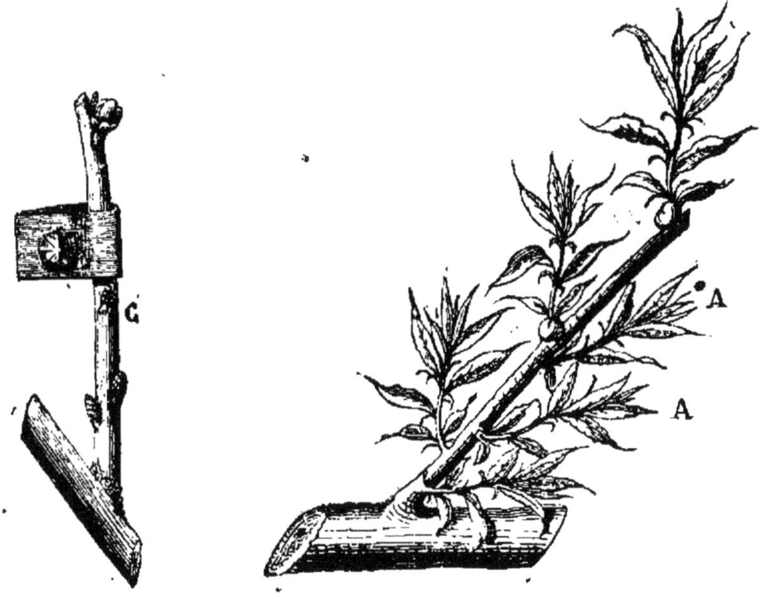

Fig. 143. — Palissage à la loque des rameaux à fruit du pêcher.

Fig. 144. — Ébourgeonnement des rameaux à fruit du pêcher, première année.

du palissage à la loque. Ceux qui doivent être palissés sur treillage peuvent être fixés au moyen de ligatures faites avec de l'osier fin. Toutefois, depuis quelques années, on commence à employer pour cet usage le fil de plomb n° 3. Cette ligature, faite aussi rapidement qu'avec l'osier, est à peine visible, et c'est là le principal avantage qu'elle offre sur l'osier, dont les nœuds très-nombreux forment avec les rameaux une confusion disgracieuse. Il est vrai que l'emploi du plomb filé donne lieu à une dépense un peu plus élevée que l'osier.

Pendant l'été suivant, les rameaux à fruit reçoivent la série d'opérations que nous allons décrire.

Lorsque les bourgeons ont atteint une longueur de 0m,06 à 0m,08, on ébourgeonne les rameaux à fruit en ne conservant sur chacun d'eux que les deux bourgeons les plus rapprochés de la base et chacun de ceux qui accompagnent un fruit (fig. 144). Les deux bourgeons A sont supprimés pour éviter la confusion lors du palissage d'été, et conserver plus de vigueur pour les bourgeons de remplacement. Il pourra se faire que les fleurs conservées sur certains rameaux à fruit, lors de la taille d'hiver, ne donnent lieu à aucun fruit; or, comme ces fleurs ont ordinairement disparu lorsqu'on pratique l'ébourgeonnement; en même temps qu'on exécute cette dernière opération, on soumet ces rameaux à la *taille en vert*. Ainsi, le rameau B (fig. 145) étant complétement dépourvu de jeunes fruits, les bourgeons A que l'on aurait conservés pour nourrir ces fruits deviennent inutiles. On coupe donc en C le rameau B, pour ne conserver que les deux bourgeons D, qui prendront un développement plus convenable pour assurer le remplacement.

Fig. 145 — Taille en vert du pêcher, première année.

Après cette taille en vert, et lorsque le moment est venu, on pratique successivement le pincement et le palissage d'été, en observant toutefois que les bourgeons qui accompagnent les jeunes fruits (fig. 144) doivent être pincés dès qu'ils ont atteint une longueur de 0m, 15, afin de favoriser le développement des deux bourgeons de remplacement situés à la base.

Malgré tous les soins que l'on mettra à maintenir les deux côtés des branches de la charpente bien garnis de rameaux à fruit, des vides pourront se manifester soit par la destruction de quelques-uns des boutons latéraux des nouveaux prolongements de ces branches, soit même par la mort accidentelle des rameaux à fruit déjà obtenus. Le meilleur moyen de combler ces vides est l'emploi de la greffe par approche herbacée (page 5), que l'on peut commencer à pratiquer au moment du palissage d'été.

Les opérations que réclament ces rameaux à fruit pendant ce second été, sont complétées par les soins à donner aux fruits.

La surabondance des fruits est encore plus pernicieuse pour le pêcher, que pour les arbres à fruits à pepins. Lors donc que les pêches sont trop abondantes, il faut en enlever un certain nombre, de manière qu'il n'en reste qu'un nombre égal à la moitié de celui des rameaux à fruit. On exécute cette éclaircie lorsque les pêches ont atteint le volume d'une grosse noix, et l'on fait porter les suppressions sur le dessous des branches obliques ou horizontales, et plutôt sur la moitié inférieure de l'arbre que sur la moitié supérieure.

Lorsque les pêches ont presque atteint leur entier développement, on enlève les feuilles qui couvrent les fruits et les empêcheraient d'acquérir leurs plus belles couleurs; cet effeuillement s'exécute en deux fois et par un temps sombre, pour habituer progressivement les fruits à la plus grande influence du soleil. Il ne faut pas arracher les feuilles, mais les couper de manière à laisser la queue ou pétiole et une petite portion de la feuille. Autrement l'œil placé à la base du pétiole serait anéanti; et cela pourrait nuire à la production de l'année suivante.

Troisième année. — Au troisième printemps, la seconde taille d'hiver est pratiquée ainsi qu'il suit.

Les *rameaux à fruit proprement dits* (fig. 132) qui ont fructifié pendant l'été précédent sont constitués, l'année suivante, comme l'indique la figure 146. On coupe en A le rameau à fruit primitif, et la base E, destinée à porter constamment les rameaux à fruit, reçoit le nom de *branche coursonne*. Le rameau B, est choisi comme nouveau rameau à fruit, et on le coupe en B, pour lui conserver un certain nombre de fleurs. Quant au rameau D, on le destine à fournir le *remplacement*, et on le coupe en D, immédiatement au-dessus des deux boutons à bois les plus rapprochés de la base, et qui fourniront, pour l'année suivante, deux nouveaux rameaux de remplacement, qui seront taillés comme les deux derniers dont nous venons de parler. Il en résulte que, chaque année, la branche coursonne porte deux rameaux nouveaux, l'un plus éloigné de la branche de la charpente, et que l'on taille assez long, parce qu'il doit être rameau à fruit, tandis que l'autre, plus rapproché de la base et destiné à fournir le remplacement, est taillé au-dessus de deux boutons à bois inférieurs. On donne à ce mode de taille le nom de *taille en crochet*.

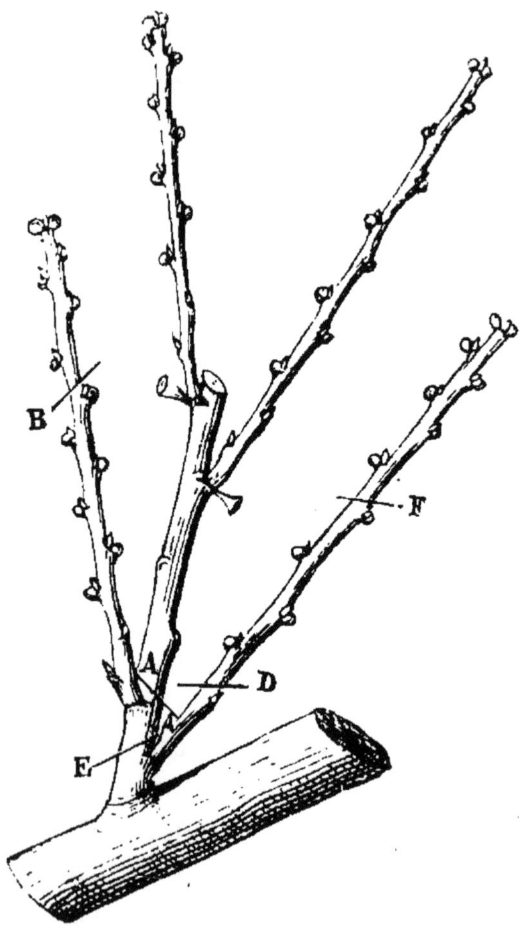

Fig. 146. — Rameau de pêcher soumis à la seconde taille.

Parfois cependant il se fait que le rameau B, le mieux placé pour porter les fruits, est dépourvu de boutons à fleur. Comme il est trop éloigné de la branche de la charpente pour fournir les rameaux de remplacement, on coupe le rameau à fruit primitif en E, et le rameau D, qu'on taille en F au-dessus d'un ou de deux boutons à fleur, sert à fournir à la fois les fruits et le remplacement.

Si, enfin, on ne trouve de boutons à fleur sur aucun des deux rameaux, on coupe le rameau primitif en E, puis le rameau F en D.

Toutes les autres sortes de rameaux ayant reçu, lors des opérations d'hiver et d'été précédentes, des soins destinés à leur imposer la structure de celui que nous venons d'examiner, on leur appliquera le même mode de taille.

Il importe de supprimer, en faisant chaque année la taille d'hiver, les queues de pêches, car elles seraient à la longue enveloppées dans la substance même des ramifications, et nuiraient à la circulation de la séve. On doit aussi, par la même raison, enlever tous les chicots secs pour que les plaies se cicatrisent plus facilement.

Quant au palissage, il est fait comme lors de la première année; puis, l'été venu, on ébourgeonne, en ne laissant sur chaque rameau fructifère (fig. 147) que les bourgeons qui accompagnent un jeune fruit. Tous les autres sont supprimés. Ainsi, dans la figure 147, les trois bourgeons C et A disparaîtront; le rameau B porte les deux bourgeons qui fourniront le remplacement. Il est bien entendu que, si l'un des deux bourgeons du rameau B ne s'était pas développé, on conserverait le plus rapproché de la base sur le rameau fructifère.

Si aucun des boutons à fleur conservés sur le rameau à fruit n'a donné de fleur fertile, on taille en vert et l'on coupe en F (fig. 148) le rameau E, devenu inutile, puisque le rameau G assure le remplacement.

L'ébourgeonnement et la taille en vert des rameaux à fruit de deuxième année de formation entraînent souvent la suppression d'un tiers des bourgeons. Faits en une seule fois, ils jettent dans la végétation de l'arbre un trouble considérable, et la maladie de la gomme peut en résulter. Il est donc utile de s'y prendre à deux fois : d'abord sur la moitié supérieure de l'arbre, et huit ou dix jours après sur la moitié inférieure. On y trouve encore cet avantage, que la séve, attirée en plus grande abondance vers la partie inférieure pendant ces huit ou dix jours, contribue à augmenter la vigueur vers ce point, toujours moins favorisé que le sommet.

Le pincement, le palissage d'été, la suppression des fruits trop nombreux et l'effeuillement, sont exécutés comme pendant l'été précédent.

Quatrième année. — Au printemps de la quatrième année, les rameaux qui ont été traités comme celui de la figure **146**, et

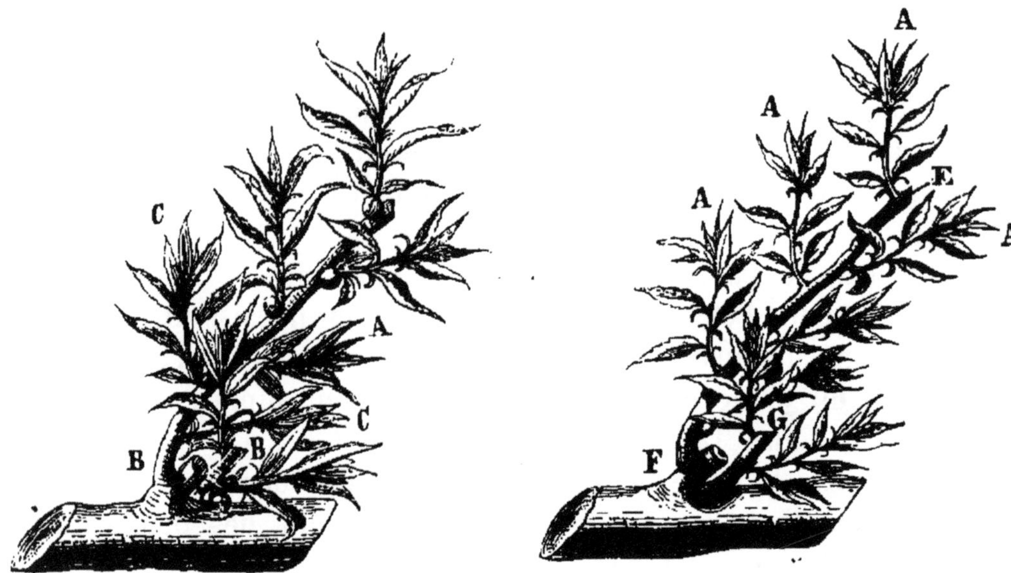

Fig. 147. — Ébourgeonnement du pêcher, deuxième année.

Fig. 148. — Taille en vert du pêcher, deuxième année.

qui ont fructifié pendant l'été précédent, sont constitués comme l'indique la figure **149**. On taille tout à fait à sa base, en A, la branche coursonne qui porte l'ancien rameau fructifère D. Le rameau F est taillé en F, pour fournir le remplacement, et le rameau C est coupé en C pour porter les fruits. Cette opération donne le même résultat au printemps suivant, et l'on taille alors de la même façon, chaque année. Les autres opérations, soit d'hiver, soit d'été, sont d'ailleurs les mêmes que pour la troisième année.

Il arrive fréquemment que les branches coursonnes âgées de trois, quatre ans et plus, développent vers leur base un ou plusieurs boutons à bois A (fig. 150). On s'empresse d'en profiter

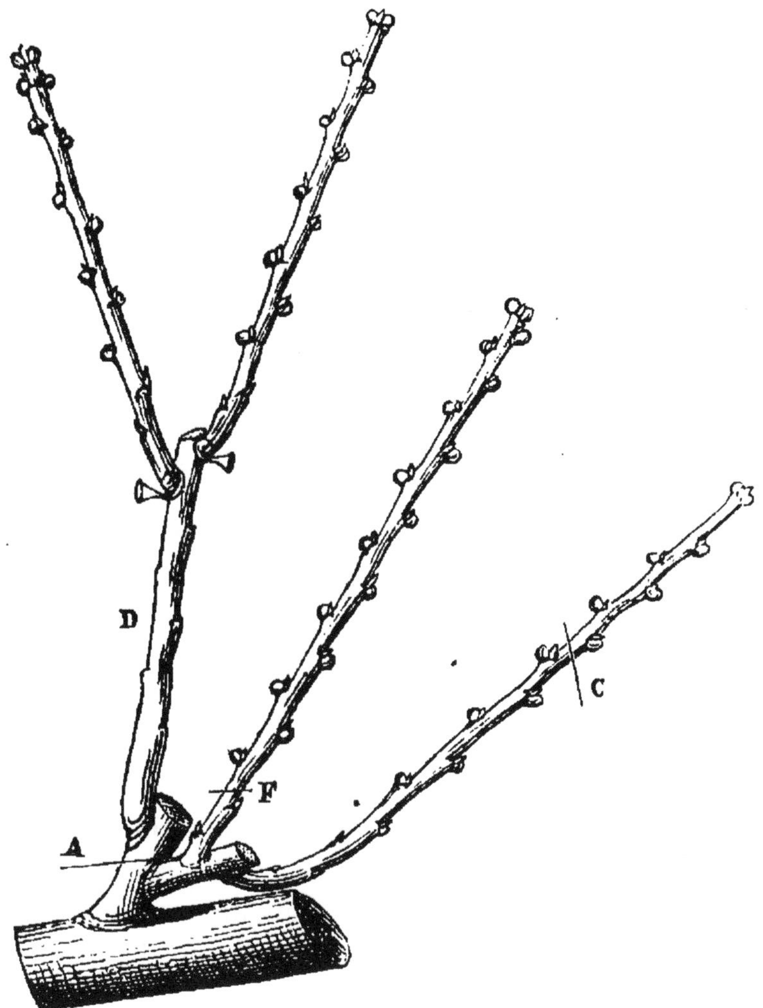

Fig. 149. — Rameau de pêcher soumis à la troisième taille.

pour rajeunir ces coursonnes, quand une longue production et des tailles successives les ont rendues noueuses et languissantes. A cet effet, au lieu de pratiquer la taille en crochet, on ne conserve que le rameau B et on le taille long pour servir de rameau à fruit. Pendant l'été, on conserve sur ce rameau les bourgeons qui accompagnent un fruit, plus, celui qui est le plus rapproché de la base, et l'on garde aussi un des bourgeons qui naissen des boutons A.

Au bout d'un an, on a obtenu le résultat représenté par la

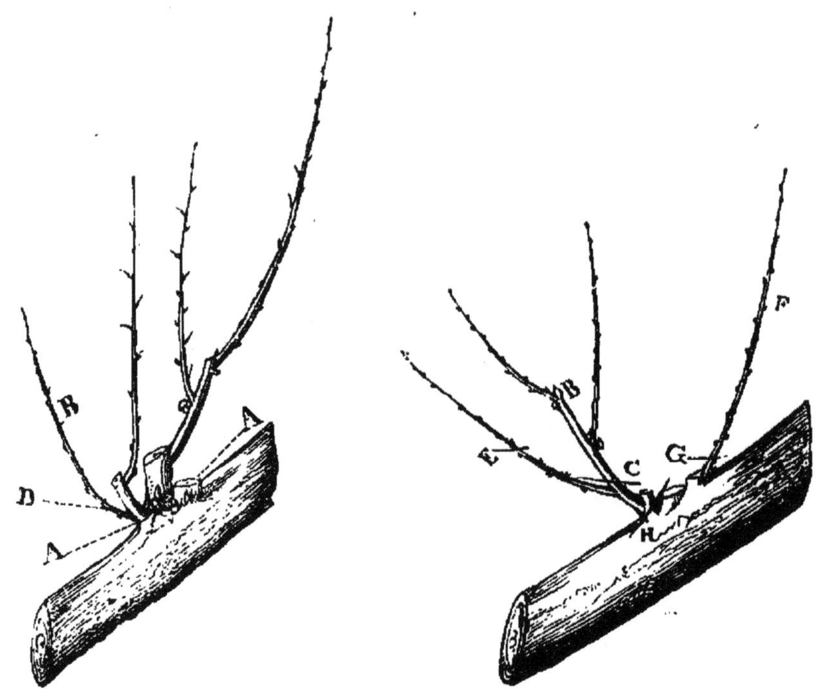

Fig. 150.
Rajeunissement des branches coursonnes du pêcher.

Fig. 151.
Rajeunissement des branches coursonnes du pêcher.

figure 151. Le rameau primitif B est alors coupé en C, et le rameau qu'il porte à sa base en E: ce dernier servira de rameau à fruit. Le rameau F est taillé en G, au-dessus de deux boutons à bois, qui fourniront le remplacement pour l'année suivante, époque à laquelle on supprimera entièrement, en H, la branche coursonne devenue inutile.

Taille du pêcher en cordon oblique simple (Du Breuil).—Il faut, en général, un laps de temps de dix à douze ans pour former complétement la charpente des pêchers soumis à la forme en palmette Verrier ou à l'une des autres grandes formes usitées aujourd'hui.

Or la vie moyenne des pêchers en espalier est de vingt ans. D'où il résulte que l'on emploie la moitié de leur existence à

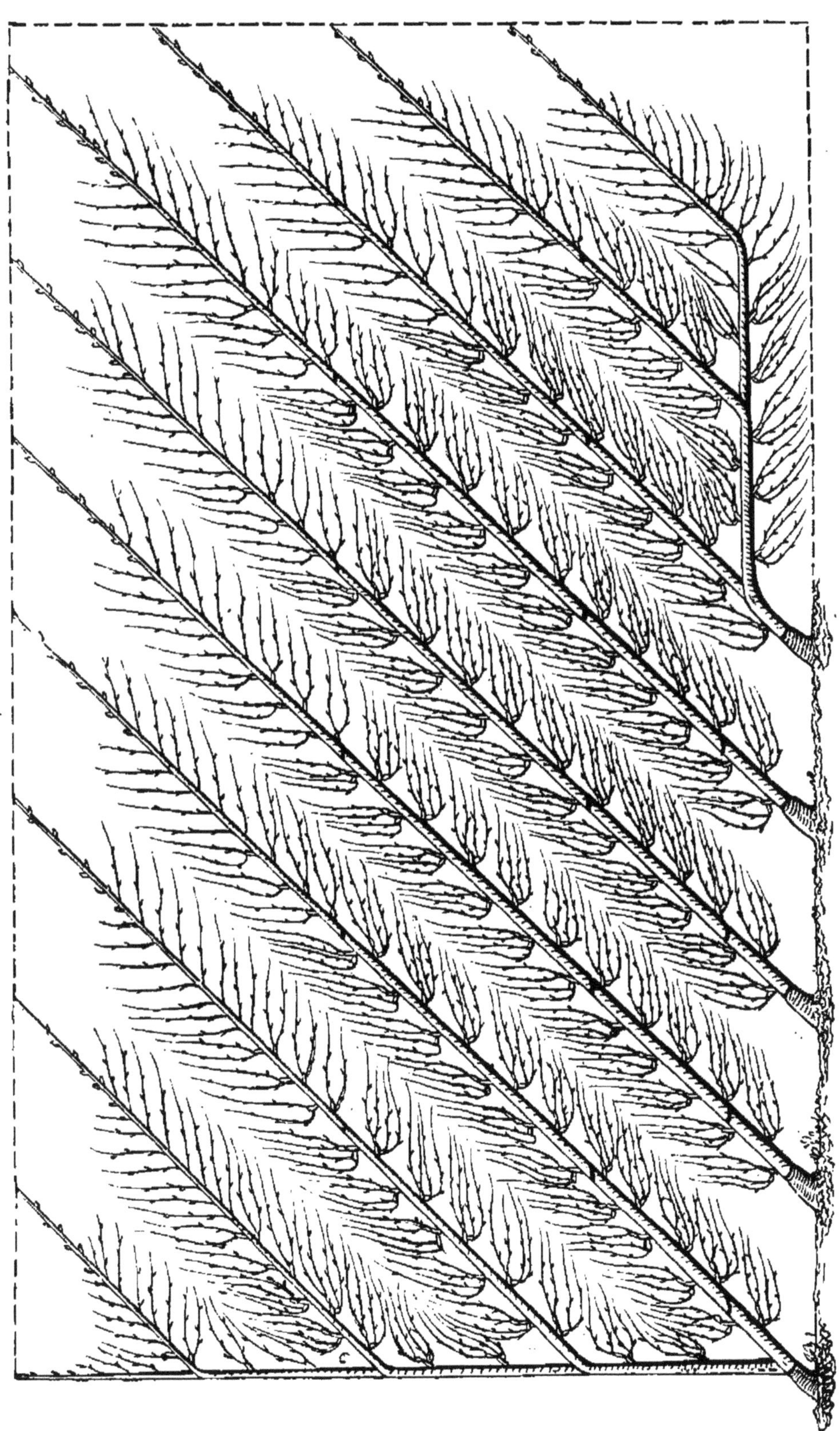

Fig. 152. — Cordon oblique simple (Du Breuil) appliqué aux pêchers.

former leur charpente, et que la moitié de la surface du mur reste inoccupée en moyenne pendant cinq ans.

Ajoutons que les soins nécessaires pour obtenir ces diverses formes, même les moins compliquées, sont assez minutieux et hors de la portée du plus grand nombre des jardiniers.

Nous avons donc songé à éviter cet inconvénient en imposant

Fig. 153. — Cordon oblique simple, première année.

Fig. 154. — Cordon oblique simple, deuxième année.

aux pêchers la forme en *cordon oblique simple* (fig. 152), que nous avons déjà décrite et recommandée pour les poiriers en espalier. C'est en **1843** que nous avons appliqué pour la première fois cette disposition aux pêchers de l'École d'arbres fruitiers du jardin des plantes de Rouen. On opère ainsi qu'il suit :

On choisit, pour la plantation, de jeunes pêchers d'un an de greffe et ne portant qu'une seule tige (fig. 153). On les plante tous les $0^m,75$, en les inclinant d'abord les uns sur les autres sous un angle de 60 degrés seulement. Lors de la première taille, on les coupe à $0^m,20$ ou $0^m,30$ de leur base, au-dessus d'un bouton à bois placé en avant (A, fig. 153). S'il existe quelques rameaux anticipés au-dessous de ce point, on supprime complétement tous ceux de devant et de derrière; tous les autres sont taillés au-dessus des deux boutons à bois les plus rapprochés de la base.

Pendant l'été, on favorise le développement vigoureux du bourgeon terminal, et l'on applique aux autres bourgeons les soins nécessaires pour les transformer en rameaux à fruit. L'ébourgeonnement, la taille en vert, le pincement, le palissage d'été, etc., sont d'ailleurs pratiqués comme pour les autres formes. Au printemps suivant, chacun des jeunes arbres est constitué comme le montre la figure 154.

Lors de la seconde taille, on supprime sur le rameau terminal le tiers environ de sa longueur totale, en coupant toujours au-dessus d'un bouton placé en avant (A, fig. 154). Quant aux rameaux à fruit, on les taille et on leur applique le palissage d'hiver, comme nous l'avons indiqué pour les autres formes. On continue d'allonger ainsi la tige de chaque arbre en le faisant se garnir latéralement de rameaux à fruit seulement, et en lui faisant suivre le degré d'inclinaison indiqué d'abord. Lorsqu'elle a parcouru les deux tiers de l'espace qui sépare sa base du sommet du mur, on la couche sous un angle de 45 degrés. Les arbres étant placés à $0^m,75$ les uns des autres, il en résulte un intervalle de $0^m,55$, mesurés perpendiculairement d'une tige à l'autre. Si l'on plaçait ces tiges tout d'abord suivant ce degré d'inclinaison, on ferait développer trop vigoureusement les bourgeons de la base au détriment du bourgeon terminal. Lorsque ces tiges sont arrivées au haut du mur, l'espalier est terminé, et l'on applique à l'extrémité de chacune d'elles le mode de taille indiqué pour le sommet des branches de la charpente des autres pêchers complétement formés.

Pour que cette disposition ne laisse pas de vide sur les murs au commencement et à la fin d'un espalier soumis à cette forme, on commence et l'on termine cet espalier comme l'indique la figure 152, en employant, pour cela, les soins indiqués pour le poirier (p. 94). On suit, d'ailleurs, toutes les autres indications données pour les poiriers en cordon oblique, et l'on obtient de cette disposition appliquée au pêcher tous les avantages signalés p. 89.

Treillage pour les pêchers en cordon oblique. — Le mode de treillage le plus simple et le moins coûteux pour les pêchers en cordon oblique, lorsqu'on ne peut pas faire usage du palissage à la loque, est incontestablement celui imaginé par M. Thiry, 9, rue Bergère, à Paris, et dont nous donnons ici la figure (fig. 155). Voici comment on procède à son établissement :

Fixer en A un fil de fer galvanisé n° 14; le faire passer à travers les pattes percées B et C enfoncées dans le mur, puis sur les clous ronds D et E; le faire descendre en traversant les pattes en fer F et G, puis le faire passer sous les clous H et I, le faire remonter à travers les pattes J et K, et le fixer en L. Placer un nouveau fil de fer en N et continuer ainsi jusqu'à l'extrémité du mur. Ces premières lignes en gros fil de fer ainsi placées tous les 0m, 75, et inclinées sur l'angle de 45°, doivent servir au palissage de la tige des pêchers. Quant au palissage d'hiver des rameaux à fruits, et des bourgeons, pendant l'été, on y pourvoit au moyen de deux autres lignes de fil de fer n° 10, placées de chaque côté des premières, l'une à 0m, 06 de la tige, l'autre à 0m, 22. Ainsi l'un de ces fils de fer est fixé en *a* et remonte en traversant la patte en fer *b*; il tourne sur les clous *c* et *d*, descend en traversant la patte en fer *e*, passe sous les clous *f* et *g*, remonte en traversant la patte *h*, tourne sur les clous *i* et *j*, traverse, en descendant, la patte *k*, et vient se fixer en *l*. On recommence alors, à droite du gros fil de fer et ainsi de suite, jusqu'à l'extrémité du mur.

On emploie, pour fixer ces fils de fer, les pattes en fer et les clous ronds dont nous avons parlé pour le treillage des poiriers, (p. 87), et les roidisseurs que nous avons décrits à la page 88 sont placés aux points P, pour tendre ces diverses lignes. Cette sorte de treillage revient à 92 centimes le mètre carré, non compris la pose.

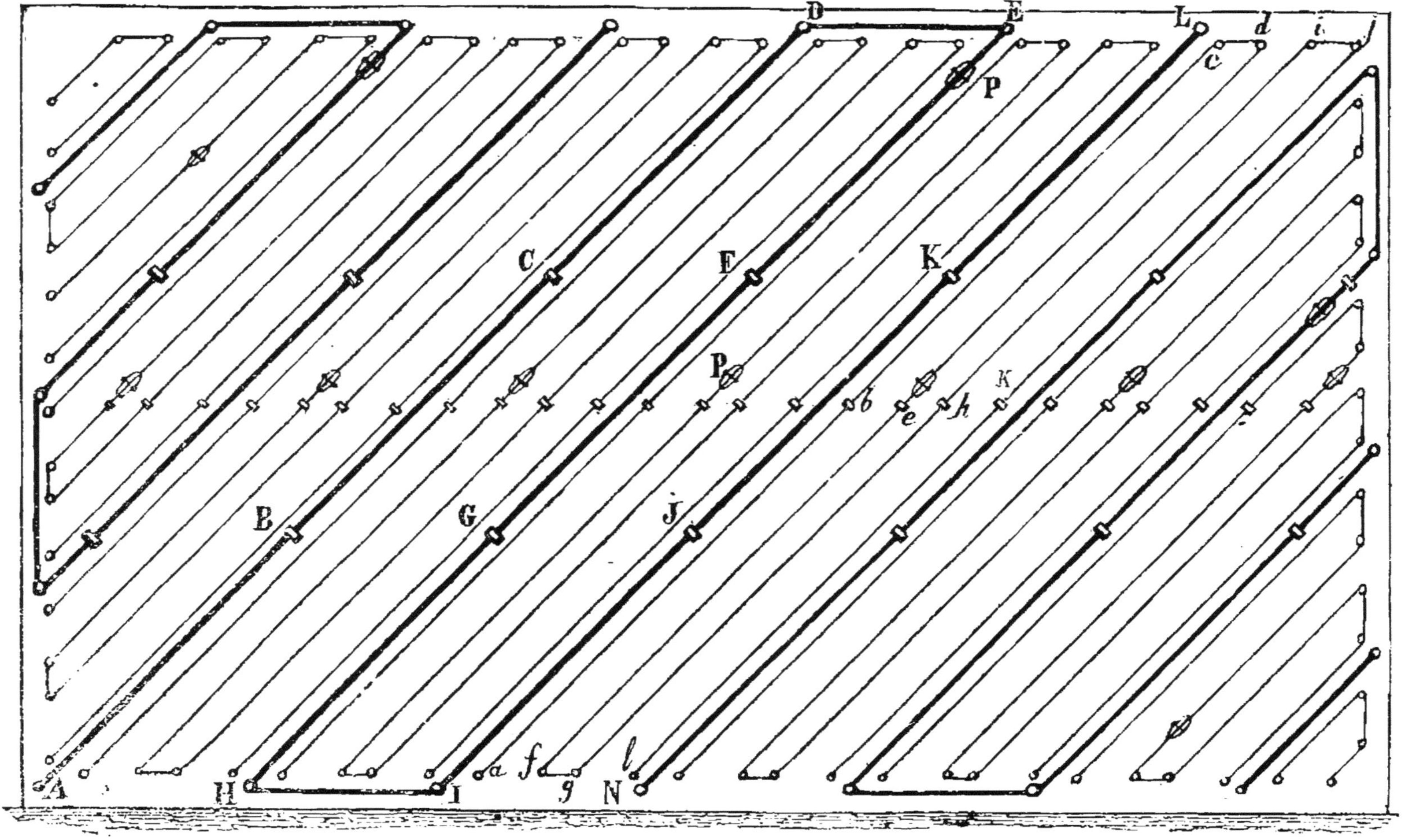

Fig. 155. — Treillage en fil de fer pour les pêchers en cordon oblique simple.

Taille du pêcher en cordon vertical. — Il conviendra de préférer, pour les pêchers appliqués contre des murs ayant au moins 4 mètres de hauteur, ainsi que nous l'avons conseillé (p. 99) pour les poiriers, la forme en cordon vertical. Dans ce cas, ces pêchers seront plantés à 0m, 60 seulement d'intervalle, et leur charpente sera formée avec les soins indiqués pour les poiriers soumis à cette forme.

Le treillage à établir pour cette disposition sera semblable à celui qui précède, avec cette seule différence que les lignes de fil de fer seront établies dans une direction verticale.

Nouveau mode de formation des rameaux à fruit du pêcher. — Le mode de taille que nous venons de décrire pour les rameaux à fruit du pêcher est celui que nous avons recommandé jusqu'à ce jour et qui est encore suivi par le plus grand nombre des praticiens éclairés.

Toutefois on s'occupe, depuis quelques années, d'un nouveau mode d'opérer dont nous n'avons pas voulu parler avant qu'une pratique assez prolongée en ait suffisamment démontré les avantages. Ce nouveau procédé [1] a été appliqué d'abord vers 1847 par M. Picot-Amet de Aincourt, près de Magny (Seine-et-Oise), et un peu plus tard par M. Grin aîné, du Bourgneuf, à Chartres, mais avec un notable perfectionnement. Nous avons vu, en octobre 1856, chez M. Grin, de si beaux résultats de cette méthode, appliquée depuis cinq ans sur les mêmes arbres, que nous n'hésitons pas aujourd'hui à la préconiser à l'exclusion de toute autre. Voici la description de la mise en pratique de ce procédé.

Lorsque les bourgeons des prolongements successifs des branches de la charpente (fig. 156) atteignent une longueur d'environ 0m, 07, on ne supprime que les bourgeons de derrière, puis ceux qui sont doubles ou triples, de façon à n'en laisser qu'un seul à chaque point. Ceux du devant se trouvent ainsi conservés.

[1] Cette méthode n'est pas aussi nouvelle qu'on pourrait le supposer, car les principes en sont sommairement décrits dans l'ouvrage de l'anglais Knith et dans le *Jardinier solitaire*, publié en 1712 par de la Quintinie. Mais il reste toujours à MM. Picot-Amet et Grin le mérite de l'avoir imaginée de nouveau et surtout d'avoir appelé sur elle l'attention de nos contemporains.

Au même moment ces bourgeons sont soumis à un pincement très-rigoureux, c'est-à-dire qu'on les coupe avec les ongles en A (fig. 156) au-dessus des deux feuilles de la base bien développées.

Fig. 156. — Premier pincement sur les bourgeons proprement dits du pêcher.

On ne comprend pas au nombre de ces feuilles les petites folioles A, B, imparfaitement développées, qui forment souvent une rosette à la partie inférieure du bourgeon.

Bientôt après, on voit naître à l'aisselle de chacune de ces feuilles un bourgeon anticipé A (fig. 157). Ceux-ci sont également pincés aussitôt qu'ils ont atteint une longueur d'environ $0^{m},05$; mais ce pincement est pratiqué au-dessus de la première feuille.

De nouveaux bourgeons anticipés apparaissent encore à l'aisselle des feuilles des premiers, en A, ainsi que le montre la figure 158. Mais la saison est déjà avancée et la séve agit avec moins d'intensité; aussi se développent-ils faiblement; ils n'atteignent souvent qu'une longueur de quelques centimètres. Ceux du sommet sont les seuls qui s'allongent un peu. Les uns et les autres sont pincés au-dessus de la première feuille dès qu'ils ont environ

Fig. 157. — Deuxième pincement pratiqué sur les bourgeons anticipés du pêcher.

0m,05 de longueur. Si de nouveaux bourgeons apparaissent à la suite de ce troisième pincement, on les supprime complétement. Après la chute des feuilles, et lors de la taille d'hiver, ces divers bourgeons donnent lieu à l'assemblage des rameaux indiqué par les figures 159 et 160.

Les divers pincements que nous venons de décrire ont eu pour résultat d'affaiblir progressivement les bourgeons en concentrant toute l'action de la séve vers le bourgeon de prolongement de la branche principale. Aussi chacun de ces bourgeons a donné lieu à des rameaux peu vigoureux et couverts de boutons à fleur.

Fig. 158. — Seconds bourgeons anticipés du pêcher pincés au-dessus de la première feuille.

Lors de la taille de ces rameaux, on coupe aux points A (fig. 159 et 160), de façon à conserver seulement les rameaux à fruit-bouquet de la partie inférieure. Pendant l'été suivant, les nouveaux bourgeons qui naissent des quelques boutons à bois situés parmi les nombreux boutons à fleur et qui se développent en même temps que les fruits sont soumis aux mêmes pincements que pendant l'été précédent; et, lors de la seconde taille d'hiver, on coupe encore très-court pour concentrer toute l'action de la] séve vers

Fig. 159. — Rameaux à fruit du pêcher soumis au nouveau mode de taille.

la base, et pour y faire naitre les nouvelles productions fruitières. Le même mode d'opérer est ensuite répété chaque année.

Quant aux bourgeons anticipés C (fig 161) qui naissent très-nombreux sur les bourgeons de prolongement des branches de charpente, on supprime complétement ceux attachés derrière. Les autres doivent être pincés aussitôt que la seconde paire de feuilles, E, est assez apparente et que les yeux des feuilles inférieures sont assez formés. On ne conserve alors que la paire de feuilles de la base. Si l'on opère trop tard, la paire de feuilles de la base est entraînée par l'allongement de l'axe du bourgeon, et l'on a, lors de la taille d'hiver, un rameau constitué comme l'indique la figure 162. Si l'on opère trop tôt, avant que les yeux soient constitués à l'aisselle des feuilles inférieures, le bourgeon se dessèche, comme le montre la figure 163. Lorsque enfin ce pincement est fait au moment opportun, le bourgeon cesse de s'allonger et la paire de feuilles inférieures reste à la base. Le rameau est alors constitué, lors de la taille d'hiver suivante, comme le montrent les figures 164 et 165.

Fig. 160. — Autre rameau à fruit du pêcher, résultat de la même opération.

Néanmoins il arrive souvent que ces bourgeons anticipés se développent si vigoureusement que, malgré le pincement, leur axe continue de s'allonger et qu'ils entraînent avec eux les deux feuilles de la base. Pour prévenir cet inconvénient, M. Grin conseille une opération dont nous avons constaté l'efficacité. Aussitôt que l'un de ces bourgeons vigoureux apparaît, on pratique, avec la pointe du greffoir, sur l'un des côtés de son point d'attache sur le bourgeon principal, une incision longue d'environ 0m,01 A (fig. 161). Cette incision suspend l'allongement de ce bourgeon, il se durcit, et les yeux placés à l'aisselle des feuilles

Fig. 161. — Bourgeon anticipé soumis au pincement court.

inférieures se constituent. Après six ou sept jours, on pratique le pincement comme nous l'avons expliqué plus haut. Cette opération donne le résultat que montre la figure 165.

Tous les bourgeons anticipés ayant été pincés une première fois, on voit naître sur plusieurs d'entre eux une ou deux générations de bourgeons. Ceux-ci sont pincés au-dessus de la feuille la plus rapprochée de la base, comme nous l'avons expliqué pour les bourgeons anticipés des bourgeons proprement dits. Ces opérations donneront lieu à des rameaux constitués comme l'indiquent les figures 162 et 164; on les taille alors en B.

Parfois, à la suite des pincements réitérés pratiqués sur ces bourgeons anticipés, on obtient un petit rameau couvert seulement de boutons à fleurs (fig. 166). Si on le laisse fructifier, il se

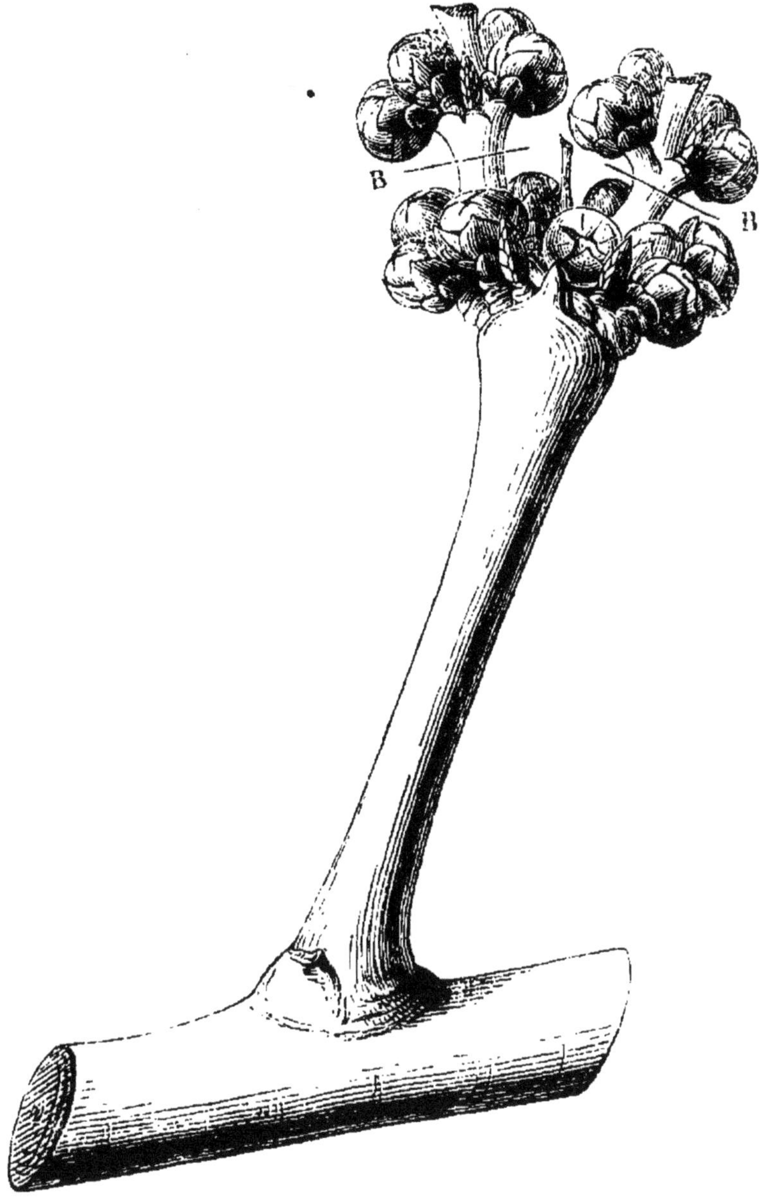

Fig. 162. — Rameau anticipé résultant d'un bourgeon anticipé pincé trop tard.

dessèche après la récolte et laisse un vide à sa place. Pour prévenir cet accident, il conviendra, suivant M. Grin, de supprimer, lors de la taille d'hiver, tous les boutons à fleur (fig. 167), puis de pratiquer en A une incision profonde pénétrant au-dessous de l'insertion de ce rameau. On verra alors apparaître, au printemps suivant, vers la base de ce rameau, de nouveaux bourgeons destinés à le constituer d'une manière plus convenable et que l'on soumettra au pincement court.

Cette même incision pratiquée à la même époque à la base des longs rameaux anticipés (fig. 162) aura pour résultat d'y faire apparaître aussi des bourgeons, mais seulement au printemps de l'année suivante. Il conviendra, pour faciliter ce résultat, de tailler très-court le sommet de ces rameaux. On profite alors de ces bourgeons pour les constituer plus convenablement.

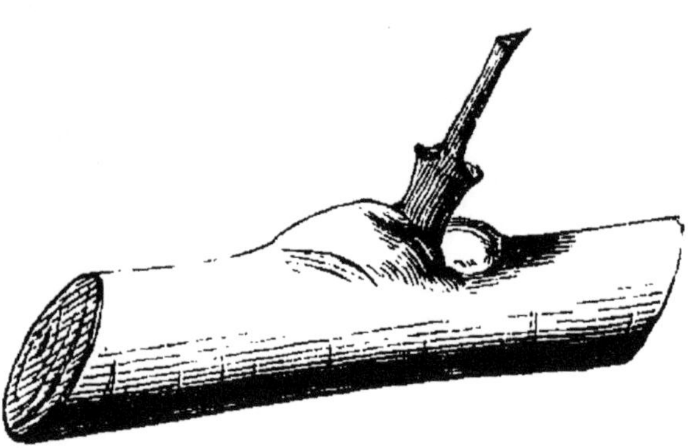

Fig. 163. — Rameau anticipé résultant d'un bourgeon anticipé pincé trop tôt.

Les avantages résultant de ce nouveau mode de traitement des rameaux à fruit du pêcher sont les suivants :

1° On est dispensé des opérations de palissage d'été des bourgeons et du palissage d'hiver des rameaux à fruit, ce qui permet d'employer un treillage semblable à celui destiné aux autres espèces d'arbres fruitiers et par conséquent beaucoup moins coûteux.

Ainsi, pour les palmettes ou autres grandes formes, on pourra se servir du treillage indiqué par la figure 96 (p. 88). Pour les pêchers en cordon oblique simple, on se servira de celui de la page 99.

2° La taille d'hiver et d'été, appliquée à ces productions, se trouve très-simplifiée et beaucoup plus à la portée de tous les jardiniers.

3° Les rameaux à fruit pouvant être conservés en avant des

branches de la charpente, celles-ci se trouvent défendues de l'ardeur du soleil par les feuilles, pendant l'été, ce qui n'avait pas

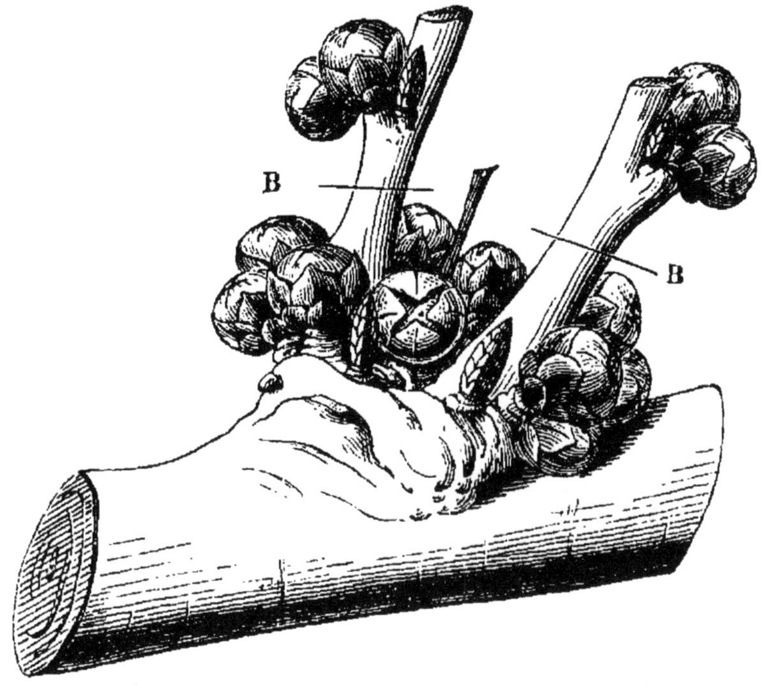

Fig. 164. — Rameau anticipé résultant d'un bourgeon anticipé pincé en temps utile.

lieu avec l'ancien mode de taille qui forçait à ne conserver des rameaux que sur les deux côtés des branches.

4° Les bourgeons et les rameaux à fruit étant maintenus beaucoup plus courts, il n'est plus nécessaire de laisser entre les branches de la charpente un intervalle de 0m,50 à 0m,60 pour le palissage des bourgeons et des rameaux. Un espace de 0m,30 est maintenant suffisant, comme pour toutes les autres espèces d'arbres fruitiers. D'où il résulte que, pouvant doubler le nombre des branches mères sur une surface donnée de mur, on pourra doubler aussi le nombre des fruits.

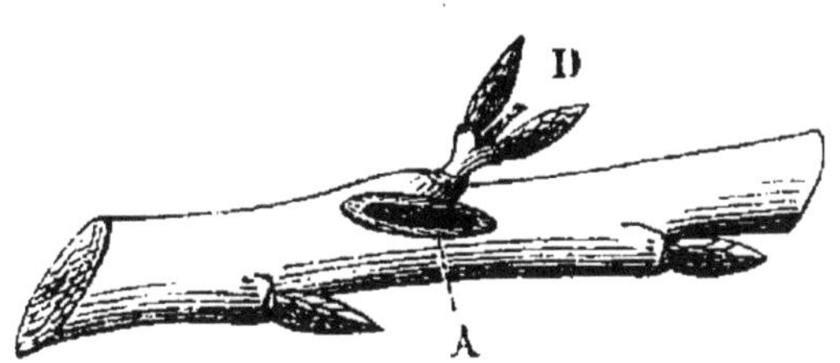

Fig. 165. — Petit rameau anticipé résultant d'un bourgeon anticipé incisé et pincé.

Les pêchers en palmette Verrier soumis à cette modification présenteront alors exactement l'aspect du poirier figuré à la p.78 et ceux en cordon oblique simple ressembleront exactement à la fig. de la page 90.

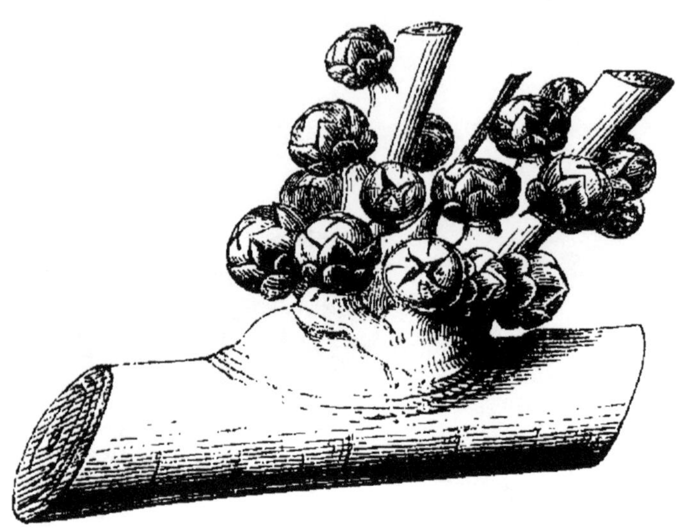

Fig. 166. — Rameau anticipé portant seulement des boutons à fleur.

Il est vrai que ce dernier avantage pourra être accompagné d'un inconvénient, dans quelques circonstances : lorsque, par exemple, on dispose les pêchers en palmettes ou autre grande forme. Dans ce cas, il faudra doubler le nombre des branches principales; or, comme en général on ne peut prendre qu'un seul étage de ces branches, chaque année, il en résultera que la charpente de l'arbre ne pourra couvrir complétement l'espace qu'on lui faisait précédemment occuper qu'après un laps de temps moitié plus considérable, c'est-à-dire après seize ou dix-huit ans. La vie moyenne du

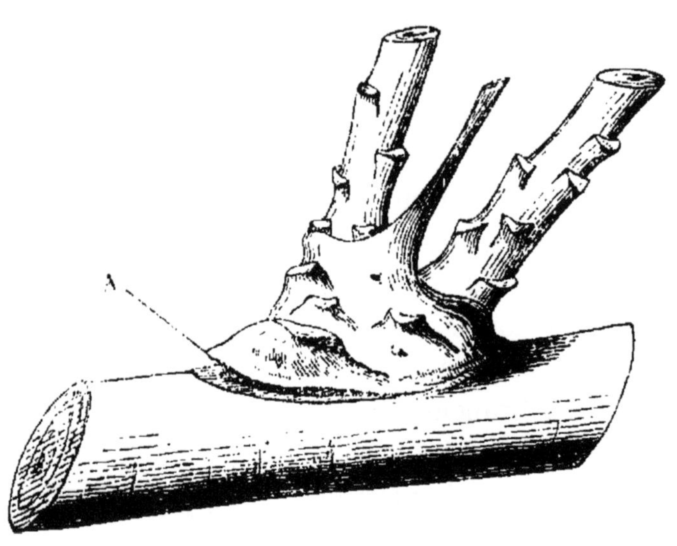

Fig. 167. — Rameau anticipé précédent privé de ses boutons à fleur.

pêcher étant de vingt ans, cette amélioration perdrait ainsi un de ses avantages les plus importants, l'augmentation du produit.

Aussi pensons-nous que ce perfectionnement ne conservera toute sa valeur qu'appliqué aux pêchers soumis à la forme en cordon oblique ou à celle en cordon vertical que nous avons préconisées. En effet, il suffira de les planter à $0^m,40$ ou à $0^m,30$ seulement les uns des autres, comme toutes les autres espèces, au lieu de $0^m,75$ ou de $0^m,60$, intervalle que nous avions d'abord conseillé. Les tiges se trouveront alors placées à environ $0^m,30$ les unes des autres.

Ce nouveau procédé pourra être appliqué non-seulement aux pêchers qu'on plantera à l'avenir, mais encore à ceux qui sont déjà plantés depuis plus ou moins longtemps. Voici comment il conviendra d'opérer à l'égard de ces derniers pour ramener leurs rameaux à fruit à cette nouvelle disposition.

1° Pour les pêchers plantés en cordon oblique, à $0^m,75$ d'intervalle et qui n'ont qu'une année de plantation, leur laisser faire leur seconde pousse et les déplacer en novembre, en les rapprochant à $0^m,40$ les uns des autres; 2° déplanter et placer à $0^m,40$ d'intervalle ceux qui ont fait leur seconde pousse l'été dernier; 3° pour tous ceux qui sont plus âgés, sous quelque forme qu'ils soient, tailler les rameaux à fruit au-dessus des boutons à fleurs les plus rapprochés de la base des rameaux; puis, pendant l'été suivant, soumettre les bourgeons de la base de ces rameaux au pincement décrit plus haut. On supprimera, à la taille d'hiver, les rameaux à fruit primitifs, et les nouveaux rameaux résultant des pincements courts seront taillés d'après le nouveau mode. Le nouveau procédé ainsi appliqué à ces derniers arbres n'offrira qu'une partie de ses avantages, par suite de l'intervalle trop grand qui existera alors entre les branches de la charpente. Toutefois on pourra remédier à cet inconvénient pour les arbres en cordon oblique, en laissant développer à la base de chaque pêcher, en dessus, un bourgeon gourmand à l'aide duquel on formera une seconde tige qui sera couchée entre les premières. Quant aux arbres soumis aux grandes formes, l'inconvénient subsistera, mais on jouira toujours de l'avantage d'éviter le palissage d'été et d'hiver, ainsi que les difficultés qu'offrait la taille des rameaux à fruit avec l'ancien mode.

Nous terminerons par les deux observations suivantes qui ont une grande importance pour le succès de ce mode de taille.

Et d'abord il conviendra de n'appliquer le pincement court aux pêchers qu'après une année de plantation. Pendant le premier été, on se contentera de soumettre les bourgeons à l'ancien mode de pincement. A la taille d'hiver, tous les rameaux seront taillés sur le bouton le plus bas et le bourgeon qui en naîtra sera soumis au pincement court. En procédant ainsi, on facilitera la reprise de ces arbres en les laissant pourvus pendant le premier été d'un plus grand nombre de bourgeons.

En second lieu, le pincement court des bourgeons proprement dits doit être commencé le plus tôt possible, c'est-à-dire dès que les bourgeons ont atteint une longueur convenable. Il faut ensuite continuer sans interruption et à mesure que les bourgeons s'allongent. Si l'on commence tard, ou que cette opération soit répétée trop peu souvent, on a à pincer à la fois un trop grand nombre de bourgeons; il peut en résulter la suspension complète de la végétation dans toutes les parties de l'arbre, et par suite la maladie de la gomme, la chute des fruits, ou même, comme je l'ai vu parfois, la mort subite des arbres. Tous ces accidents, qui ont fait condamner le pincement court par quelques personnes, peuvent être évités si la première opération est commencée assez tôt pour qu'elle se fasse successivement, dans l'espace de quinze à vingt jours par exemple, de façon que la végétation ait repris son cours dans les premiers bourgeons pincés lorsqu'on opère les derniers.

Tels sont les soins que réclame ce nouveau mode de taille des rameaux à fruit du pêcher. — En les appliquant consciencieusement, on obtiendra à coup sûr les excellents résultats que nous avons observés sur un grand nombre de points et qui nous font persister dans l'adoption de cette méthode.

DU PRUNIER

Sol. — Les terrains les plus favorables au prunier sont les sols argilo-calcaires un peu frais. Ses racines, peu pivotantes, n'exigent pas une couche fertile d'une grande profondeur. Il redoute les terres siliceuses et l'humidité surabondante.

Choix des arbres.—Ordinairement on plante des sujets achetés tout greffés; mais, si l'on préfère les greffer soi-même après leur reprise, voici comment on opère.

Greffe. — Le prunier est greffé sur des sujets appartenant à la même espèce, et obtenus le plus souvent des rejetons qui se développent en grande quantité au pied de ces arbres quand les racines ont été blessées par une cause quelconque. Ces rejetons sont plantés en pépinière, puis greffés. Ce mode de multiplication est vicieux. On n'obtient ainsi que des arbres qui, privés de racines pivotantes, sont mal assurés dans la terre et s'épuisent en rejetons que leurs racines traçantes développent en très-grande abondance; en outre, ils redoutent davantage la sécheresse et n'acquièrent jamais de grandes dimensions. Il sera beaucoup mieux de prendre des sujets obtenus de noyaux, choisis parmi les variétés les plus vigoureuses.

Les greffes employées sont les mêmes que celles indiquées pour le poirier; cependant on préfère, en général, la greffe en écusson comme étant d'une réussite plus certaine. Cette greffe est pratiquée en juillet.

Variétés. — On cultive aujourd'hui plus de quatre-vingts variétés de pruniers, qu'on peut partager en deux groupes : les pruniers à fruits mangés frais, et les pruniers à fruits à pruneaux. Nous donnons ici la liste de quelques-unes des meilleures variétés pour chaque époque de maturité.

NOMS DES VARIÉTÉS et DES SYNONYMES.	ÉPOQUE de LA MATURITÉ.	POSITION.		EXPOSITION DES MURS.			
		Plein vent.	Espalier.	Est.	Ouest.	Sud.	Nord.
1° PRUNIERS A FRUITS MANGÉS FRAIS.							
De Monfort.	Fin de juillet, août.	Pl. v.	Esp..	E.	O.	S.	..
De Monsieur.	Comm' d'août. . .	Pl. v.	Esp..	..	O.	S.	..
Gros hât f.							
Reine-Claude ordinaire. . .	Fin d'août.	Pl. v.	Esp..	E.	O.	S.	..
Verte-et-bonne.							
Reine-Claude abricot, vert.							
Reine Victoria.	Fin d'août.	Pl. v.	Esp..	..	O.	S.	..
Petite mirabelle..	Com' de septembre.	Pl. v.	Esp..	..	..	..	..
Reine-Claude r. Van Mons..	Mi-septembre. . . .	Pl. v.	Esp..	..	O.	S.	..
Reine-Claude violette. . . .	Mi-septembre.. . .	Pl. v.	Esp..	..	O.	S.	..
Reine-Claude de Bavay.. . .	Fin de septembre. .	Pl. v.	Esp..	E.	O.	S.	..
Goes golden drop..	Comm' d'octobre. .	Pl. v.	Esp..	E.	..	..	..
Waterloo.							
De la Saint-Martin.	Fin d'octobre. . . .	Pl. v.	. . .	..	..	..	..
2° PRUNIERS A FRUITS A PRUNEAUX.							
D'Agen..	Com' de septembre.	Pl. v.	. . .	..	..	..	..
Robe de Sergent.							
Washington.	Mi-septembre.. . .	Pl. v.	. . .	..	..	..	..
Pond's seedling..	Mi-septembre.. . .	Pl. v.	. . .	..	..	..	..
Couetsche d'Italie..	Fin septembre. . .	Pl. v.	. . .	..	..	..	..
Fellemberg.							
Prune suisse.							
Sainte-Catherine.	Fin septembre. . .	Pl. v.	. . .	..	..	..	..

TAILLE

Le prunier est cultivé dans le jardin fruitier et dans les vergers. Dans le premier cas, on le place en plein vent et rarement en espalier, et c'est un tort; car ses fruits, contrairement à ce qui se passe pour l'abricotier, y seraient de meilleure qualité que ceux venus en plein vent. La forme que nous conseillons d'adopter pour les arbres en plein vent est celle en *pyramide* et celle en *contre-espalier double en cordon vertical*, et pour l'espalier celles en *palmette Verrier*, en *cordon oblique simple* et en *cordon vertical*. Quant aux arbres plantés dans le verger, c'est la disposition à *haut vent* qu'on doit leur donner. Examinons les soins qu'exigent ces quatre formes.

Taille d'un prunier en pyramide proprement dite. — *Formation de la charpente*. — Les procédés à l'aide desquels on impose la forme pyramidale au prunier sont les mêmes que pour le poirier. On le plante aussi à la même distance en choisissant pour cela des greffes d'un an. Nous n'avons donc rien à ajouter à cet égard.

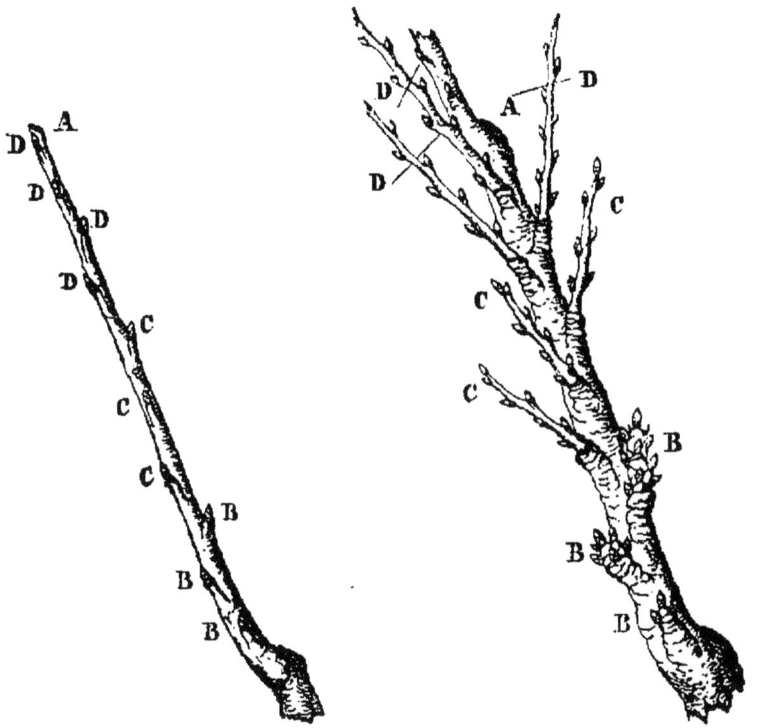

Fig. 168. — Première taille pour la formation des rameaux à fruit du prunier.

Fig. 169. — Deuxième taille des rameaux à fruit du prunier.

Obtention et entretien des rameaux à fruit. — *Première année*. — Prenons, pour suivre cette série d'opérations, un prolongement de l'une des branches latérales de la pyramide (fig. 168). Ce rameau ne présente sur toute son étendue, au printemps qui suit son développement, que des boutons à bois. Pendant l'été suivant ce rameau, qui a été taillé en A afin de faire développer tous ses boutons, y compris ceux de la base, transforme chacun de ces boutons en bourgeons plus ou moins vigoureux, selon qu'ils sont plus ou moins rapprochés du sommet. Ceux de la base B ne développent qu'un petit prolongement long à peine de $0^m,003$ à $0^m,010$; ceux C, placés vers la partie moyenne, atteignent une longueur de $0^m,05$ à $0^m,12$; enfin, ceux D peuvent acquérir une longueur de 0^m, 20 à $0^m,50$. Ces derniers, à l'exception du bourgeon terminal, sont pincés lorsqu'ils ont atteint une longueur de $0^m,10$ afin de les transformer en rameaux à fruit et de favoriser l'allongement du bourgeon terminal. On supprime, en outre, tous les bourgeons doubles ou triples, pour ne conserver que le plus faible ou le plus vigoureux, selon qu'il s'agit d'obtenir un rameau à fruit ou un prolongement de la branche.

Deuxième année. — Au printemps qui suit, cette branche offre l'aspect de la figure 169. Les très-petits rameaux de la base B supportent un groupe de boutons à fleur au centre desquels est un bouton à bois destiné à prolonger ce petit rameau à fruit. On laisse intacts ces petits rameaux. Quant aux autres, plus longs, C, et qui portent aussi un certain nombre de boutons à fleur vers la partie moyenne, puis des boutons à bois vers le sommet et la base, on les raccourcit en les coupant. Ceux D, qui sont plus gros et plus vigoureux, sont raccourcis par le cassement complet ou partiel, selon qu'ils sont plus ou moins vigoureux, ainsi que nous l'avons expliqué pour les rameaux à fruit du poirier. Ces coupes ou ces cassements sont nécessaires, afin de favoriser le développement de nouveaux rameaux de remplacement vers la base; car nous n'avons pas oublié que, dans les arbres à fruit à noyau, les rameaux à fruit ne fructifient qu'une fois. Pendant l'été suivant, on pince encore ceux des nouveaux bourgeons qui atteindraient plus de $0^m,06$ ou $0^m,08$.

Troisième année. — Au troisième printemps, la branche est constituée comme l'indique la figure 170. On voit que les petits rameaux B et C se sont un peu allongés, et que ceux D se sont ramifiés. La plupart de ces derniers doivent être un peu raccourcis pour diminuer le nombre des fleurs qui les épuiseraient, et

Fig. 170. — Troisième taille des rameaux à fruit du prunier.

pour les empêcher de s'allonger outre mesure. On continue, chaque année, les mêmes opérations en raccourcissant avec soin, non-seulement les rameaux D, qui s'allongeraient de nouveau, mais encore ceux C et B, et cela afin de leur faire développer de nouveaux remplacements vers leur base.

Prunier soumis à la forme en contre-espalier double en cordon vertical. — On emploiera, pour cette disposition, les mêmes soins que pour les poiriers soumis à la même forme.

Prunier en espalier soumis à la forme en palmette Verrier. Les procédés à employer sont exactement les mêmes que ceux indiqués pour le poirier. Quant à la taille des rameaux à fruit, elle est la même que pour les pruniers en pyramide. Il suffit de réserver entre ces arbres une distance telle, qu'ils couvrent sur le mur une surface d'environ 15 mètres carrés.

Prunier soumis à la forme en cordon oblique simple et en cordon vertical. — La disposition en cordon oblique offre autant d'avantage que pour le poirier et le pêcher. Les pruniers y seront soumis au moyen des opérations indiquées pour le poirier. Quant à la forme en cordon vertical, on l'emploiera pour le prunier dans les mêmes circonstances que pour le poirier, c'est-à-dire pour des murs ayant au moins 4 mètres d'élévation, et l'on usera également du même mode d'application.

Prunier soumis à la forme à haut vent. — Cette forme est exclusivement réservée pour les vergers. Les pruniers reçoivent les opérations décrites pour le poirier.

DU CERISIER

Sol. — Le cerisier redoute plus l'humidité que la sécheresse. Il préfère les terrains légers ou de consistance moyenne, siliceux et surtout un peu calcaire.

Greffe. — Le cerisier est greffé sur deux sortes de sujets : sur le *prunier de Sainte-Lucie* ou *mahaleb*, et sur le *merisier*. On préfère les sujets de Sainte-Lucie pour les arbres à basse tige, soit en pyramide ou autres formes en plein vent, soit en espalier. Les arbres offrent ainsi une très-grande rusticité et s'accommodent plus volontiers de tous les terrains. Les sujets de merisier produisent des arbres plus vigoureux, mais plus exposés à la gomme; ils exigent, d'ailleurs, un sol de meilleure qualité. On les réserve exclusivement pour former des arbres à haut vent.

Ces deux sortes de sujets sont presque toujours greffés en écusson, à l'exception du merisier, qu'on peut greffer en fente ou en couronne lorsqu'il est trop âgé pour recevoir l'écusson. Le Sainte-Lucie est écussonné au commencement de septembre, le merisier en août.

Variétés. — On cultive aujourd'hui environ quatre-vingts variétés de cerisiers; nous recommandons les suivantes comme les meilleures pour chaque époque de maturité.

NOMS DES VARIÉTÉS et DES SYNONYMES.	ÉPOQUE de LA MATURITÉ.	POSITION.		EXPOSITION DES MURS.			
		Plein vent.	Espalier.	Est.	Ouest.	Sud.	Nord.
Bigarreau de mai.	Fin de mai.	. . .	Esp. .	. .	. .	S.	. .
Angleterre hâtive.	Comm^{t} de juin. . .	Pl. v.	Esp. .	E.	O.	S.	. .
May-duck.							
Belle de Choisy.	Juin.	. . .	Esp. .	. .	O.	S.	. .
Doucette.							
Griotte de chaux.	Fin de juin.	Pl. v.	Esp. .	. .	O.	S.	. .
Griotte d'Allemagne. . . .							
Royale cherry-duck.	Fin de juin.	Pl. v.	Esp. .	. .	O.	S.	. .
Dowton.	Comm^{t} de juillet. .	Pl. v.	Esp. .	. .	O.	S.	. .
Noire de Prusse.	Comm^{t} de juillet. .	Pl. v.	Esp. .	. .	O.	S.	. .
Reine Hortense.	Comm^{t} de juillet. .	Pl. v.	Esp. .	E.	O.	S.	. .
Monstrueuse de Baray. . .							
Belle de Sceaux.	Fin de juillet. . . .	Pl. v.	Esp. .	E.	O.	S.	. .
Belle de Chatenay.							
Marello de Charmeux. . . .	Fin d'août à fin d'oc.	Pl. v.	Esp. .	E.	O.	.	. .

TAILLE

Le cerisier offre un mode de végétation et de fructification tout à fait analogue à celui du prunier; nous avons donc peu de chose à ajouter à ce que nous venons de dire en parlant de ce dernier arbre.

Le cerisier est cultivé sous trois formes principales : le *haut*

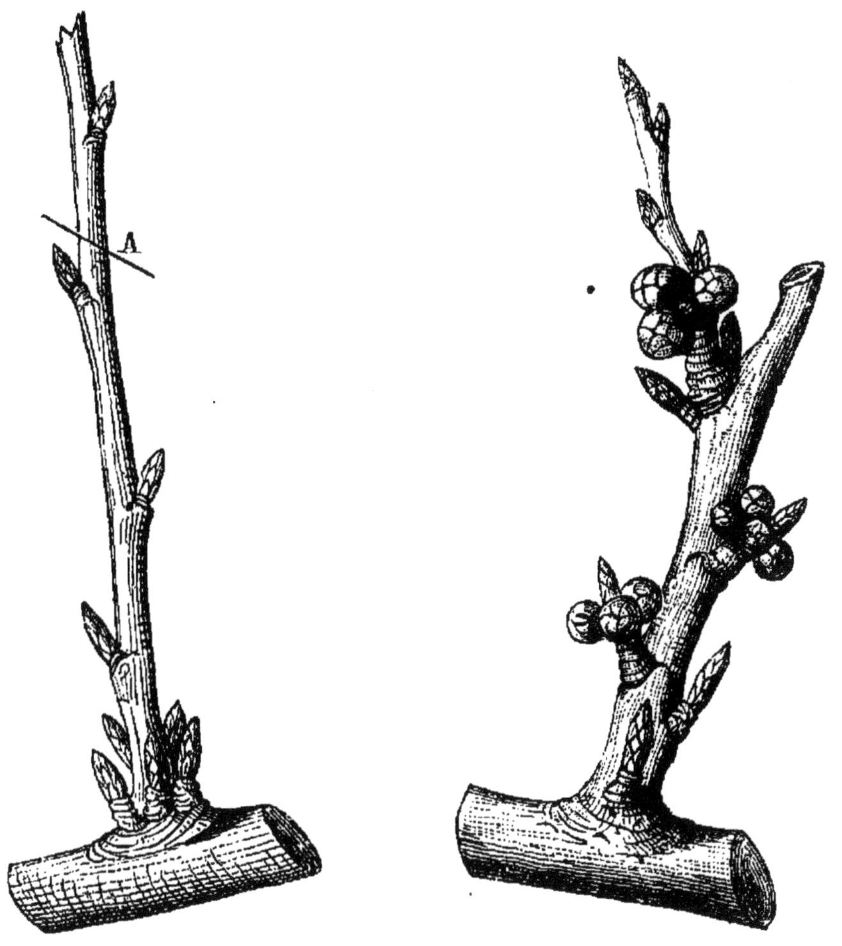

Fig. 171. — Rameau à fruit du cerisier âgé de 1 an.

Fig. 172. — Rameau à fruit du cerisier âgé de 2 ans.

vent pour les vergers, la *pyramide*, le *contre-espalier double en cordon vertical* et l'*espalier* pour le jardin fruitier. C'est encore la forme en *palmette Verrier* ou celle en *cordon oblique simple* que nous conseillons pour les espaliers. On pourra lui appliquer aussi la forme en *cordon vertical*

Quant aux soins qu'il réclame, soit pour soumettre sa charpente à ces diverses formes, soit pour l'intervalle à laisser entre les arbres, nous venons de le dire pour le prunier. Il en est de même pour l'obtention et l'entretien des rameaux à fruit. Ainsi, les bourgeons qui naissent sur les derniers prolongements des branches de la charpente étant pincés à 0m,08 ou 0m,10, on obtient sur chacun d'eux le résultat que montre la figure 171. Ces rameaux sont raccourcis à la taille d'hiver au moyen de la coupe, du cassement complet ou du cassement partiel, suivant leur degré de vigueur. Après une nouvelle année de végétation, ces mêmes rameaux offrent l'aspect de la figure 172. Alors on les coupe en A, afin de refouler la séve vers la base pour obtenir là de nouvelles productions fruitières, et ainsi de suite chaque année.

DE L'ABRICOTIER

Climat et sol. — L'abricotier peut mûrir ses fruits sous tous les climats de la France; mais, comme sa floraison est des plus précoces, sa fructification est très-souvent détruite par les froids tardifs et les intempéries du printemps. Aussi sa culture en plein vent n'est-elle profitable que jusque sous le climat de Paris. Au delà, vers le nord, on est obligé de le placer exclusivement en espalier, et c'est là une nécessité fâcheuse; car, contrairement à ce qui a lieu pour les autres espèces, ses fruits sont beaucoup moins savoureux en espalier qu'en plein vent.

Le sol qui lui convient est le même que pour le prunier.

Greffe. — L'abricotier est presque toujours multiplié au moyen de la greffe en écusson, et c'est généralement le prunier qu'on choisit comme sujet.

Variétés. — L'abricotier a produit une vingtaine de variétés, parmi lesquelles nous indiquons les suivantes, comme les meilleures.

NOMS DES VARIÉTÉS et DES SYNONYMES.	ÉPOQUE de LA MATURITÉ.	POSITION.		EXPOSITION DES MURS.			
		Plein vent.	Espalier.	Est.	Ouest.	Sud.	Nord.
Musch.	Mi-juillet.	Pl. v.	Esp. .	E.	O.	S.	. .
Montgamet.	Fin juillet.	Pl. v.	Esp. .	E.	O.	S.	. .
Gros commun.	Comm^t d'août. . .	Pl. v.	Esp. .	E.	O.	S.	. .
Royal.	Mi-août.	Pl. v.	Esp. .	E.	O.	S.	. .
Pourret.	Mi-août.	Pl. v.	Esp. .	E.	O.	S.	. .
Pêche. . . . . *De Nancy.*	Fin août.	Pl. v.	Esp. .	E.	O.	S.	. .
Beaugé.	Com^t de septembre.	Pl. v.	Esp. .	E.	O.	S.	. .

TAILLE

L'abricotier est cultivé à haut vent dans les contrées où sa fructification n'est pas contrariée par les intempéries du printemps. Dans le jardin fruitier on lui donne la forme en vase ou *gobelet à branches verticales,* ou bien on le place en espalier. Là on lui impose la forme en *palmette Verrier,* ou celle en *cordon oblique simple.* Par suite de la médiocrité de ses fruits dans cette position, nous conseillons de choisir le point le mieux exposé et le plus abrité du jardin, et de le cultiver là en contre-espalier, c'est-à-dire palissé contre un treillage en plein air (fig. 175). Ce treillage, C, sera établi contre des supports B placés tous les 2 mètres, ayant au moins $2^m,50$ de hauteur, et l'on donnera aux arbres les formes dont nous venons de parler pour l'espalier. Vers le milieu de février, on placera derrière ce treillage, et du haut en bas, des paillassons, A, solidement fixés; puis, au sommet de ce contre-espalier, on établira une ligne d'auvents en paille E, ayant 0^m,60 de saillie. Ces abris suffiront pour garantir ces arbres des intempéries. On les enlève tous à la fin du mois de mai, et, les abricots se développant et mûrissant en plein air, ils ont la qualité de ceux des arbres à haut vent.

La taille des rameaux à fruit de cet arbre est également semblable à celle des rameaux des deux espèces précédentes; ainsi le rameau A (fig. 174) résulte des pincements pratiqués sur les bourgeons nés sur le nouveau prolongement d'une branche de la charpente. Si on le laisse entier lors de la taille d'hiver, il fructifiera et donnera naissance à un nouveau rameau terminal A (fig. 175); si celui-ci est encore laissé entier, il s'allongera de nouveau, et ainsi de suite chaque année en devenant de plus en plus chétif jusqu'au moment où, en se desséchant, il laissera

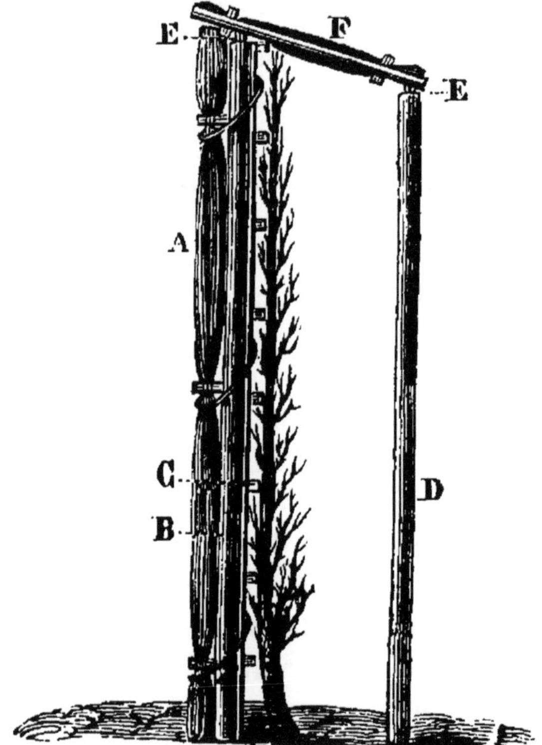

Fig. 175. — Abri pour les abricotiers en contre-espalier.

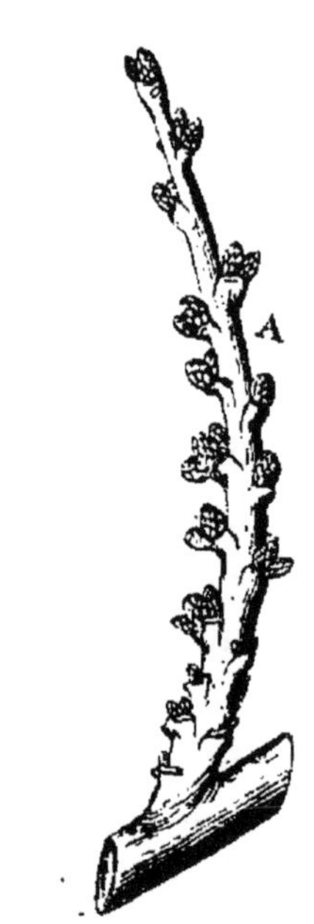

Fig. 174.— Rameau à fruit de l'abricotier avant la taille.

un vide à sa place. Il convient donc de raccourcir le rameau A (fig. 175) en A, afin, tout en conservant un nombre suffisant de boutons à fleurs, de refouler la séve à la base pour obtenir là les nouveaux rameaux à fruit. Il résulte de cette opération que, l'année suivante, ce nouveau rameau offrira l'aspect des figures 176 ou 177. Dans le premier cas, pour la figure 176, on coupe le rameau primitif B en *a*, et le nouveau rameau à fruit A en *b*, afin d'obtenir encore le même résultat. Quant à la figure 177, on

Fig. 175. — Rameau à fruit de l'abricotier abandonné à lui-même.

Fig. 176. — Rameau à fruit de l'abricotier un an après la première taille.

Fig. 177. — Autre rameau à fruit de l'abricotier un an après la première taille.

supprime l'un des petits rameaux en A pour faire naître aussi vers la base les nouveaux rameaux à fruit, et ainsi de suite chaque année.

RESTAURATION

DES ARBRES MAL TAILLÉS

OU ÉPUISÉS PAR LA VIEILLESSE

Peu d'arbres sont traités avec les soins que nous venons d'indiquer; il ne faut donc pas s'étonner si un grand nombre sont loin de donner tous les produits qu'on pourrait en obtenir. Est-ce à dire qu'on doive les remplacer par une nouvelle plantation? Non, car on peut rendre à la plupart d'entre eux, à l'aide d'opérations convenables, sinon une forme parfaitement symétrique, du moins une disposition assez régulière, et toute la fertilité dont ils sont susceptibles.

D'un autre côté, tous les arbres fruitiers, ceux-là même qui sont conduits avec le plus grand soin, finissent, au bout d'un certain temps, par languir et ne plus donner que de chétifs produits. Or ces arbres ne doivent pas toujours être remplacés, car on peut les rajeunir pour la plupart. Or cela ne manque pas d'intérêt, puisqu'on obtient ainsi des résultats plus prompts qu'en faisant une nouvelle plantation.

Restauration des arbres mal taillés. — Examinons séparément les arbres en plein vent et les arbres en espalier.

Arbres en plein vent. — On taille généralement trop court les branches latérales inférieures des arbres déstinés à former des pyramides, et l'on coupe trop long la flèche et les branches latérales qui l'avoisinent. Il en résulte que la séve afflue vers le sommet de l'arbre et s'arrête à peine vers la base. Dès lors l'accroissement des branches inférieures s'arrête avant d'avoir atteint la longueur qu'elles devaient prendre; elles se chargent d'une quantité surabondante de fruits qui les épuise; elles se dessèchent peu à peu et l'arbre finit par prendre la forme en tête.

Si ces arbres n'ont encore que 1^{m}, 50 à 2 mètres d'élévation (fig. 178) et qu'ils soient suffisamment vigoureux, il n'y a d'autre moyen à employer que le *recepage;* on coupe la tige en A, à environ 0^{m}, 50 du sol; ensuite, on *ravale* tout contre la tige les branches latérales B, et l'on applique les mêmes soins que pour une jeune pyramide au début de sa formation.

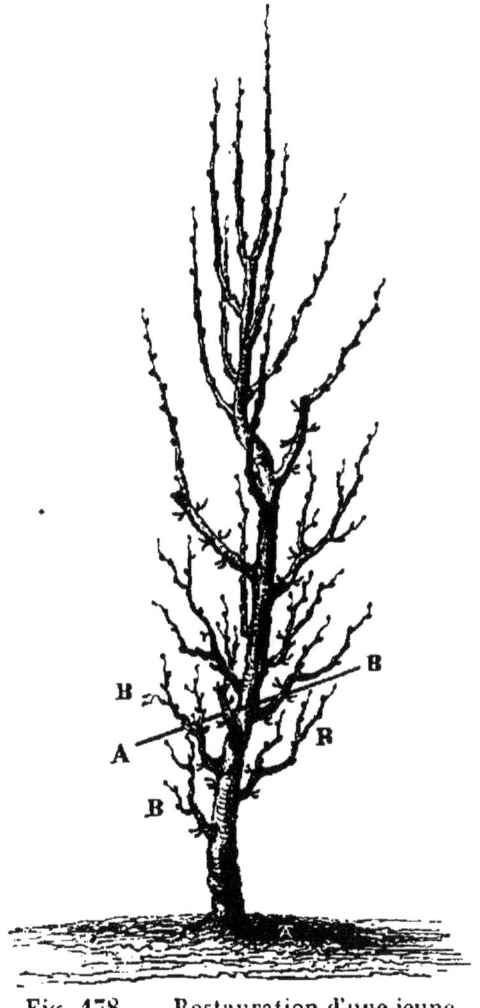

Fig. 178. — Restauration d'une jeune pyramide.

Mais, lorsque l'arbre a un développement de 4 à 5 mètres, comme celui qu'indique la figure 179, et que la base est encore pourvue d'un certain nombre de ramifications, on ne supprime que les deux tiers de la hauteur totale, et les branches situées immédiatement au-dessous de ce point sont *rapprochées*, c'est-à-dire coupées à 0^{m}, 04 environ de leur naissance. Au contraire, celles qui sont placées tout à fait à la base restent entières. Quant aux branches qui sont situées entre ces deux points, on les taille de façon que leur sommet ne dépasse pas une ligne oblique qui, partant de l'extrémité des branches inférieures, s'arrêterait au sommet des branches placées au haut de la tige. On pratique en outre sur la tige, soit des entailles pour déterminer le développement de nouvelles branches latérales là où il en manque, et favoriser celles qui sont trop faibles, soit des greffes par approche ou de côté Richard pag. 4 et 14), pour faire naître des branches là où les entailles ne produiraient aucun développement. Si toutefois les branches inférieures étaient très-faibles relativement à celles situées au point où l'on coupe la tige, ou que leur nombre soit insuffisant, il ne faudrait pas hésiter à les retrancher toutes complétement pour faire naître les nouvelles ramifications directement sur la portion de tige conservée.

Pendant l'été suivant on favorise l'allongement des bourgeons inférieurs en pinçant ceux du sommet, à l'exception toutefois de celui que l'on aura choisi pour prolonger la tige. Lors

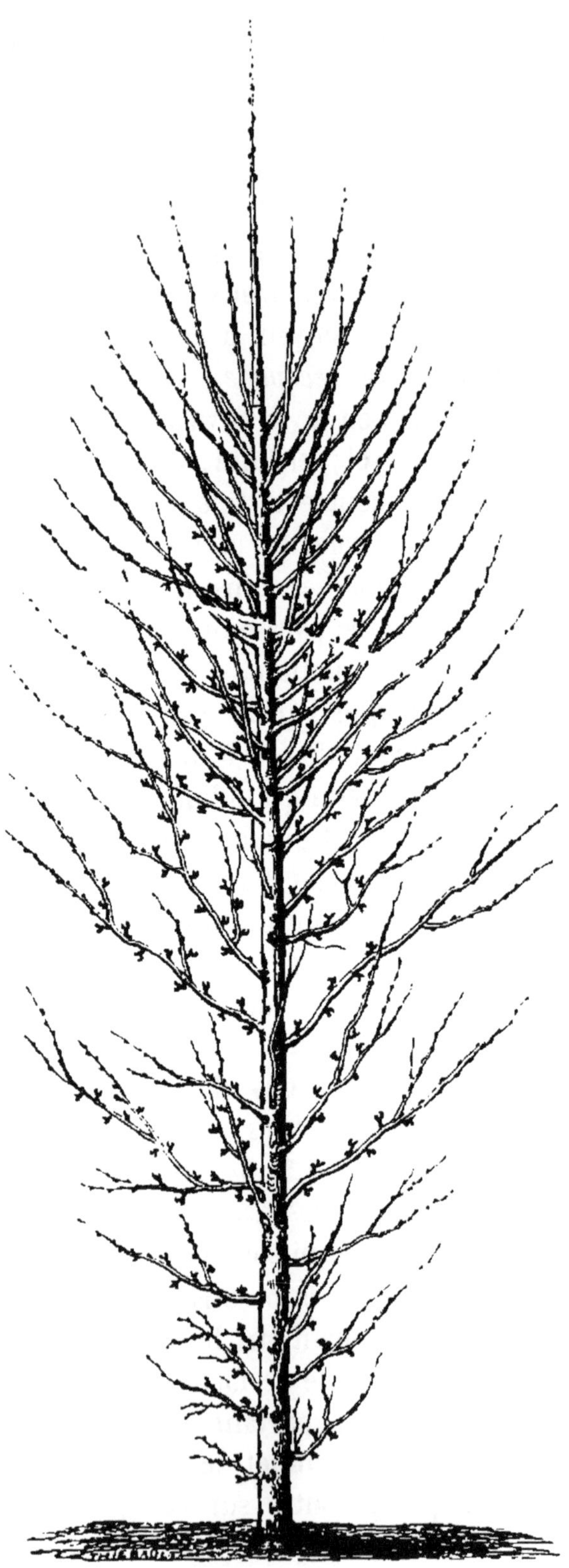

Fig. 179. — Restauration pyramide déjà âgée.

de la taille d'hiver, les branches inférieures seront laissées presque entières, puis on raccourcira successivement les autres en donnant seulement une longueur de 0 m, 15 à celles du sommet, et 0 m, 30 à la flèche. Pendant l'été suivant, on refoulera encore la sève dans les parties inférieures au moyen du pincement, et à la fin de la végétation l'arbre aura repris sa forme pyramidale.

Arbres en espalier.—Distinguons les arbres à fruits pepins de ceux à fruits à noyau. S'il s'agit de poiriers ou de pommiers, quelque âgés qu'ils soient, mais encore assez vigoureux, n'ayant aucune disposition régulière et auxquels on veut donner la forme en palmette, on cherche parmi les diverses ramifications de la base trois branches convenablement placées pour former, l'une la tige de l'arbre, et les deux autres les deux premières branches sous-mères. On supprime toutes les autres branches, et les deux latérales sont taillées sur une longeur de 0 m, 30 environ. La tige est coupée immédiatement au-dessus du point où doit naître le deuxième étage de branches sous-mères. On applique ensuite à l'arbre les soins prescrits pour former les palmettes.

Mais, si ces arbres ne présentent pas les branches dont on a besoin, on n'en conserve qu'une seule, que l'on coupe à environ 0m, 30 du sol, afin de lui faire développer les trois bourgeons qui doivent servir à commencer la charpente de la palmette.

Ce ravalement et ce recepage des arbres à fruits à pepins aura presque toujours un succès complet, parce qu'ils ont la propriété de développer de nouveaux bourgeons sur les ramifications les plus âgées; mais il n'en est pas de même pour les espèces à fruits à noyau, et particulièrement pour le pêcher. Aussi leur restauration est-elle beaucoup plus difficile, quelque vigoureux qu'ils soient.

Cette restauration n'est assurée qu'autant qu'on trouve sur ces arbres quelques jeunes branches situées de façon qu'on puisse les utiliser pour faire la nouvelle charpente, ou qu'à leur défaut il existe à la base un bouton ou une petite ramification. Dans le premier cas, on ne conserve que les branches utiles pour la nouvelle charpente; dans le second, on recèpe entièrement la tige au-dessus de la petite production; et, quand celle-ci s'est développée, on en fait la base du nouvel arbre.

Rajeunissement des arbres épuisés par la vieillesse. — Quelques soins que l'on donne à la taille des arbres fruitiers, il arrive, au bout d'un certain nombre d'années, qu'il se forme à chacun des points occupés par les rameaux à fruit des nœuds déterminés par la coupe et le renouvellement successifs de ces rameaux. Ces nodosités opposent de graves obstacles à la circulation de la séve des racines vers les boutons, et des bourgeons vers les racines, et déterminent bientôt un état de souffrance qui finit par faire périr l'arbre.

Si cet arbre est opéré avant d'être arrivé à un état de décrépitude complète, il est presque toujours possible de le rajeunir et de lui rendre sa première vigueur, surtout s'il s'agit d'un arbre à fruits à pepins; car le succès est moins assuré sur ceux à fruits à noyau, surtout sur le pêcher, qui ne donne presque jamais de nouveaux bourgeons sur le vieux bois.

Arbres en pyramide. — Le but essentiel du rajeunissement est de concentrer sur une étendue restreinte de tiges et de branches le peu de séve dont l'arbre peut encore disposer, afin de faire développer vigoureusement de nouveaux bourgeons, et par suite un nouvel appareil de racines. Il suffit donc, pour un arbre en pyramide, de couper la tige vers la moitié de sa hauteur totale, et de tailler les branches latérales d'autant plus long qu'elles sont plus rapprochées de la base, de manière à conserver à ce qui restera de l'arbre la forme pyramidale. Celles de la base seront coupées à 0 m, 60 de leur naissance, et celles du sommet à 0 m, 15. Si l'on opère sur des arbres à fruits à pepins, et que les branches présentent une certaine grosseur et surtout une écorce épaisse et dure, il sera plus prudent, au lieu de compter sur le développement d'un nouveau bourgeon terminal pour prolonger la tige et les branches, de placer à l'extrémité de chacune d'elles une greffe en couronne qui se développera toujours plus vigoureusement que le bourgeon qui serait né de lui-même.

A la fin de l'année, la pyramide rajeunie offrira l'aspect de

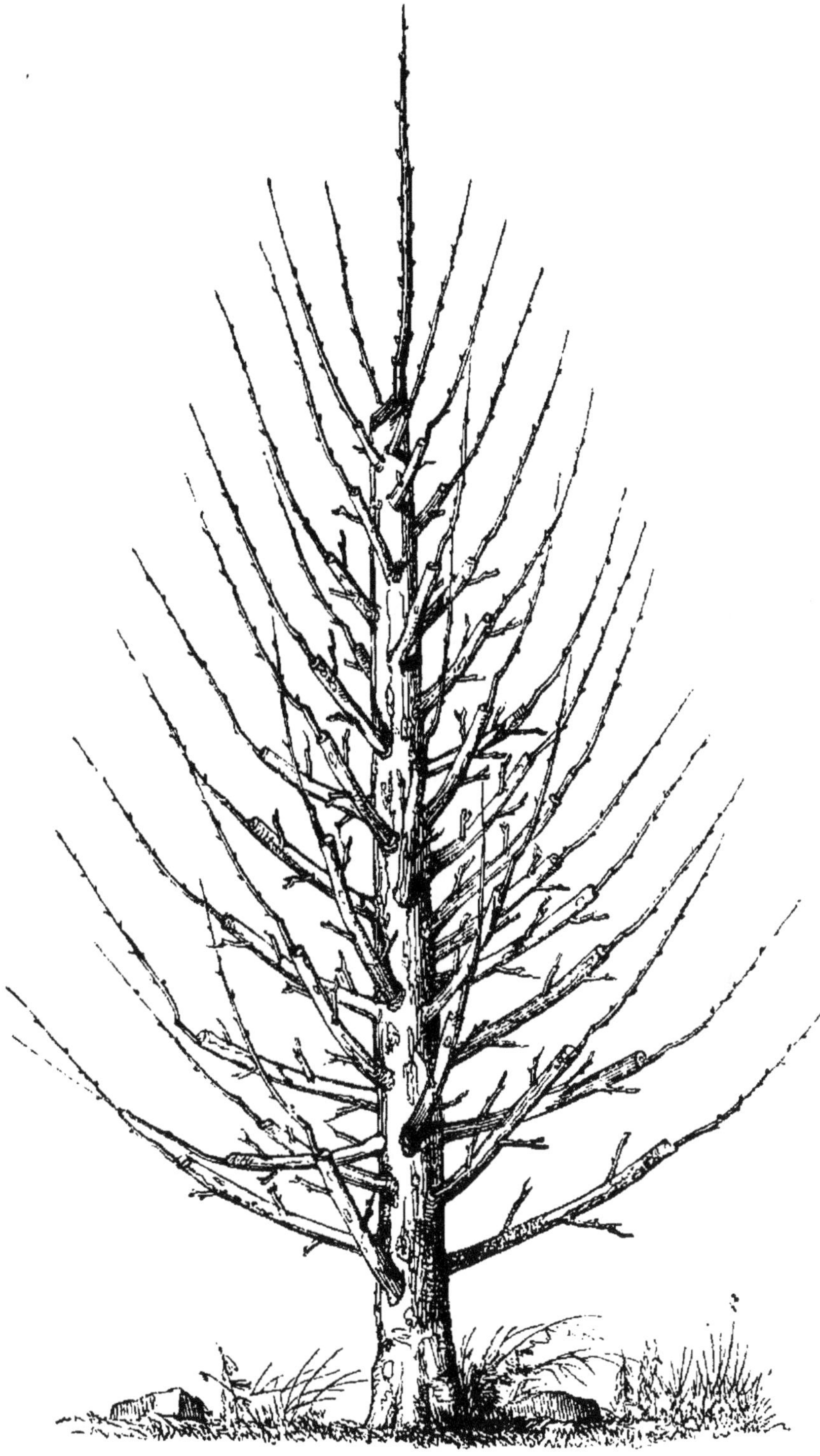

Fig. 180. — Poirier en pyramide soumis au rajeunissement.

la figure 180. Pendant les premières années qui suivront ce rajeunissement, il sera nécessaire, pour favoriser le développement de la base, de tailler court le prolongement des branches du sommet, et de pincer, pendant l'été, leur bourgeon terminal.

Arbres en espalier. — Pour les arbres en espalier disposés en palmette, on supprime la moitié de la longueur de la tige, puis les branches sous-murées sont rapprochées, celles du sommet à 0 m,15 de leur naissance, celles de la base à la moitié de leur longueur, et celles intermédiaires de manière qu'elles ne dépassent pas une ligne que l'on conduirait du sommet des branches supérieures à l'extrémité des branches inférieures. On place aussi une greffe en couronne au sommet de la tige et à l'extrémité de chacune des branches latérales. Enfin on favorise pendant quelque temps le développement de la base de l'arbre au moyen de la taille courte des rameaux du sommet et du pincement des bourgeons.

Pour assurer le succès complet, il sera bon d'enlever avec une plane, et jusqu'au vif, toute la vieille écorce qui recouvre la tige et les branches de tous les arbres soumis au rajeunissement, puis de recouvrir leur surface avec une bouillie de chaux éteinte. Cela stimulera l'énergie vitale de l'arbre et facilitera la sortie de nouveaux bourgeons.

En outre,on fera bien de pratiquer, à partir de la troisième année qui suivra le rajeunissement, une tranchée circulaire à 1 mètre du pied de l'arbre, d'une largeur de 1 mètre et d'une profondeur de 0 m, 70, et de la remplir avec une terre neuve améliorée par des engrais. Si pendant ce travail on rencontre quelqu'une des anciennes racines, on les conservera intactes.

Toutefois nous devons faire observer que ces opérations de restauration et de rajeunissement ont perdu beaucoup de leur importance depuis que nous avons imaginé les cordons obliques et verticaux. En effet ces formes permettent d'obtenir le produit maximum des arbres en plein vent ou en espalier vers la sixième année de plantation, tandis qu'il en faudra toujours quatorze ou seize pour les grandes formes restaurées ou rajeunies; d'où il suit qu'il y aura presque toujours avantage à substituer à ces opérations une nouvelle plantation en cordons. Dans l'hypothèse où tous les arbres d'un jardin auraient besoin de recevoir ces opérations de restauration ou de rajeunissement, on procéderait ainsi : on supprimera tous les anciens arbres sur le tiers de l'étendue du terrain où ils sont en plus mauvais état, puis ils seront remplacés sur cette même surface par des cordons. Lorsque ceux-ci commenceront à fructifier, on procédera de la même façon sur le second tiers, et quelque temps après sur le restant du jardin. Tout le jardin sera ainsi restauré sans qu'il en soit résulté une privation de fruits.

SOINS GÉNÉRAUX

RELATIFS A LA

CULTURE DU JARDIN FRUITIER

Outre les opérations dont nous venons de terminer l'étude, il est certains soins indispensables pour assurer la végétation vigoureuse des arbres fruitiers. Ces soins ont pour objet la culture annuelle des plates-bandes d'arbres fruitiers, et la protection à donner aux arbres contre les gelées tardives du printemps ou le soleil trop ardent de l'été.

La culture des plates-bandes les maintient, à l'aide des labours, constamment perméables aux agents atmosphériques, et nettes de mauvaises herbes ; elle y entretient, par les engrais, une suffisante quantité de principes fertilisants ; enfin elle les défend contre la sécheresse.

Labours. — Les labours ne doivent pas être très-profonds, car ils endommageraient les racines, surtout des arbres greffés sur cognassier, sur prunier ou sur paradis, qui se développent toujours plus superficiellement que les autres. Dans ce dernier cas surtout, au lieu d'employer la bêche, il est préférable d'user de la fourche

Fig. 181. — Fourche trident pour labourer les plates-bandes d'arbres fruitiers.

Fig. 182. — Houe fourchue.

ou trident à dents plates (fig. 181) ou de la houe fourchue (fig. 182). On est moins exposé à couper les racines. Ce labour est pratiqué chaque année immédiatement après la taille.

Le plus souvent on consacre les plates-bandes d'arbres fruitiers, surtout celles d'espaliers, à la culture des légumes. C'est un usage fâcheux, car dans les nombreuses façons qu'il faut donner à ces légumes, on mutile constamment les racines des arbres. De plus, ces légumes épuisent singulièrement le sol. On devrait, au moins, se borner à la culture de quelques légumes peu épuisants, tels que les salades, et surtout ne pas y planter de choux.

Fumure. — Il ne faut pas fumer trop copieusement, lorsque les arbres ont atteint les dimensions qu'on désire qu'ils conservent, autrement on nuit à la production des fruits. Il en est souvent tout autrement pendant la formation de la charpente. Quelques cultivateurs fument tous les trois ans. Cette pratique est vicieuse, car elle oblige à fumer trop abondamment à la fois; les fruits contractent une saveur moins agréable, et les arbres à fruits à noyau, le pêcher surtout, sont plus exposés à la maladie de la gomme. Il vaut mieux fumer peu à la fois, et fumer tous les ans.

Dans les terres argileuses, on emploie les fumiers de cheval et de mouton, assez frais; dans les sols légers, celui de vache. On préfère toutefois des os concassés, des râpures de corne, des chiffons de laine, des débris de bourre et de crins ou de plumes. Ces engrais, très-puissants, à décomposition lente et d'un effet très-prolongé, sont plus en rapport que les fumiers proprement dits avec la longue durée des arbres. Il suffit de les renouveler tous les sept ou huit ans.

Au surplus, et quels que soient les engrais employés, il faut les répandre sur toute la surface du sol occupée par les racines et les enterrer par un labour.

Opération contre la sécheresse du sol. — Ces opérations sont les *arrosements*, les *couvertures* et les *binages*.

Arrosements. — Les grandes chaleurs de l'été rendent souvent les arrosements nécessaires, surtout dans les sols légers, et pour les plantations faites depuis l'été précédent. Mais, pour que la surface de la terre ne soit pas battue et durcie par ces arrosements, il convient de couvrir le pied de l'arbre avec de la litière. Chaque jeune arbre doit recevoir, pendant les grandes chaleurs de l'été, un arrosoir d'eau tous les huit jours. Si l'on peut alors disposer d'engrais liquides, il faudra les préférer à l'eau. Ils seront un moyen d'activer la végétation. Ces arrosements seront toujours effectués au coucher du soleil.

Binages. — Cette opération consiste à ameublir la surface du sol jusqu'à 0 m, 05 de profondeur, aussitôt qu'elle commence à se durcir et à se dessécher. Elle remplace les arrosements après la première année de plantation. C'est surtout dans les terres fortes qu'il convient d'en faire usage.

Couvertures. — Elles produisent les mêmes résultats que les binages, et se composent de feuilles sèches, de paille en décomposition, de fougères, etc., qu'on répand au mois de mai sur toute la surface des plates-bandes, en une couche de 0 m, 06 à 0 m, 08 d'épaisseur. On les emploie de préférence pour les terres légères.

Abris contre les gelées tardives du printemps. — Les intempéries du printemps, telles que les gelées tardives, les pluies froides, la neige, la grêle, etc., sont très-nuisibles aux arbres fruitiers, et notamment ceux à fruits à noyau.

Examinons ce que l'on peut faire pour prévenir ces accidents,

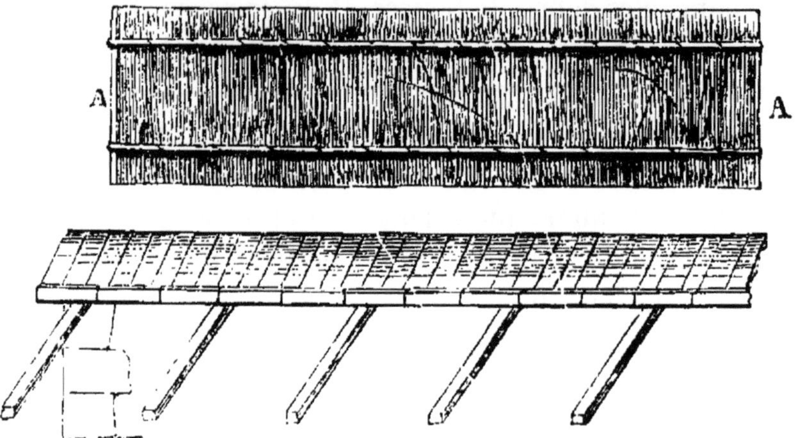

Fig. 183. — Abris pour les espaliers.

et étudions séparément les arbres en espalier et ceux en plein vent.

Arbres en espalier. — Souvent on donne aux chaperons qui surmontent les murs une saillie de 0m,25 à 0m,30. Cette saillie, insuffisante pour protéger les arbres contre les intempéries, leur devient nuisible lorsque arrive la fin de mai, en ce qu'elle les prive de l'action bienfaisante des rosées et des pluies tièdes de l'été. Il est donc plus convenable de donner aux chaperons des murs une saillie de 0m,10 seulement, et d'employer comme abri le procédé suivant :

Pour les murs dépourvus de treillage et sur lesquels on palisse à la loque, on fait sceller au-dessous du chaperon, et de mètre en mètre, des tringles de bois (fig. 183) de 0m,64 de saillie et inclinées en avant sous un angle de 30 degrés environ. Lorsque

.es .mmencent à végéter, vers la seconde quinzaine de .ier. attache sur ces tringles des paillassons longs de . mètr et larges de 0m,64, dispo. en formes de claies (A, . 183) à l'aide de quatre tri es de bois, deux dessous et d . dessus, et réunies par des ıs de fil de fer. Ces paillas-ns sont maintenus au sommet des arbres jusqu'au moment où les fruits commencent à nouer, c'est-à-dire jusque vers la fin du mois de mai.

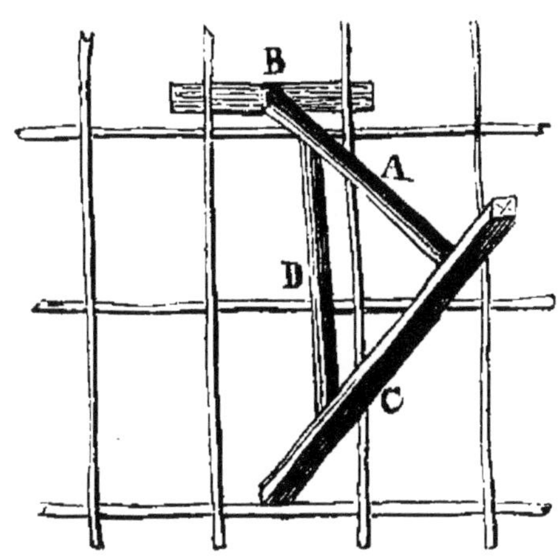

Fig. 184. — Chevalet pour les murs garnis de treillage.

Sur les murs couverts d'un treillage, on remplace les tringles par de petits chevalets de bois ou de fer, de la forme de celui indiqué figure 184.

Ce procédé offre sur le premier l'avantage de faire disparaître les tringles scellées sous le chaperon des murs, et de permettre de rapprocher à volonté les abris du sommet des jeunes arbres.

Ces abris sont surtout indispensables pour les arbres à fruits à noyau; mais les arbres à fruits à pepins s'en trouveront aussi beaucoup mieux, particulièrement aux expositions de l'ouest et du nord, dans les localités humides. Mais, dans ce cas, les abris seront placés en juin et seront maintenus jusqu'à la fin de septembre. Ils empêcheront les jeunes fruits d'être tachés par les brouillards ou les pluies froides de l'été. Ces abris pourront n'avoir que 0m,40 de saillie.

Ce procédé, suffisant pour préserver les arbres contre un abaissement de température de 1° 1/2 au plus au-dessous de zéro, devient inefficace contre des froids de 2 à 3°, qui viennent trop souvent anéantir le produit de nos jardins fruitiers. Voici alors ce qu'il sera bon d'ajouter aux paillassons dont nous venons de parler, en prévision de froids aussi intenses.

On place sur les paillassons A (fig. 185), et à leur point

le plus bas, une perche B qui s'appuie sur l'extrémité du let qui forme saillie. On enfonce ensuite dans le sol une...

Fig. 185. — Abri pour les espaliers d'arbres à fruits à noyau.

pieux F de 0m,70 de hauteur, placés à 1m, 50 les uns des autres et à 1m,50 en avant du mur. On fixe au sommet de ces pieux une traverse E, puis on tend une toile du point B au point E. Cette toile se compose d'un canevas très-grossier semblable à celui employé pour coller le papier de tenture dans les appartements. Elle revient à environ 30 centimes le mètre carré. Si l'on veut augmenter sa durée, on pourra la faire tanner ou la faire plonger dans un bain d'huile de lin; son prix augmentera alors de 5 centimes. La nature de cette toile permet à la lumière de la traverser et d'éclairer très-suffisamment les espaliers, dont la végétation se fait complétement à l'abri des gelées tardives les plus fortes. On a ainsi presque autant de fruits qu'il s'est développé de fleurs. L'intervalle qui sépare ces toiles du mur est tel, que le jardinier peut y circuler librement et pratiquer sans gène les opérations d'ébourgeonnement, de taille en vert, de pincement, etc. On laisse ces toiles, comme les paillassons, d'une manière permanente jusqu'à la fin de mai, moment où les fruits sont presque noués et où l'on n'a plus à craindre les gelées tardives.

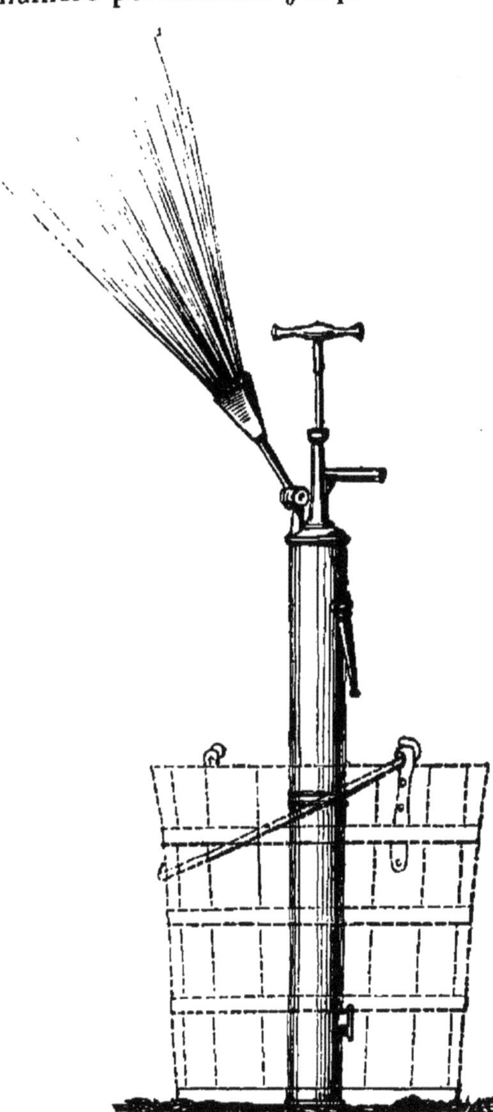

Fig. 186. — Pompe à main pour le bassinage des arbres.

Arbres en plein vent. — Il est beaucoup plus difficile d'abriter les arbres fruitiers en plein vent. Le seul moyen vraiment praticable consiste à fixer sur les branches, aussitôt après la taille, de petites poignées de fougère sèche garnie de ses feuilles, ou de paille, de façon que chaque branche soit abritée dans toute sa longueur. On peut aussi envelopper complétement ces arbres d'une toile semblable à celle dont nous venons de parler. S'il s'agit d'abriter des contre-espaliers doubles en cordons verticaux, on pourra tendre ces mêmes toiles horizontalement au sommet, en les fixant sur les fils de fer. Ces toiles ne sont enlevées que vers la fin de mai.

Opérations contre le soleil trop ardent de l'été. — Les arbres en espalier, ceux à fruits à noyau surtout, sont exposés par toutes leurs surfaces vertes à une évaporation telle, que les fonctions des racines sont insuffisantes pour réparer les pertes d'humidité à mesure qu'elles ont lieu; d'un autre côté, leur position les soustrait au bénéfice des rosées de la nuit, déjà si peu abondantes dans les grandes chaleurs de l'été.

Si l'on ne porte remède à cet état de souffrance, beaucoup périssent frappés, comme on dit, par un *coup de soleil*.

Pour prévenir cet accident, on arrose, on bassine légèrement les feuilles trois fois par semaine après le coucher du soleil, pendant les grandes chaleurs de l'été, à l'aide d'une petite pompe à main à jet continu (fig. 186), placée dans un seau rempli d'eau.

L'ardeur du soleil ne nuit pas moins à l'écorce de la tige des arbres en espalier, surtout à la partie qui n'est pas abritée par les feuilles. Cette écorce se durcit, perd de son élasticité, ne se prête plus au grossissement de l'arbre, et gêne la circulation générale de la séve en comprimant les vaisseaux séveux. Elle finit même souvent par le désorganiser complétement, tombe par plaques et laisse le bois à nu.

Fig. 187.
Coffret de bois pour abriter les tiges contre l'ardeur du soleil.

Pour combattre cette influence, on couvre le bas de la tige d'un petit abri de bois semblable à celui de la figure 187. Quant aux parties plus élevées, qui ne seraient pas protégées par les feuilles, on les garantit en les couvrant, vers la fin de mai, d'une couche de chaux éteinte, à laquelle on a ajouté environ la moitié de son volume de terre argileuse et assez d'eau pour en former une bouillie épaisse.

RÉCOLTE

ET

CONSERVATION DES FRUITS

Récolte. — La plupart des fruits qui mûrissent en été et en automne doivent être cueillis un peu avant leur maturité absolue : ils sont de meilleure qualité et plus savoureux. Mais il ne faut pas exagérer ce précepte, et il suffit de huit jours pour les fruits à pepins, et d'un jour seulement pour les pêches, les abricots et les prunes. Les cerises ne sont cueillies que complétement mûres.

Les fruits à pepins qui ne complétent leur maturation qu'en hiver sont récoltés au moment où la végétation des arbres cesse, c'est-à-dire dans le courant du mois d'octobre. Quelle que soit d'ailleurs la nature des fruits, la récolte exige un temps sec et un ciel découvert. Les fruits ont alors plus de saveur et se conserveront mieux.

La meilleure méthode pour détacher les fruits consiste à les enlever un à un, à la main, sans exercer aucune pression. On a imaginé divers moyens plus ou moins ingénieux pour atteindre ceux qui sont placés au sommet des arbres; mais tous ces procédés meurtrissent les fruits, et il vaut mieux s'en tenir aux échelles.

A mesure que les fruits sont détachés, on les dépose dans un panier très-large, mais peu profond, au fond duquel on a déposé une couche de mousse ou de feuilles sèches. Il ne faut pas superposer plus de trois rangs de fruits dans le même panier : chaque rang doit être, en outre, séparé par un lit de feuilles. Ces fruits sont immédiatement transportés dans un local couvert.

Conservation. — La conservation des fruits ne s'applique guère qu'à ceux qui mûrissent en hiver. Le but est :

1° De les soustraire à l'influence des gelées qui les désorganiseraient complétement.

2° De faire en sorte que la maturation s'effectue si lentement, qu'elle se prolonge, pour un certain nombre de fruits, jusqu'à la fin du mois de mai. Le succès plus ou moins complet est subordonné au mode de construction du local où ces fruits sont réunis, et auquel on donne le nom de *fruiterie.*

Fruiterie. — L'expérience a démontré que la fruiterie donne des résultats d'autant plus satisfaisants, qu'elle remplit plus complétement les sept conditions suivantes :

1° Une températute constamment égale;

2° Une température de 8 à 10 degrés au-dessus de zéro;

3° Privation complète de l'action de la lumière;

4° Absence de communication entre l'atmosphère de la fruiterie et l'atmosphère extérieure;

5° État plutôt sec qu'humide de la fruiterie;

6° Disposition telle des fruits, qu'on diminue autant que possible la pression qu'ils exercent sur eux-mêmes par leur propre poids;

7° Enfin, situation à l'exposition du nord, sur un terrain très sec et un peu élevé.

Voici la disposition d'une fruiterie que nous croyons propre à remplir toutes ces conditions :

Les dimensions du local sont déterminées par la quantité des fruits à conserver. Celui dont nous donnons le plan (fig. 188 et 189) présente une longueur intérieure de 5 mètres sur 4 de large et 3 d'élévation. On peut y placer 8,000 fruits, en admettant que chacun d'eux occupe un espace de 0^{m}, 10 carrés.

Le plancher est à 0^{m}, 70 au-dessous du sol environnant; si le terrain est bien sec, on peut descendre jusqu'à 1 mètre. Cette disposition permet de défendre plus facilement l'atmosphère de la fruiterie contre l'influence de la température extérieure. Pour empêcher l'eau des pluies de s'accumuler dans le sol placé près des murs et de s'infiltrer dans la fruiterie, on donne à la surface environnante (A, fig. 188) une pente opposée aux murs. Ceux-ci sont, en outre, construits en ciment jusqu'au-dessus du sol.

La fruiterie est entourée de deux murs A et B, (fig. 189), lais-

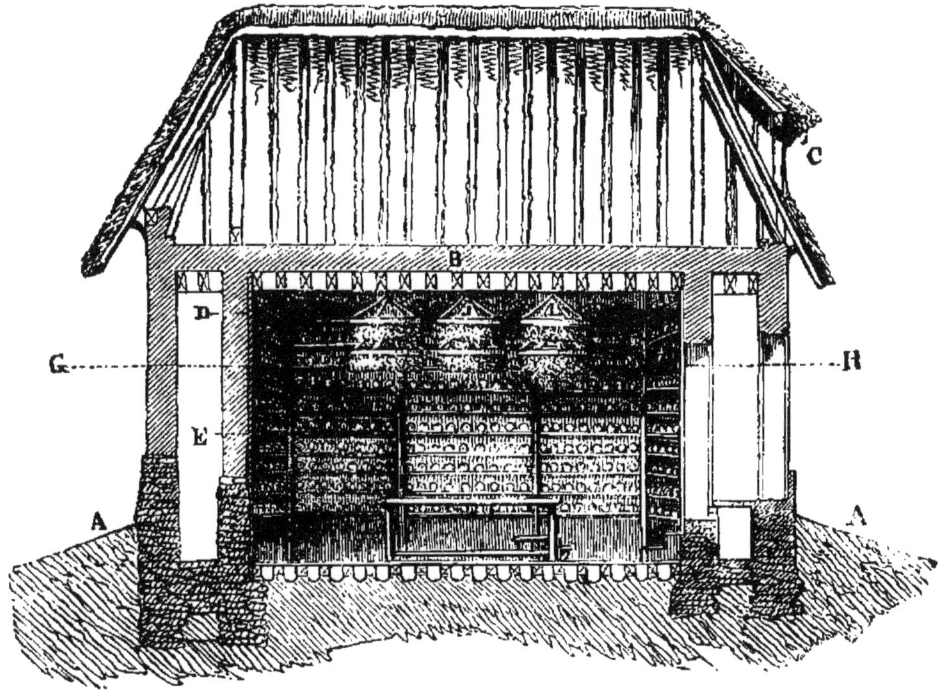

Fig. 188. — Élévation de la fruiterie suivant la ligne KL de la fig. 189.

sant entre eux un espace vide et continu, C, de $0^m,50$ de large. Cette couche d'air, interposée entre les deux murs, est un excellent moyen de soustraire l'intérieur à l'action de la température extérieure. Ces deux murs, présentant chacun une épaisseur de $0^m,33$, sont construits avec une sorte de mortier ou pisé formé de terre argileuse, de paille et d'un peu de marne. Cette matière est préférable à la maçonnerie ordinaire, d'abord parce qu'elle est moins bon conducteur de la chaleur, ensuite parce qu'elle coûte moins cher. Ces murs sont disposés de telle sorte que le sol du couloir E soit au niveau de celui de la fruiterie.

L'enceinte est percée de six ouvertures, trois dans le mur extérieur et trois dans le mur intérieur. Celles du mur extérieur, semblables aux ouvertures du mur intérieur, sont pratiquées en face de celles-ci. Ces ouvertures se composent, pour le mur extérieur :

1° D'une double porte D (fig. 189) : la porte extérieure s'ouvre

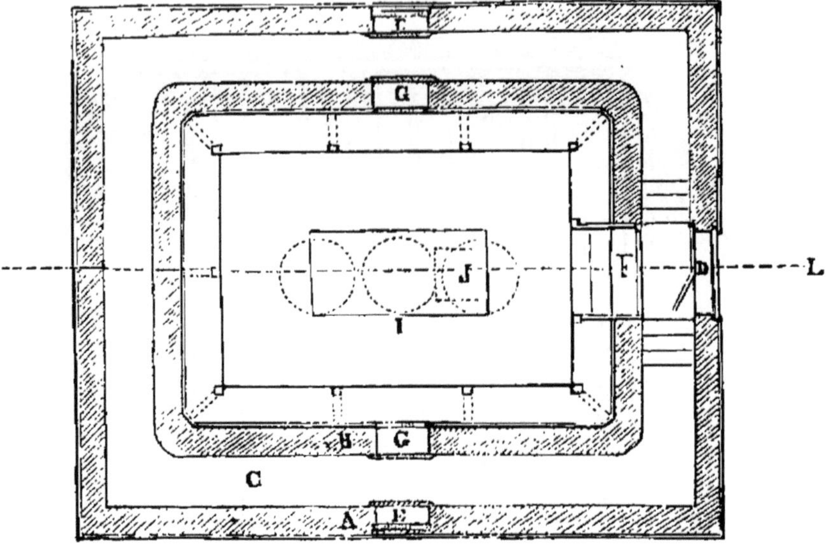

Fig. 189. — Plan de la fruiterie suivant la ligne GH de la fig. 177.

en dehors; celle de l'intérieur, en dedans, et se ploie en deux, dans le sens de sa largeur, comme un contrevent.

Lors des fortes gelées, on tasse de la paille dans le vide laissé entre ces deux portes.

2° De deux guichets E, de 0^{m},50 carrés, placés de chaque côté, s'ouvrant à 1 mètre du sol et fermés par une double cloison, dont l'une s'ouvre en dehors et l'autre en dedans. L'espace compris entre ces deux cloisons doit être aussi soigneusement rempli de paille au commencement de l'hiver.

Le mur intérieur présente une porte, F, et deux guichets, G; mais ici la porte est simple, les guichets sont aussi fermés par deux cloisons : celle du dehors est à coulisse, celle du dedans s'ouvre en dehors. Aussitôt que les fruits sont réunis dans la fruiterie, on doit, pour empêcher l'air du couloir de pénétrer dans l'intérieur, coller des bandes de papier sur les jointures des guichets. Ces guichets sont destinés seulement à laisser pénétrer dans l'intérieur l'air et la lumière, afin de pouvoir nettoyer et aérer facilement la fruiterie avant d'y rentrer la récolte. Nous verrons tout à l'heure qu'il est facile de se débarrasser de l'humidité intérieure, déterminée par la présence des fruits, sans qu'il soit besoin d'avoir recours à des courants d'air.

Le plafond (B fig 187) se compose d'une couche de mousse. maintenue par des lattes et recouverte, en dessus et en dessous, d'une couche de batifodage, le tout présentant une épaisseur de $0^m,33$. Ce mode de construction est indispensable pour empêcher l'influence de la température extérieure de se faire sentir à travers ce plafond.

Ce plafond est surmonté d'une toiture de chaume épaisse d'au moins $0^m,33$. On réserve dans cette toiture une lucarne C, qui permet d'utiliser le grenier. Cette lucarne doit être soigneusement fermée.

Le sol de la fruiterie est parqueté de chêne ou couvert d'une couche d'asphalte. Les parois et même le plafond doivent recevoir un lambris de sapin. Ces précautions concourent encore à maintenir dans l'intérieur une température égale et une atmosphère exempte d'humidité.

Toutes les parois sont garnies, depuis $0^m,50$ du parquet jusqu'au plafond, de tablettes de sapin destinées à recevoir les fruits. Elles sont placées à $0^m,25$ les unes des autres, et présentent une largeur de $0^m,50$.

Afin qu'on puisse voir à la fois tous les fruits rangés sur ces tablettes, on donne aux plus élevées (A, fig. 190) une inclinaison de 45 degrés environ. Cette pente diminue à mesure que l'on descend, jusqu'à ce que, arrivées à $1^m,50$ du sol, les tablettes (B, fig. 190) se trouvent placées horizontalement. Toute les tablettes inclinées en avant présentent la forme d'un gradin (A, fig. 190); chaque degré offre une largeur de $0^m,10$ environ, et est muni d'un petit rebord en saillie de $0^m,02$.

Afin que l'air puisse circuler librement de bas en haut entre ces tablettes, on laisse libre le derrière de chacun des degrés disposés en gradin. Quant à ceux placés horizontalement (B), on atteint le même but en les formant à l'aide de feuillets larges de $0^m,10$ et suffisamment espacés entre eux. Ces diverses tablettes, fixées contre lambris à l'aide de tasseaux, sont soutenues en avant par des montants D, placés à $1^m,50$ les uns des autres. Des traverses E, attachées sur ces montants, supportent des tringles horizontales (F) ou obliques et taillées en crémaillère (G), suivant la disposition des tablettes, et sur lesquelles s'appuient ces dernières sur toute leur largeur.

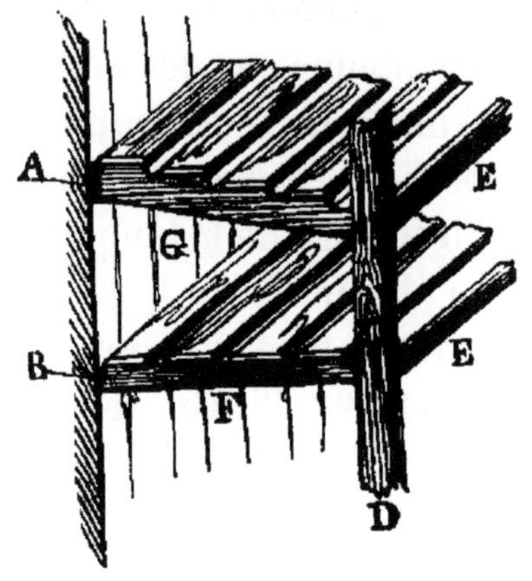

Fig. 190.— Tablettes horizontales et inclinées de la fruiterie.

Au centre de la fruiterie nous avons réservé une table longue de 3 mètres et large de 1 mètre, isolée des tablettes par un espace de 1 mètre. Le dessus de cette table, destiné à recevoir momentanément des fruits, est entouré d'un rebord semblable à celui des tablettes. Le dessous est pourvu de trois tablettes horizontales disposées comme les précédentes. Il arrive parfois qu'on peut éviter une partie notable des frais de construction de la fruiterie. Si, par exemple, on peut disposer d'une cave placée sous terre, ou mieux d'une grotte creusée dans le roc, on en profite pour y établir la fruiterie. On n'a alors qu'à s'occuper de l'aménagement intérieur, qui doit toujours rester le même. Toutefois il est indispensable que cette grotte ou cette cave soit parfaitement sèche et bien à l'abri de la température extérieure.

Soins à donner aux fruits dans la fruiterie. — Le succès de la conservation des fruits dépend encore des soins qu'on leur donne dans la fruiterie. A mesure que les fruits y sont rentrés, on les dépose sur la table, que l'on a couverte d'une petite couche de mousse bien sèche. Là on trie et l'on met à part chaque variété; on sépare avec soin tous les fruits tachés et meurtris qui ne se conserveraient pas, puis on abandonne les fruits sains sur la table pendant deux ou trois jours, afin de leur laisser perdre une partie de leur humidité.

Après ces quelques jours, on répand sur chaque tablette une petite couche de mousse sèche ou de coton, on essuie les fruits doucement avec un morceau de flanelle, et on les range en laissant entre chacun d'eux un espace de $0^{m},01$, et en réunissant ensemble les variétés semblables.

Lorsque tous les fruits sont ainsi disposés, on laisse les portes et les guichets ouverts pendant le jour, à moins qu'il ne fasse un temps humide. Huit jours d'exposition à l'air sont nécessaires pour enlever aux fruits l'humidité surabondante qu'ils renferment. Après quoi on ferme hermétiquement toutes les issues, et les portes ne sont plus ouvertes que pour le service intérieur.

Jusqu'à présent, on n'a employé d'autres moyens, pour enlever l'humidité répandue par les fruits dans la fruiterie que de déterminer des courants d'air plus ou moins intenses. Ce procédé présente des inconvénients assez graves. Et d'abord, on permet ainsi à la température intériedre de s'équilibrer avec celle du dehors, ce qui produit le plus souvent un changement de température nuisible dans la fruiterie. D'un autre côté, les fruits se trouvent momentanément éclairés, ce qui hâte aussi leur maturation. Enfin ce procédé, tout vicieux qu'il est, ne peut encore être mis en pratique qu'autant que la température extérieure n'est pas au-dessous de zéro et que le temps est sec. Or, comme pendant l'hiver le contraire a presque toujours lieu, il s'en suit que l'on est obligé d'abandonner les fruits à l'humidité nuisible de la fruiterie.

Pour faire disparaître cette cause de non-succès, nous conseillons l'emploi du *chlorure de calcium*[1]. Ce sel, d'un prix très-modique, a la propriété d'absorber une si grande quantité d'humidité (environ le double de son poids), qu'il devient liquide après avoir été exposé, pendant un certain temps, à l'influence d'un air humide. On peut donc facilement s'expliquer

[1] Il faut bien se garder de confondre ce sel avec le *chlorure de chaux* employé comme moyen de désinfection, et dont l'usage dans la fruiterie donnerait lieu aux résultats les plus fâcheux.

comment, introduit dans la fruiterie en quantité suffisante, il absorbe l'humidité dégagée par les fruits, et maintient l'atmosphère dans un état de siccité convenable. La chaux vive présente bien aussi, en partie, la même propriété d'absorption; mais il s'en faut de beaucoup que ce soit à un aussi haut dégré.

Pour employer le chlorure de calcium, on construit une sorte de caisse de bois, A, doublée de plomb (fig. 191), présentant

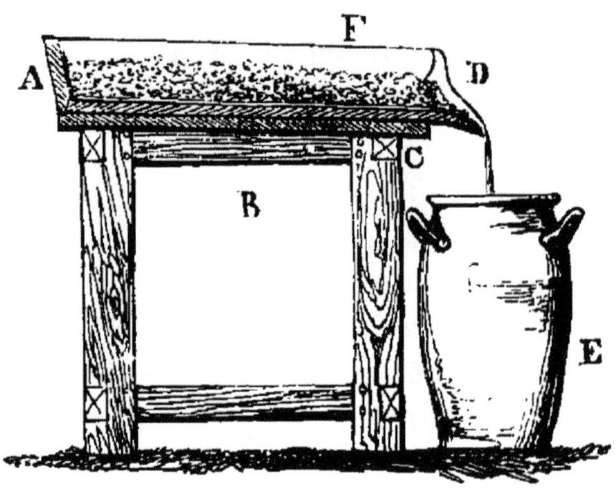

Fig. 191. — Appareil pour recevoir le chlorure de calcium dans la fruiterie.

une surface de 0m,50 carrés et une profondeur de 0m,10. Elle doit être élevée à 0m,40 du sol environ, sur une petite table, B, présentant sur l'un de ses côtés, en C, une pente de 0m,03. Au milieu du côté le plus bas de la caisse, on réserve une petite ouverture ou déversoir, D. Ce petit appareil étant placé dans la fruiterie, sous l'un des bouts de la table (J fig. 59), on y répand du chlorure de calcium bien sec, en morceaux poreux et non fondus, sur une épaisseur d'environ 0m,08; à mesure qu'il se liquéfie, le liquide s'écoule par le déversoir et tombe dans un vase de grès placé au-dessous. Si la quantité de chlorure employée est entièrement liquéfiée avant la consommation totale des fruits, on en ajoute une nouvelle dose. Il suffira d'environ 20 kilogrammes de ce sel, employé, en trois fois, pour enlever à la fruiterie toute l'humidité nuisible. Le liquide qui résulte de cette opération doit être soigneusement conservé dans des vases de grès, couverts avec soin, jusqu'à l'année suivante. A cette époque, lorsque la fruiterie est de nouveau remplie, on verse ce liquide dans un vase de fonte, on le place sur le feu, et l'on fait évaporer jusqu'à siccité. Le résidu est encore du chlorure de calcium, que l'on peut employer chaque année de la même manière.

La fruiterie doit être visitée tous les huit jours pour enlever les fruits qui commencent à se gâter, mettre à part ceux qui sont mûrs, et renouveler au besoin le chlorure de calcium.

FIN

TABLE ALPHABÉTIQUE

DES MATIÈRES CONTENUES DANS CET OUVRAGE.

A

B

C

D

E

F

G

H

I

L

M

O

P

R

S

T

V

www.ingramcontent.com/pod-product-compliance
Ingram Content Group UK Ltd.
Pitfield, Milton Keynes, MK11 3LW, UK
UKHW020457200726
13857UKWH00002B/751